Lothar Böhnisch
Bleibende Entwürfe

Zukünfte

Herausgegeben von
Lothar Böhnisch | Wolfgang Schröer

Lothar Böhnisch

Bleibende Entwürfe

Impulse aus der Geschichte des
sozialpädagogischen Denkens

Der Autor
Lothar Böhnisch, Dr. rer. soc. habil., bis 2009 Professor für Sozialpädagogik und Sozialisation der Lebensalter an der Technischen Universität Dresden, lehrt Soziologie an der Freien Universität Bozen/Bolzano.

Bibliografische Information der Deutschen Nationalbibliothek

Die Deutsche Nationalbibliothek verzeichnet diese Publikation in der Deutschen Nationalbibliografie; detaillierte bibliografische Daten sind im Internet über http://dnb.d-nb.de abrufbar.

Das Werk einschließlich aller seiner Teile ist urheberrechtlich geschützt. Jede Verwertung außerhalb der engen Grenzen des Urheberrechtsgesetzes ist ohne Zustimmung des Verlags unzulässig und strafbar. Das gilt insbesondere für Vervielfältigungen, Übersetzungen, Mikroverfilmungen und die Einspeicherung und Verarbeitung in elektronischen Systemen.

© 2015 Beltz Juventa · Weinheim und Basel
www.beltz.de · www.juventa.de
Herstellung und Satz: Ulrike Poppel
Druck und Bindung: Beltz Bad Langensalza GmbH, Bad Langensalza
Printed in Germany

ISBN 978-3-7799-2373-2

Vorwort

Wie oft erlebe ich es inzwischen, dass Studierende fragen, ob eine Publikation, die länger als zehn Jahre zurückliegt, überhaupt noch relevant ist. Als „digital natives" sind sie es gewohnt, dass man immer nach dem Neuen, Aktuellen greifen muss, wenn man dabei sein will. Digitale Systeme kennen nur die Wahrnehmung von wechselnden Punkten im Jetzt und nicht den Blick zurück auf die dahinter liegenden Entwicklungen. Gerade die Soziale Arbeit, die heute besonders und ständig einem Effizienz- und Effektivitätsdruck ausgesetzt ist, läuft Gefahr, immer neue Begriffe kreieren zu müssen, bevor sie das damit Gemeinte theoretisch erfassen und kritisch einordnen kann. Der Wert der historischen Reflexion, der Prüfung, wie sich etwas entwickelt hat, wie man früher mit ähnlichen Herausforderungen umgegangen ist und welche Impulse man auch für Gegenwart und Zukunft – gerade in Zeiten des Übergangs – aus der Geschichte erhält, kann so nicht erkannt werden.

Die Identität einer Disziplin erwächst aber aus ihrer Geschichte. Die Naturwissenschaften haben es mit ihren ehernen Gesetzen leichter als wir, von bleibenden Erkenntnissen zu sprechen. Dennoch: Die Menschen unserer Epoche – der letzten einhundert Jahre der industriekapitalistischen Moderne –, haben sich in ihrer Sozialgestalt nicht so grundlegend verändert, als das man frühere Sozialdiskurse nicht als Grundlagen und Ideengeber für Gegenwart und Zukunft anerkennen und nutzen könnte.

In dieser Absicht ist dieses Buch angelegt. Es ist keine übliche Geschichte der Sozialpädagogik/Sozialarbeit, sondern so konzipiert, dass frühere Entwürfe und heutige Perspektiven zueinander in Spannung gesetzt werden können. So ist es zugleich eine – freilich selektive – Geschichte des sozialpädagogischen Denkens wie auch eine pointierte Einführung in die Disziplin. Einige der Materialien, die hier als Vorarbeiten eingegangen sind, wurden schon vor längerer Zeit gemeinsam mit Wolfgang Schröer erstellt. Insofern sehe ich auch dieses Buch in der Reihe unserer engen Zusammenarbeit.

Inhalt

Prolog   9

1   *Geschichte des sozialpädagogischen Denkens vor dem Hintergrund epochaler Freisetzungsprozesse – die „Principia media"*   10

2   *Die sozialpädagogische Verlegenheit der industriekapitalistischen Moderne* (Mennicke)   25

3   *Erziehung, Soziale Frage, Sozialpädagogik, soziale Frauenarbeit: Das Strukturmodell der „gesellschaftlichen Reaktion"* (Bernfeld, Mollenhauer, Natorp, Weber, Salomon)   32

4   *Der Konflikt als sozialpädagogische Grundkategorie* (Heimann, Mollenhauer)   39

5   *Soziale Integration als gesellschaftlicher Kern der Sozialpädagogik/Sozialarbeit* (Simmel, Scherpner, Mollenhauer, Salomon, Adler, Mennicke)   50

6   *Geschlechtshierarchische Arbeitsteilung und der gesellschaftliche Ort der Sozialen Arbeit* (Salomon, Weber, Nohl)   63

7   *Sozialpädagogik als interdisziplinäre Wissenschaft: Die individualpsychologisch inspirierte Sozialpädagogik und Sozialarbeit* (Adler, Rühle-Gerstel, S. Lazarsfeld, Wronsky, Kornfeld)   75

8	*Kindheit zwischen Ausgesetzt-Sein und Selbstbehauptung* (Adler, Rühle-Gerstel, Rühle, Hetzer)	94
9	*Jugend in der Spannung zwischen Freisetzung und Bewältigung – Verkürzte Pubertät* (Dehn, Franzen-Hellersberg, P. Lazarsfeld, Mannheim, Suhrkamp)	107
10	*Jugend und Schule* (Suhrkamp, Furtmüller, Kawerau)	121
11	*Frauenbilder – „relationale Emanzipation"* (Schmidt-Beil, Frost, Busse-Wilson, Witte, Weber, Franzen-Hellersberg, Lüdy)	132
12	*Männerbilder – der „bedürftige Mann"* (Gurlitt, Blüher, Rühle, Jahoda, Schaidnagel)	150
13	*Männliche Sexualität, Macht und Pädagogik* (S. Lazarsfeld, Hirschfeld)	162
14	*Erziehung, Strafe und Autorität* (Meng, Rühle-Gerstel, Aichhorn, Nohl)	174
15	*Ein methodisch-praktischer Rückblick – Praxisberichte und ihre Zugangsweisen*	184
16	*Sozialarbeit als Beruf* (Mennicke, Nohl, Bez-Mennicke)	191
17	*Erwartungshorizonte als Zukunftseinschätzungen im Lichte der Principia media*	203
	Epilog	210
	Literatur	211
	Kurzporträts	219

Prolog

„Wir haben uns zu einem Teil an unsere Maschinen verschrieben und von Stunde an unsere Vitalität verloren. Wir kommen rasend schnell vorwärts, aber wir bewegen uns nicht; wir kriegen unendliche Quantitäten von Stoffobjekten heraus, aber wir schaffen sie nicht zutage. Für diese Einbuße an Lebendigkeit, Freiheit, Unmittelbarkeit des Wirkens am gewollten Gegenstand, wofür wir noch nicht einmal Arbeit loswurden, für dieses ganze wertvolle Stück Leben profitierten wir an Tempo und Zahl. Weil das auch Zugehörigkeiten des Komplexes sind, unter denen das Leben uns zu Bewusstsein kommt – dessen allgemeinste Formen –, darum konnte der fatale Wahn entstehen, dieses Maschinenzeitalter habe den Menschen mit allen Energien des Lebens geradezu beladen. Und nun machen wir mit gutem Gewissen so weiter. Wir glauben wunder was zu gewinnen, wenn wir an der Überbietung dieser Art von Leistungsdurchschnitt und Leistungsmaximum arbeiten, wir denken, das Letzte an Lebensqualität herausdrücken zu können, wenn wir den Menschen dieses Typs in alle Lüfte ausbreiten. […] Das Verhältnis hat sich verschoben. Das Mittel ist Zweck geworden. Die Maschine lebt, der Mensch ist Mechanismus geworden. Das ist seine Welt, das ist eine Welt, das heißt Leben!" (Bruno Altmann 1914: 441f.).

1 Geschichte des sozialpädagogischen Denkens vor dem Hintergrund epochaler Freisetzungsprozesse – die „Principia media"

Mit dieser Zeitdiagnose – vor hundert Jahren von dem Schriftsteller Bruno Altmann im Neuen Merkur auf den Punkt gebracht – könnten wir heute durchaus wieder mitgehen. Natürlich mit dem technologisch neuesten Inventar und Vokabular unserer Zeit. Die hier impliziten Begriffe der Technologisierung, Ökonomisierung und Dehumanisierung sind uns gegenwärtig in den kritischen Sozialwissenschaften geläufig. Die altmannsche Zeitdiagnose markiert eine historische Umbruchkonstellation, die nicht nur das zwanzigste Jahrhundert epochal einleitet, sondern gerade auch das sozialpädagogische Denken in der Spannung zur einer sich technologisch und ökonomisch stürmisch formierenden (so später genannten) fordistischen Gesellschaftsformation *freisetzte*. Dieser Freisetzungsprozess verlängerte sich in die 1920er/1930er Jahre hinein.

Ich habe das Buch im Sinne eines historischen Rückbezugs auf diese Zeit aufgebaut, aus dessen Zusammenschau sich Impulse für den jetzigen und zukünftigen Diskurs in der Sozialpädagogik/Sozialarbeit und für das sozialpädagogische Denken überhaupt assoziieren lassen. Hinzugenommen habe ich Klaus Mollenhauer – gleichsam als Brücke – mit seinen frühen Publikationen, die zum Teil auch an den Diskursen der 1920er Jahre anknüpfen und zentrale Aspekte sozialpädagogischer Theoriebildung aufschließen, die heute irgendwie in den Hintergrund getreten sind.

Sicher wird man fragen, warum ich nicht die Zeit der 1968er bis in die Mitte der 1970er Jahre und die dortigen Diskurse mit hereingenommen habe. Es war ja ebenfalls eine Zeit der Revolten und des Aufbruchs besonders in den sozialpädagogischen Feldern der Heim- und Fürsorgeerziehung, der Gemeinwesenarbeit und der Jugendarbeit. Da wurden doch auch übergreifende Diskurse geführt, wurden auch Autoren der 1920er Jahre neu entdeckt und erstmals wieder verlegt. Zwei Gründe waren für mich ausschlaggebend, dass ich mich nur auf das erste Drittel des 20. Jahrhunderts konzentriert habe. Zum einen war die Art der Rezeption der Weimarer Zeit in den beginnenden 1970er Jahren vor allem der Radikalität der Nach-68er Bewegungen und Kampagnen geschuldet. Im Mittelpunkt des Interesses stand zwangsläufig nicht der reformerische, sondern der revolutionäre und antikapitalistische Gehalt: Anprangern der Fürsorge im Kapitalismus, Abschied von der sozialintegrativen Jugendarbeit, Schülerselbstbefreiung, antikapitalistische Kritik des Sozialstaats; das waren zu dieser Zeit die Themen, die zuvörderst interessierten. Deshalb wurden in der 1968er Zeit auch meist nur die radikalen Außenseiter, die Tabubrecher rezipiert. So z.B. Otto Rühle, Siegfried Bernfeld, Wilhelm Reich, Magnus Hirschfeld. Natürlich wurden dort – um mit Herman Nohl zu sprechen – „geistige Energien" freigesetzt, die vor allem in die gesellschaftlich-politischen Diskussionen zur Sozialen Arbeit eingingen. Die sozialpädagogischen Diskurse der 1920er und beginnenden 1930er Jahre aber waren – und das ist der zweite Grund – hauptsächlich Entwicklungs- und Reformdiskurse hin zu einer beginnenden Professionalisierung. Die neue Professionalisierung seit den 1970er/1980er Jahren hat sich der damaligen sozialpädagogischen Diskurse kaum bedient. Sie formierte sich eher über eine breite sozialpädagogische Rezeption und Transformation sozialwissenschaftlicher Entstigmatisierungs-, System-, Lebenswelt- und Interaktionstheorien. Von daher blieb das epochale Potential des sozialpädagogischen Denkens der 1920er Jahre weitgehend ungenutzt.

Gerade heute, wo nach einer breiten und selbstbewussten Professionalisierung eine gewisse Ratlosigkeit darüber eingetreten ist, ob sich die Soziale Arbeit angesichts der gewandelten gesellschaftlichen Verhältnisse nicht neu erfinden müsste, könnten sich auch aus dieser Arbeit einige Impulse herauslesen lassen. Manche der heutigen Diskutanten würden gerne die bisherige Professionsentwicklung so betrachten, als befänden sie sich außerhalb von ihr, könnten diese gleichsam mit dem „Schleier des Nichtwissens" (vgl. Rawls 1975) umhüllen, um unbefangen über das Neue und Zukünftige nachzudenken. Das ist aber wissenssoziologisch gesehen ein Trick, mit dem man die Standortgebundenheit des Denkens eben nicht außer Kraft setzen kann. Auch TheoretikerInnen der Sozialpädagogik/Sozialarbeit, die sich gerne als „freischwebende Intellektuelle" (vgl. Mannheim 1929) betrachten möchten, stehen in der Geschichte ihrer Disziplin, aus der sie sich nicht am eigenen Gelehrtenzopf herausziehen können. Von daher ist es sinnvoll, aus dieser unserer historischen Gebundenheit heraus eine Zeit wieder aufleben zu lassen, in der noch relativ unbefangen gegenüber modernen Professionszwängen diskutiert wurde, um dort nach Anregungen für den Zugang zu den heutigen Orientierungsproblemen zu suchen.

Was haben diese unterschiedlichen Zeitabschnitte – damals und heute – in der Epoche der spätkapitalistischen Gesellschaft gemeinsam? Vor allem sind sie durch die gesuchte wie erzwungene Offenheit des Diskurses außerhalb der institutionellen Professionsgeschichte charakterisiert. In den 1920er Jahren waren viele der sozialpädagogischen Diskussionen deutlich gesellschaftsbezogen, grenzüberschreitend und experimentell. Viele Ideen und Entwürfe aber auch manche Persönlichkeiten aus der damaligen Zeit wurden in der institutionellen Professionsgeschichte wenig beleuchtet, übergangen oder gar vergessen. Im heutigen sozialpädagogischen Diskurs, der angesichts der Erosion des sozialstaatlichen Hintergrunds der sozialen Arbeit und der Entgrenzung des Sozialen (vgl. Lessenich 2008) erzwungenermaßen wieder offen geworden ist, erhalten ihre Beiträge eine neue Bedeutung.

Damit ist der Zeitrahmen dieses Versuchs abgesteckt. Wir bewegen uns in einer Zeitspanne von ca. hundert Jahren in der Epoche der „spätkapitalistischen Gesellschaft", die – bei allen neuen Entwicklungskonstellationen sowie -brüchen – durch fortdauernde Strukturmuster („Principia media" s. u.) gekennzeichnet ist, sodass eine historische Bezugnahme zu heute möglich wird. Ich bediene mich also der historisch-soziologischen Methode mit wissenschaftssoziologischem Impetus: Ich frage nicht, wie sich die Soziale Arbeit/Sozialpädagogik als Profession in dieser Zeitspanne entwickelt hat, sondern danach, wie in solchen gesellschaftlichen Umbrüchen sozialpädagogisches Denken professionsübergreifend freigesetzt wurde und was uns dies in der heutigen Umbruchsituation bedeuten kann.

Dies übergreift auch die disziplinären Grenzen, die damals üblicherweise noch zwischen Sozialpädagogik und Sozialer Arbeit gezogen wurden. Während sich die Sozialpädagogik eher als korrektiver wie erweiternder Erziehungs- und Bildungsbereich für Kinder und Jugendliche „neben" Familie, Schule und Berufsausbildung verstand, bezog sich die Soziale Arbeit vornehmlich auf Bewältigungsprobleme von Familien und auf vielfältige Formen der Armut. Im Begriff der Fürsorge (z. B. Jugend-, Familien-, Obdachlosenfürsorge) liefen sie aber auch damals irgendwie zusammen. In diesem Buch verwende ich meist die Bezeichnung Sozialpädagogik/Sozialarbeit oder nur Soziale Arbeit oder Sozialpädagogik und denke dabei beide Zugänge zusammen (vgl. dazu ausf. Böhnisch 2012).

In diesem Sinne lege ich keine weitere Geschichte der Sozialen Arbeit vor. Die ist bereits gut geschrieben (zu empfehlen: Hering/ Münchmeier 2014). Eine solche Professionsgeschichte ist in der Regel linear und darin auch institutionell begrenzt. D.h. sie begreift – explizit oder eben implizit – die Entwicklung der Sozialen Arbeit als Modernisierungsprozess und sucht nach Verdichtungen, Erweiterungen und Ausdifferenzierungen des institutionellen Rahmens im Zeitverlauf. Dafür stehen Persönlichkeiten – GründerInnen, ModernisiererInnen, KlassikerInnen. Daneben aber auch AußenseiterInnen, die zwar nicht so in den Modernisierungsrahmen passen, die aber für ein erweitertes sozialpädagogisches Denken stehen und darin oft übergangen, ja vergessen werden. Die finden wir vereinzelt schon in den Aufbrüchen der Lebensreformbewegung und der Kapitalismuskritik zu Beginn des 20. Jahrhunderts. Vor allem aber in den 1920er Jahren, einer Zeit, in der man wie in der heutigen nach sozialpädagogischen Orientierungen und Modellen in einer unübersichtlichen Umbruchphase suchte. Modernes sozialpädagogisches Denken wurde in dieser Zeit gleichsam freigesetzt. Dass es mit dem Faschismus jäh unterbrochen und in der Nachkriegszeit bis in die 1960er Jahre hinein verschüttet und später nur zum Teil wieder aktualisiert wurde, hat erst mit dem restaurativen Wiederbeginn , später mit der handlungswissenschaftlichen Engführung im Prozess der Professionalisierung der Sozialarbeit zu tun.

Erweitertes sozialpädagogisches Denken übergreift die innere fachliche Logik der Profession, fragt nach dem Spannungsverhältnis von Individuum und Gesellschaft und darin nach den Herausforderungen an die Sozialpädagogik, ohne diese Herausforderungen vorher zurechtdefiniert zu haben. Es folgt – im Sinne von Carl Mennicke (s. u.) – der Perspektive der gesellschaftlichen *Freisetzung* von psychosozialen Bewältigungsproblemen, reflektiert den gesellschaftlichen Umgang damit. In diesem Zusammenhang kann die Soziale Arbeit als gesellschaftlich institutionalisierte Antwort auf die Bewältigungsfrage gesehen werden, eine Antwort, die angesichts der wechselnden gesellschaftlichen Freisetzungsdynamiken immer wieder neu gegeben werden muss. Die Freisetzungsperspektive durchbricht die lineare Perspektive der Modernisierung, indem sie die Geschichte jeweils überraschend neu aufreißt. Wenn ich in diesem Zusammenhang, angesichts des sozial destruktiven Wirkens des globalen Kapitalismus, von *Entgrenzungen* spreche, so meine ich damit, dass bisherige sozialpädagogische Selbstverständlichkeiten der Moderne des 20. Jahrhunderts zu Fragwürdigkeiten geworden sind, die dazu noch in sich widersprüchlich sein können. Denn wir leben in einer Zeit der Paradoxien. Die sozialpädagogische Verlegenheit der industriellen Moderne, von der Carl Mennicke gesprochen hat, tritt in neuem Gewand auf. Deshalb ist ein *reflexiver Zugang* nötig, der die Selbstreferenzialität der handlungswissenschaftlich engen sozialarbeiterischen Diskurse überwinden und so neue Impulse geben kann. Dazu eignen sich – so die These dieses Buches – frühere Versuche, die ich in diesem Sinne ausgewählt habe, gerade weil einige davon vom Magnetstrom der linearen Professionalisierung abgestoßen wurden. Ein Prototyp dafür war die lange und zum Teil immer noch vergessene individualpsychologisch inspirierte Sozialpädagogik der „Wiener Schulreform" der 1920er und frühen 1930er Jahre (vgl. Kap.7).

Sabine Hering und Richard Münchmeier unterscheiden in ihrer „Geschichte der Sozialen Arbeit" (2014) zwischen den Ebenen der *Diskursgeschichte und der Realgeschichte*. „Die eine Ebene meint die Abfolge der realen historischen Vorgänge, die sich als Kette von Ereignissen (vom Alltag bis zu Politik und Staat) verfolgen lassen. Die andere Dimension ist die Ebene der zeitgenössischen Deutungen, Interpretationen und Begründungen, die die realen Ereignisse ständig vorbereiten, kommentieren und bilanzieren. Beide Ebenen sind keinesfalls voneinander zu trennen, denn sie sind ja auch im historischen Prozess selbst aufeinander bezogen" (S. 16). In diesem Sinne haben wir es in diesem Buch vor allem mit der Diskursgeschichte zu tun, mit den damaligen Diskussionen, die sich freilich vor dem realen zeitgeschichtlichen Hintergrund der Epoche des gesellschaftlichen Umbruchs des ersten Drittels des 20. Jahrhunderts vollziehen und auf diese immer wieder rückbezogen sind. Die Impulse, die wir daraus erhalten können, sind unterschiedlich: Sie reichen vom direkten Anknüpfen an damalige Entwürfe über retrospektive Interpretationen bis hin zu thematischen Assoziationen, zu denen das historische Material inspirieren kann. Aber auch dort, wo inzwischen vieles längst weitergetrieben und professionalisiert ist, kann das Wissen um die Entstehungsgeschichte von sozialpädagogischen Konzepten für den heutigen Diskurs hilfreich sein, wenn es darum geht, bisher gelaufene Modernisierungsprozesse kritisch zu reflektieren.

Die historisch soziologische Methode

Die moderne Sozialpädagogik/Sozialarbeit hat sich mit und in der Industriegesellschaft entwickelt. Ihre je gegenwärtige Situation baut nicht nur auf den vorgängigen Entwicklungskonstellationen auf, diese scheinen auch immer wieder durch und verweisen auf die historische und gesellschaftliche Bedingtheit der Sozialen Arbeit. Dies kann die historisch-soziologische Methode durch die geschichtliche Rekonstruktion gegenwärtiger Sozialformen erschließen. Mit ihr können aber auch nicht eingelöste gesellschaftliche und darin auch sozialpädagogische Konzepte und Projekte wieder neu aufgeschlossen werden. Sie „ist der Erinnerung dessen mächtig, was mit dem heute täglich zu Verwirklichenden und tatsächlich Erreichten einst intendiert war" (Habermas 1978: 303). Wenn wir so von der *Historizität* sozialer Phänomene sprechen, dann ist das Historische nicht das Vergangene, sondern der je epochale, raum-zeitlich bestimmbare Kontext einer Entwicklung des Sozialen. „Wenn man davon ausgeht, dass frühere Ereignisse und Strukturen spätere Ereignisse und Strukturen ‚beeinflussen', so ist dies weder deterministisch oder notwendig noch absolut zufällig der Fall". Es geht vielmehr um das Erkennen und Aufschließen „strukturierter Möglichkeiten und Chancen" (Schützeichel 2009: 280). Dieses Wissen kann sich auch positiv auf die professionelle Identität auswirken: „Eine unhistorische Haltung erzeugt eine engere Ich-Spanne als die eines Individuums, das in der Geschichte lebt. Der unhistorische Mensch wird sich nur mit Inhalten von unmittelbarer Gültigkeit für seine persönliche Geschichte identifizieren, während das Spektrum der Identifikation sehr viel breiter sein wird, wenn die Bedeutung der Vergangenheit und die Möglichkeiten der Zukunft über die engen Grenzen der Lebensgeschichte hinweg interpretiert werden können" (Gottschalch 1988: 102).

Methodisch gesehen geht es in diesem Buch also nicht einfach um einen klassischen historischen Vergleich. „Vergleiche der gleichen Gesellschaft in verschiedenen historischen Epochen [...] werden normalerweise nicht als Gesellschaftsvergleich angesehen. Nicht nur die sozialwissenschaftlichen Gegenwartsdisziplinen, sondern auch die Historiker bezeichnen das nicht als Vergleich. Natürlich werden solche Vergleiche vielfach gezogen, weit häufiger als der eigentliche Vergleich. Sie werden aber normalerweise als Untersuchungen von sozialem Wandel, von Umbrüchen [...] angesehen" (Kaelble 1999: 14). Es werden also im Folgenden nicht sozialpädagogische Denkanstöße in verschieden Zeitabschnitten der spätkapitalistischen Epoche „verglichen", sondern es wird gefragt, welchen bleibenden Wert solche früheren Konzepte – vor allem eben aus der damaligen Zeit sozialer und kultureller Umbrüche – für das heutige und zukünftige sozialpädagogische Denken haben. Sie wurden schließlich vor einem epochalen Hintergrund entwickelt, dessen Strukturen heute noch wirken und in mittlerer Zukunft wahrscheinlich noch wirken werden.

Dazu kommt der anthropologisch begründete Eigensinn auch des modernen Menschen, der sich radikalem ökonomisch-technologischen Wandel gegenüber immer auch resistent verhalten muss. Denn der Mensch ist ein zyklisches Wesen (z. B. Geburt/ Tod, Tag/Nacht, Jahreszyklen) und steht damit in gewissem Sinns quer zu linear-offenen Entwicklungen der industriellen Moderne. Er ist von seiner Natur aus sozial eingebettet und gerät damit immer wieder in Spannung zu den Entbettungstendenzen der digitalen Welt der Gegenwart. Wir werden überrascht sein, wenn wir in den zeitgenössischen Dokumenten dieses Buches sehen, wie ähnlich die Menschen damals, besonders in den 1920 er Jahren, gedacht und wie ähnlich sie sich verhalten haben. Das wird auch in der mittleren Zukunft nicht grundlegend anders sein.

Das Verhältnis von Geschichte und Zukunft ist – so der britische Historiker Eric Hobsbawm – einerseits zwar spekulativ in der Prognose, andererseits aber doch strukturell thematisierbar: „Die Voraussagen von Historikern unterscheiden sich […] von allen anderen Formen der Prognostik. Erstens haben Historiker es mit der wirklichen Welt zu tun, in der externe Faktoren grundsätzlich weder konstant noch irrelevant sind. […] Wir können und müssen zwar aus dem nahtlosen Gewebe von Interaktionen einzelne Stränge heraus präparieren, doch wenn wir nicht in erster Linie an dem Gewebe selber interessiert wären, bräuchten wir keine Ökologie oder Geschichtswissenschaft zu treiben. Historische Prognosen sind somit prinzipiell dazu gedacht, die allgemeine Struktur und Textur darzustellen, die zumindest prinzipiell die Möglichkeiten in sich birgt, alle spezifischen Fragen an die Zukunft zu beantworten, die Menschen mit speziellen Interessen stellen möchten – natürlich nur, soweit sie überhaupt beantwortbar sind" (Hobsbawm 1998: 64).

Die „Principia media"

Solche in einem Gewebe miteinander verbundenen Stränge können wir mit dem Konzept der *Principia media* aufschließen. Karl Mannheim (1935) hat dieses Strukturkonzept für die historischsoziologische Analyse entwickelt. Mit ihm lassen sich Entwicklungspfade und Magnetfelder der Entwicklung einer Gesellschaft bzw. gesellschaftlicher Bereiche bestimmen. Principia media erfassen epochale Grundmuster, die so viel Ausstrahlungskraft haben, dass sie unterschiedliche gesellschaftliche Bereiche – Ökonomie, Soziales Politik, Kultur – durchdringen und binden. In ihnen lassen sich Entwicklungen bündeln, Vergangenes, Gegenwärtiges und Zukünftiges aufeinander beziehen. Mannheim versteht darunter epochal spezifische, über einen entwicklungshistorisch kennzeichenbaren Zeitraum wirkende Strukturelemente, welche die Gesellschaftsentwicklung bis in die Sozialisation der Gesellschaftsmitglieder hinein deutlich beeinflussen. Sie wirken in der Struktur weiter, auch wenn sich einzelne ökonomisch-technologische und soziale Entwicklungsmuster wandeln. Dieser Wandel wirkt aber auf die Wirkmächtigkeit der strukturellen Konstellationen zurück. Also ein Beispiel: Die jeweils nationale Sozialstaatlichkeit als Principium medium bestimmt auch im Zeitalter der Globalisierung die soziale Ordnung europäischer Gesellschaften. Aber sie ist in eine andere Relation zur gesamtgesellschaftlichen Entwicklung getreten, hat an Gestaltungskraft eingebüßt, obwohl sie für den gesellschaftlichen Ausgleich und als Barriere gegenüber dem Sog der Globalisierung weiter unverzichtbar ist.

> „Seit Anbruch der sogenannten Neuzeit ist es die besondere Aufgabe soziologisch orientierter Denker gewesen, die ‚Principia media' einer neuen Zeit zu verstehen. […] Unsere Zeit hat sich in einem gesteigerten Maße um eine solche Erkenntnis zu bemühen. In unserer Lage geht es nicht mehr nur darum, einzelne solche neue ‚Principia media' zu entdecken, wir haben sie vielmehr ständig in ihrer Aufeinanderbezogenheit zu studieren und handelnd zu beeinflussen.
> Studiert man aber diese gesellschaftsbestimmenden Tatbestände mehr in ihrer Ganzheit, so kommt man zum Begriff der Struktur. Eine Epoche ist nicht bloß durch ein einziges ‚Principium medium' beherrscht, sondern durch eine Reihe solcher. Mehrere aufeinander bezogene ‚Principia media' aber ergeben ein Gebilde, in dem konkret Wirkzusammenhänge mehrdimensional miteinander verbunden sind. Wenn wir schon öfter diese Mehrdimensionalität angedeutet haben, so gingen wir davon aus, daß im Ökonomischen, Politischen, Organisatorisch-verwaltungsmäßigen, Ideologischen usw. (je nachdem wie man die Querschnitte zieht) eine Dimension des Gesamtgeschehens gegeben ist, daß die jeweilige Wirklichkeit aber aus dem Aufeinanderabgestimmtsein mehrerer solcher Bereiche und der in ihnen auffindbaren konkreten ‚Principia media' besteht.[…] Mehrere aufeinander bezogene ‚Principia media' ergeben eine Struktur. Der interdependente Wandel mehrerer ‚Principia media' ergibt einen Strukturwandel." (Mannheim 1935: 138 ff.)

Epochale Principia media der Entwicklung des Sozialen und der Sozialpädagogik/Sozialarbeit

In dieser Richtung können wir die für die Entwicklung der Sozialpädagogik/Sozialarbeit spezifischen Principia media herausarbeiten. Wichtig ist dabei, dass wir deutlich machen können, dass und wie diese Principia media in ihrem Zusammenspiel jene epochale Struktur erzeugthaben, die als *gewordene* Basisstruktur der Sozialen Arbeit heute noch und auch in Zukunft thematisiert werden muss Dabei gehe ich – wieder an Mannheim anknüpfend – von der These aus, dass wir aus dem kurzen Augenblick unseres (Wissenschafter-)Lebens heraus nicht vorschnell von einem Wandel dieser Grundstruktur sprechen können, sondern zuerst die Veränderungen im Zusammenspiel der Prinzipien, ihrer „Korrelationen" (Mannheim), betrachten müssen.

Mannheim ging von einer Hierarchie der Principia media einer Epoche aus, die von allgemeinen gesellschaftlichen zu besonderen Prinzipien geht. Wir müssen also in dieser Stufung zuerst fragen, welches übergeordnete Principum medium wir in den letzten gut hundert Jahren erkennen, dass für die Entwicklung unserer Gesellschaft zwar insgesamt zutrifft, darin aber auch für die Entwicklung des Sozialen und schließlich für die Entwicklung der Sozialpädagogik/Sozialarbeit von Bedeutung ist. In einem zweiten Schritt fragen wir weiter, welche Principia Media vor diesem Hintergrund die Entwicklung und Struktur des Sozialen in der modernen industriekapitalistischen Gesellschaft bestimmen. Schließlich, drittens, versuche ich – nun vor diesem Hintergrund – die besonderen Principia media der modernen Sozialarbeit herauszuarbeiten.

Als allgemeines gesellschaftliches Bewegungsprinzip der industriekapitalistischen Gesellschaft, unter dessen Dynamik wie Ambivalenz sich das Soziale entwickelt und darin die Soziale Arbeit immer wieder neu auffordert, sehe ich – im Vorgriff auf Carl Mennicke (vgl. Kap. 2) – den *Zusammenhang von Entgrenzung, Freisetzung, Bewältigung und Integration*. Seit Beginn des zwanzigsten Jahrhunderts bis heute erleben wir Entgrenzungen von Lebenszusammenhängen, die Bewältigungsaufforderungen freisetzen, die für die Menschen Ermöglichungen wie Zwänge gleichermaßen bedeuten können und immer wieder Probleme der sozialen

Integration aufwerfen, die gesellschaftlich reguliert und sozialpädagogisch bearbeitet werden.

Dieses epochale Bewegungsprinzip – und hier sind wir weiter in der Dimension des Sozialen – wird aus *sozialen Konflikten* gespeist, mit denen – manifest oder latent – immer wieder die sozialen Probleme und sozialpädagogischen Handlungsaufforderungen verbunden sind, die auf uns – biografisch vermittelt – in der Sozialarbeit zukommen. Diese werden ausgetragen und reguliert über das *sozialpolitische Prinzip*, institutionalisiert im Sozialstaat. Die Struktur des Sozialen ist weiter geprägt durch die *geschlechtshierarchische Arbeitsteilung*, über die die gesellschaftliche Stellung und Wertigkeit der Sozialen Arbeit bis heute maßgeblich bestimmt ist. Und schließlich steht die soziale Integration der modernen Gesellschaft schon seit damals in der *Spannung zum Konsum*, aus dem heraus sich eine bis heute typische Sozialisationsweise entwickelt hat, die die Pädagogik immer wieder in Verlegenheit bringt. In dieser Struktur des Sozialen bewegen sich die sozialpädagogischen Principia Media der Spannung zwischen *Normalität und Abweichung* sowie damit verbunden der *sozialen Integration*, die den Funktionskreis der Sozialpädagogik umschreiben Weiter – und wiederum darauf rückbezogen – das Spannungsverhältnis zwischen *Hilfe* und *Kontrolle*, das zwar immer wieder einen Formwandel erfährt, als strukturelles Dilemma des sozialen Berufs aber erhalten bleibt. Schließlich zähle ich das Verhältnis von *Schule* und *Sozialpädagogik* zu jenem pädagogisch-politischen Spannungspunkt der Sozialpädagogik und Sozialarbeit, der sie seit nun über hundert Jahren immer wieder neu herausfordert. Auch in diesem Zusammenhang, darüber hinaus aber in seiner gesellschaftlichen Bedeutung, wird die epochale Konstruktion *Jugend* als ein Principium medium thematisiert, das in den Diskursen um Stabilität und Wandel der Gesellschaft und darin gerade für die sozialintegrative Funktion der Sozialpädagogik/Sozialarbeit besonders relevant war und ist.

Bevor ich nun zu den historischen Entwürfen komme, will ich näher auf die Principia media des Sozialen – sozialer Konflikt, sozialpolitisches Prinzip, geschlechtshierarchische Arbeitsteilung und auch auf den Konsum – eingehen, weil sie gleichsam das Strukturgerüst dieser epochalen Zusammenschau bilden. Sie werden auch in den historischen Abschnitten und in den Impulsen immer wieder aufscheinen. Das übergreifende Bewegungsprinzip – Entgrenzung, Freisetzung, Bewältigung – wird in den Kapiteln 2 und 3 an dem historischen Material entlang entwickelt. Die spezifischen Principia media der Sozialpädagogik/Sozialarbeit werden in den Entwürfen und Impulsen der weiteren Kapitel sichtbar.

Sozialer Konflikt, sozialpolitisches Prinzip und soziale Integration

Der soziale Konflikt gilt in den Sozialwissenschaften als Grundelement demokratisch verfasster Industriegesellschaften. Über die Austragung von Konflikten entwickelt sich die Gesellschaft, über Konflikte werden soziale Probleme öffentlich. Gerade die Soziale Arbeit ist auf die gesellschaftliche Anerkennung und Austragung von Konflikten angewiesen, wenn sie über beziehungsbegrenzte Hilfe hinaus auf sozialstrukturelle Bedingungen psychosozialer Gefährdungen verweisen und Ansprüche von Klienten und Klientinnen erweitern will. Der soziale Konflikt wird seit Marx vor allem im Umkreis des Grundwiderspruchs von Arbeit und Kapital, des Strukturkonflikts industriekapitalistischer Gesellschaften thematisiert. Georg Simmel (1908) hat den Konflikt als allgemeines Vergesellschaftungsprinzip aufgeschlossen. Lewis Coser (1965) hat im Anschluss an Simmel das dialektische Prinzip der Konfliktaustragung herausgearbeitet: Widerstreitende Interessen finden sich in einem Dritten, Gemeinsamen, ohne dabei grundsätzliche Positionen aufgeben zu müssen. Die sozialintegrative Dynamik des Konflikts ist von Eduard Heimann (1929) als Grundprinzip sozialstaatlicher Vergesellschaftung erkannt worden. Arbeit und Kapital prallen in ihrer Gegensätzlichkeit aufeinander, treffen sich aber auch auf Grund ihrer gegenseitigen Angewiesenheit im Prozess der Modernisierung (vgl. ausf. Kap. 3). In der historischen Synthese dieses Widerspruchs hat sich das integrationsstiftende sozialpolitische Prinzip entwickelt. Dies strukturiert die Sozialpolitik, aus der sich auch die moderne Sozialarbeit ableitet.

Gleichzeitig hat sich die moderne industriekapitalistische Gesellschaft über ein dynamisches System der Arbeitsteilung entwickelt, in dem die gesellschaftliche Spannung von Konflikt und Integration eine alltagswirksame Differenzierung erfahren hat.

Schon Emile Durkheim hatte in seinem Frühwerk „Über soziale Arbeitsteilung" (1893/1988) erkannt, dass die Arbeitsteilung auf der einen Seite zu fortschreitender Individualisierung, gleichzeitig aber zu neuen Formen sozialer Integration führen musste, da die Menschen mit steigender Individualisierung und Spezialisierung stärker aufeinander angewiesen waren, um sozial existieren zu können. Er sah aber auch die für ihn sozialpathologischen Erscheinungsformen sozialer Desintegration (Anomien), welche mit der beschleunigten Arbeitsteilung verbunden waren. Das – erst viel später so diskutierte – Bild der „Risikogesellschaft" (Beck 1986) scheint damals schon auf, mit einem – wie wir es heute formulieren – „Sozialisationsmodus", in dem gesellschaftliche Offenheit und Verfügbarkeit gleichermaßen verlangt werden. In dieser Grundkonstellation janusköpfiger Sozialisation der arbeitsteiligen Moderne ist bis heute ein typischer (sozial-)pädagogischer Aufforderungscharakter enthalten.

Die geschlechtshierarchische Arbeitsteilung

All diesen konflikttheoretischen Konzepten wurde und wird von feministischer Seite vorgehalten, dass sie den Geschlechterkonflikt, wie er im System der herrschenden Arbeitsteilung angelegt und historisch erst durch die Frauenbewegungen freigesetzt worden ist, übergehen bzw. unterschlagen. Die feministische Kritik konnte an der sozialstaatlichen Sozialpolitik immer wieder aufzeigen, dass sie zwar die Ungleichheit der Geschlechter entschärfe, in der Struktur aber weiter stütze, indem Sorgearbeit verlangt und gleichzeitig weiter abgewertet bleibe. Soziale Integration muss also auch geschlechtergerecht gedacht werden.

Wir bezeichnen die historisch gewordene gesellschaftliche Tatsache, dass Mann-Sein und Frau-Sein und die ihnen „typisch" zugeordneten sozialen Eigenschaften und Tätigkeitsbereiche unterschiedlich *bewertet* sind und dass diese hierarchischen Bewertungsprinzipien die Herrschafts- und Sozialstrukturen – aber auch die Alltagskulturen – in unserer Gesellschaft maßgeblich beeinflussen, als *geschlechtshierarchische Arbeitsteilung*. Die moderne Industriegesellschaft fußt auf der Trennung von Wohnen und Arbeiten, von Familie und Betrieb, von industrieller Produktion und familialer Reproduktion. Letztere ist notwendig, um die Menschen für die industrielle Produktion demografisch, sozial und psychisch-emotional zu reproduzieren und ist trotzdem dieser untergeordnet. Die familiale Reproduktion ist strukturell unabdingbar, aber mit einer historischen Selbstverständlichkeit behaftet, die ihr einen niedrigen gesellschaftlichen Wert gibt. Die Soziale Arbeit wird direkt vom System der geschlechtshierarchischen Arbeitsteilung tangiert. Nicht nur dass sie mit den entsprechenden geschlechtsdifferenten Klientenbildern und ihren Zuschreibungen konfrontiert ist, sie gerät auch wegen ihrer Nähe zum familialen Reproduktionsbereich und seiner tradierten „weiblichen Prägung" immer wieder in den Sog öffentlicher Entwertung.

Die konsumgesellschaftliche Sozialisationsweise

Mit dem Begriff der *historischen Sozialisationsweise* ist gemeint, dass ein epochales Zusammenspiel ökonomischer, sozialer, kultureller und politischer Faktoren einen gesellschaftlichen Sozialisationsrahmen bildet, in dem sich die Menschen personal und sozial entfalten können, aber gleichzeitig auch in unterschiedlicher biografischer Intensität „geprägt" werden. An diesem Sozialisationsrahmen orientieren sich auch die Vorstellungen von gelebter Normalität, von der Normalbiografie. Zum Bild des Normalbürgers gehört vor allem, schon seit den 1920er Jahren bis heute, die Eigenschaft als *Konsument*. Diese Figur hat sich aus dem oben genannten Zusammenspiel der verschiedenen Faktoren entwickelt, sodass wir durchaus von einer *konsumgesellschaftlichen Sozialisationsweise* als epochalem Principium medium sprechen können.

Das 20. Jahrhundert wird weltweit als die Epoche des *Fordismus* bezeichnet. Damit ist der Name des US-amerikanischen Autoindustriellen Henri Ford (vgl. Ford 1926) verbunden, dessen ökonomisch und gesellschaftlich umwälzendes Produktions- und Distributionskonzept (Massenproduktion/Massenkonsum) eine epochale Entwicklung angestoßen hat, die bis heute im Modell der Konsumgesellschaft weiterwirkt. Im fordistischen System wird versucht, das traditionelle Verhältnis von Kapital, Arbeit und gesellschaftlichem Fortschritt ideologisch und alltagspraktisch umzupolen (vgl. ausf. Böhnisch/Schröer 2013). Der Arbeiter soll nicht mehr durch die Überwindung des kapitalistischen Systems befreit werden – wie in der marxistischen Variante – oder über die soziale Durchdringung des Kapitalismus und seine schrittweise Veränderung – wie im Ansatz Heimanns –, sondern über die konsumgesellschaftliche Öffnung des Kapitalismus aus sich selbst heraus. Er soll aus der proletarischen Enge gleichsam in den Konsumentenstand ‚gehoben' werden. Die soziale Idee von der Befreiung des Menschen mutiert so zur Idee des Lebensstandards, der Freiheit zum und im Konsum, der zum zentralen Vergesellschaftungsprinzip wird. Der Widerspruch von Arbeit und Kapital soll sich in der Teilhabe am Konsum auflösen können, soziale Konflikte werden dadurch überformt und verdeckt. Das trifft die Pädagogik an ihren empfindlichen Stellen, so z. B. an der Sinnfrage und am Erziehungsziel der autonomen Persönlichkeit. Jugendgenerationen mutieren zu „Produktgenerationen". Der Konsum wurde dementsprechend gerade im Deutschland der Weimarer Zeit (Jugend als „amerikanische Generation") zum Schreckgespenst der Jugendpädagogik und ist es bis heute geblieben.

2 Die sozialpädagogische Verlegenheit der industriekapitalistischen Moderne (Carl Mennicke)

Carl Mennicke, der dem Kreis der „religiösen Sozialisten" um Paul Tillich angehörte (vgl. Martiny 1977), wurde mit seiner Berufung an die Universität Frankfurt (1931) zu einem der ersten universitären Sozialpädagogen (vgl. zur Biografie: Bourmer 2012). Ihm ging es vor allem darum, die Disziplin wissenschaftlich eigenständig aus den pädagogischen Herausforderungen gesellschaftlicher Entwicklungs- und Wandlungsprozesse heraus zu begründen. Seit der Wende vom 19. zum 20. Jahrhundert – so Mennicke – hätten die sozialen Veränderungen ein Ausmaß erreicht, dass man von einer *sozialpädagogischen Verlegenheit* der industriellen Moderne sprechen könne. „Fortschritt im Bewußtsein der Freiheit" sei zwar weiter die Leitidee in der Diskussion über Bildung und Erziehung. Aber:

> „Soll indes diese Idee der Freiheit ihre führende Kraft wirklich erweisen, so kommt alles auf die Erkenntnis an, daß in ihr eine unendliche dialektische Spannung liegt. Eine dialektische Spannung, die mir mit großer Treffsicherheit gekennzeichnet ist durch das Zarathustrawort: ‚Frei wovon? [...] frei wozu!' Wird dieses Wort aus der Tiefe heraus verstanden, aus der es gesprochen wurde, so ist darin zum Ausdruck gebracht, daß jede menschliche Situation von der Frage belastet ist, ob die Kräfte, die zur Verfügung stehen, dem Bewegungsraum entsprechen, der jeweils zugemessen ist. Wäre der Fortschritt im Bewußtsein der Freiheit ein gradliniger, so hätte diese Frage keine Bedeutung. Tatsächlich aber ist aller Kampf, der darum geführt wird, die Idee der Freiheit zu verwirklichen, ein dialektischer Prozess, [...]dessen Charakteristikum es gerade ist, daß das ‚Frei wovon' und das ‚Frei wozu' in unendliche Spannung zueinander treten können." (Mennicke 1926: 311f.)

In diesem Sinne zeige sich die sozialpädagogische Verlegenheit der modernen Industriegesellschaft darin, dass sie den Einzelnen einerseits freisetze und andererseits nicht die sozialen Bedingungen biete, in denen sie diese Frei-Sein gestalten und leben können. Das Leben stehe in den modernen kapitalistischen Gesellschaften „viel zu ausdrücklich unter dem Zeichen der gemeinsamen Bewältigung der Lebenslast" (Mennicke 1928: 283). Die freigesetzten Bedürfnisse sowie die damit einhergehende implizite gesellschaftliche Aufforderung, Handlungsfähigkeit und Lebenssinn auszubilden, würden durch die Gesellschaft nicht beantwortet. Stattdessen regierten Arbeitsverhältnisse im industriellen Kapitalismus, die sich gegen alle sozialpädagogischen und menschlichen Problemstellungen gleichgültig verhielten, in denen nur der ökonomisch verwertbare „Teilmensch" einen Platz habe.

Das soziale Leben habe durch die Durchsetzung des industriellen Kapitalismus in allen Lebensbereichen an „bildkräftigen Formen des gesellschaftlichen Lebens" verloren (Mennicke 1926: 332). So werde der moderne Familienhaushalt „zur reinen Konsumgemeinschaft" degradiert und das „Tempo des Wirtschaftslebens" lasse dem Mann immer „weniger Raum zur wirklichen Pflege des Familienlebens". Ohnehin könne die moderne Familie nicht mehr als eine zuverlässige Erziehungsgemeinschaft angesehen werden. Der industrielle Kapitalismus habe aber vor allem die Arbeitsverhältnisse entpersönlicht:

> „Die Unpersönlichkeit und menschlich-pädagogische Unerfülltheit des Lehr- wie des Arbeitsverhältnisses läßt erwiesenermaßen an Ausdrücklichkeit nichts zu wünschen übrig. Daß heißt aber, daß neben dem Familienleben das andere entscheidende Lebensverhältnis, eben das Arbeitsverhältnis, seiner pädagogischen Qualität beraubt wurde. Und das alles zusammengenommen bedeutet doch nun, daß die Lebensformen durch die der werdende Mensch heute hindurchgeht, für seine Erziehung zum Gliede des gesellschaftlichen Körpers, nur eine geringe oder weithin gar keine Bedeutung haben. Erinnern wir uns des negativen Resultats, das unsere Untersuchung über den Kulturgehalt in der gegenwärtigen Gesellschaft hatte, so erscheint zunächst die Verlegenheit gegenüber dem sozialpädagogischen Problem eine vollständige. Und doch sind in der bisherigen Darstellung keineswegs alle in Frage kommenden Momente er-

schöpft. Wir haben bisher noch nicht von den pädagogischen Mitteln gesprochen, die die neue Gesellschaft anwendet, um ihre Glieder zur Gesellschaftsfähigkeit heranzubilden. Und erst mit der Berührung dieses Komplexes kommen wir ja an das heran, was das sozialpädagogische Problem im spezifischen Sinne des Wortes ausmacht[...] In der modernen Jugendfürsorge bemüht sich die Gesellschaft um die werdenden Glieder, die bereits gestrauchelt oder abgeglitten sind, denen also die sozialpädagogische Verlegenheit des gesellschaftlichen Körpers ausdrücklich zum Verhängnis geworden ist Sie tut es im Sinne jenes ‚sozialen Geistes', den zu preisen unser Geschlecht nicht müde wird. Mit dieser Wendung soll die Bedeutung dieses Geistes überhaupt, wie namentlich im Zusammenhang unserer Verhältnisse nicht unterschätzt werden. Natürlich ist es durchaus etwas Positives, wenn man den Einfluss der sozialen Bedingungen auf Leben und Verhalten der Menschen immer besser erkannt hat und in der behördlichen Reaktion auf ihre Handlungen dieser Erkenntnis immer besser Rechnung trägt. Es wäre ein unabsehbares Verhängnis für das gesamte öffentliche Leben, wenn dieser soziale Geist unter uns nicht wirksam wäre. Nur gilt es doch zu sehen, daß er nicht nur eine Tugend, sondern auch eine Not ist. [...] Eine Zeit, in der ein verbindender und verpflichtender Wertgehalt wirksam ist, kann von den Gliedern der Gesellschaft ein Verhalten fordern, in dem sich das Bewußtsein dieser Verpflichtung ausdrückt [...]. In einer Zeit der Auflösung dagegen kann in Wahrheit weder von Forderung noch von Strafe in diesem Sinne die Rede sein. Und eben in jenem ‚sozialen Geist' bekundet sich das schlechte Gewissen der Gesellschaft ihren Gliedern gegenüber. Sie fühlt, daß sie ihnen ja wirklich nichts zumuten kann, da sie die unerläßlichen positiven Voraussetzungen für diese Zumutung nicht anzubieten hat. Das ‚psychologisierende Verstehen' ist daher in der Tat die einzige Kategorie, die ihr übrig bleibt. [...]Auf das Ganze des gesellschaftlichen Zustandes gesehen aber eine höchstfragwürdige Errungenschaft, wenn nicht das Bewußtsein dieser Fragwürdigkeit voll lebendig ist. Ist es lebendig, dann allerdings kann diese Kategorie des Verstehens auch ganz allgemein zu wahrhaft positiver Bedeutung kommen." (Mennicke 1926: 324ff.)

Die alte Gesellschaft setzte „den Bewegungsrahmen des Einzelnen fest" und der Einzelne hatte sich dem zu fügen (ebd.: 318). Die moderne Gesellschaft tat nun – so Mennickes Analyse – genau das Gegenteil. Durch die Auflösung der traditionellen Lebensformen, durch das Zurücktreten des Gemeinschaftlichen, durch die modernen industriekapitalistischen Arbeitsverhältnisse setze sie den Einzelnen frei und sie entlasse ihn aus den alten autoritären und patriarchalen Strukturen. Wurde der Mensch in der alten vormodernen Gesellschaft festgesetzt und ihm selbst kaum Spielraum gelassen, aus den übermächtigen Sicherheiten auszubrechen, so wird er nun, so ist Mennicke zu verstehen, einerseits immer wieder in riskanter Offenheit freigesetzt und andererseits durch neue „Massenverzückungen" – eben im damals aufkommenden Massenkonsum – wieder gebunden.

Mennicke berichtete über das Leiden der Menschen an der vom Kapitalismus vorgegebenen „Lebensgestalt, in der wir uns gefesselt finden" (Mennicke 1921: 40). Dieses Leiden sei der Ausgangspunkt für die Suche nach einer neuen Lebensgestalt. Für ihn war die eigene soziale Betroffenheit das Medium, sich selbst als soziales Wesen zu begreifen und zu erkennen, dass der industrielle Kapitalismus der menschlichen Selbstentfaltung gleichgültig gegenüber steht. Entsprechend sah er die Pädagogik als alltägliche sozialpolitische Praxis herausgefordert. In den unmittelbaren Lebensverhältnissen galt es, ausgehend von der „Lebenslast", die der Mensch zu bewältigen hat, den Menschen zum Akteur und alltagspolitischen Mitgestalter seiner Lebensumstände zu machen. Die Suche nach neuen sozialen Erziehungs- und Bildungsformen sollte ja gerade nicht, wie dies in den überkommenen Verbänden der Fall gewesen war, die Menschen erneut festsetzen, sondern die mit der Auflösung der traditionalen Bindungen gewonnene Autonomie im sozialen Leben verwirklichen.

Was hier wie ein durchgearbeitetes Theorieprogramm aussieht, sind verstreute Skizzen, die wir (d.i. mit Wolfgang Schröer) aus Zeitschriftenartikeln, Sammelband- und Handbuchbeiträgen Mennickes aus den 1920er bis in die beginnenden 1930er Jahre in eine Zusammenschau gestellt haben. Erst so konnte die theoretische Wucht seines dialektisch begründeten sozialpädagogischen Entwurfs hervortreten. Dieser war er sich damals wohl selbst nicht so bewusst wie wir heute. Denn in seinen, im niederländischen Exil verfassten Monographien zur Sozialpsychologie (1935/1999) und Sozialpädagogik (1937/2001) ist von dieser theoretischen Wucht nichts mehr zu spüren. Das hing vielleicht auch mit der Exilsituation zusammen, die ihm nicht das sozial und kulturell bewegte

Umfeld der Weimarer Zeit bot. So ist es auch anderen EmigrantInnen, übrigens auch manchen aus der individualpsychologischen Sozialpädagogik der Wiener Schulreform (s. u.), ergangen. So war es kein Wunder, dass die auf möglichst ‚geschlossene Werke' abzielende Geschichtsschreibung über solche Skizzen hinweggegangen ist, zumal die beiden späteren ‚Hauptwerke' Mennickes nichts Bleibendes versprachen. Hier aber steht nun sein bleibender Entwurf, denn die These von der *sozialpädagogischen Verlegenheit der industriellen Moderne* stellt allein schon eine anspruchsvolle paradigmatische Herausforderung dar.

Impuls: Die neue Verlegenheit: Sozialpädagogisches Denken in der heutigen Zeit der Entgrenzungen und Paradoxien

Mennicke hat damals einen Rahmen der Begründung Sozialer Arbeit entworfen, der für uns heute – angesichts der gegenwärtigen Brüche nach einer langen Phase der gesellschaftlichen und sozialstaatlichen Linearität und Stabilität – wieder an unmittelbarer Bedeutung gewonnen hat: Bei ihm war es das theoretisch-konzeptionelle Dreieck *Entgrenzung bis Auflösung der traditionalen Milieus – Freisetzung von psychosozialen Orientierungsproblemen – Bewältigungszwang,* auf das sich die Sozialarbeit zu beziehen hatte. Die gegenwärtige Gesellschaft der globalisierten zweiten Moderne ist von Entgrenzungen und von der Freisetzung neuer Orientierungs- und Bewältigungsprobleme gekennzeichnet, direkte wie diffuse Bewältigungszwänge, auf die man nicht vorbereitet ist, brechen auf. Es sind die überraschenden Paradoxien, denen sich die Menschen ausgesetzt sehen, die aber auch der Sozialen Arbeit zu schaffen machen.

Seit Beginn des 21. Jahrhunderts wird in den Sozialwissenschaften – ähnlich wie zu Mennickes Zeit der Auflösung überkommener Strukturen – wieder mit Begriffen operiert, die auf die Erosion überkommener Grenzen und Sicherheiten hinweisen. Ein solcher – inzwischen verbreiteter – ist der Begriff der *Entgrenzung:* Bisherige Normalitätsstrukturen lösen sich auf oder vermischen sich mit neuen. Grenzen verschwimmen, neue tun sich auf Das

Normalarbeitsverhältnis als lebensgeschichtlich zentrale Verknüpfung von Identität und Arbeit gilt für viele nicht mehr, dennoch soll Arbeit weiter das Korsett des Lebenslaufs bilden. Wir erleben Armut in Arbeit, Depression im Wohlstand, Verkürzung von Jugend bei Verlängerung der Jugendphase durch Extensivierung der Bildung und Prekarisierung der Übergänge in die Arbeit; in Deutschland meist verdeckt, dramatisch offen in andern europäischen Gesellschaften. Zudem bringen transnationale Verflechtungen angesichts einer globalisierten Ökonomie dem nationalen Sozialstaat und seiner Sozialen Arbeit auch ein normatives Problem. Im sozialwissenschaftlichen Diskurs wird dies mit dem Begriff der *Entbettung* beschrieben: Ökonomische Standortentscheidungen und ihre sozialen Folgen werden im weltweit inszenierten Wettbewerb der Unternehmen, Regionen und Kommunen ohne Rücksicht auf lokale Traditionen und soziale Verhältnisse getroffen. Die soziale Welt wird dadurch permanent in Atem gehalten, dem hegemonialen Sog der neuen ökonomischen Bewegungsformeln scheint sie nicht entgehen zu können.

Insgesamt befinden wir uns im Übergang Das Individuum in seinem Ausgesetzt-Sein wie in seiner Widerständigkeit wird durch die poröser werdenden sozialen Institutionen hindurch sichtbar. Was in bisher gültigen Modellen des Sozialen als einvernehmlich galt, drängt zur Neuverhandlung. Wir sehen also: Wir haben es heute nicht nur mit einer sozialpädagogischen Verlegenheit der Zweiten Moderne zu tun, sondern auch mit einer disziplinären Verlegenheit in der Sozialpädagogik/Sozialarbeit. Denn gerade auch für sie sind Probleme der gesellschaftlichen Verortung aufgetreten, die Mennicke in seinem sozialpädagogischen Optimismus natürlich nicht voraussehen konnte. Denn der gegenwärtige Kapitalismus ist flexibler geworden: die Bewältigungszwänge und Sorgen, die freigesetzt sind, werden gleichzeitig wieder vermarktet. Die Pharmaindustrie ist ein prototypisches Beispiel dafür. Andererseits reichen neue kritische Lebenskonstellationen bis in die Mitte der Gesellschaft hinein, sodass man annehmen könnte, auch die Soziale Arbeit rückte in ihrer Bedeutung in die Mitte der Gesellschaft. Sie steht aber im Gegenteil vor der Gefahr, von der „sozialen Gesundheitsindustrie" und einer von Abstiegsangst heimgesuchten Mittelschicht erneut an den gesellschaftlichen Rand gedrängt zu werden. Einer Mittelschicht, die sich wieder von den sozial benachteiligten Schichten, der Klientel der Sozialen Arbeit distanziert, um ihre Statuslage abgrenzen zu können. Zudem hat die Sozialarbeit selbst ihre inneren Orientierungsprobleme: Die Grenzen zwischen Normalität und Abweichung verschwimmen. Soziale Entgrenzungen und Paradoxien lassen die erreichten professionellen Standards und fachlichen Interventionskonzepte brüchig werden. Auch das macht die Attraktivität scheinbar eindeutiger sozialtechnologischer Modelle plausibel.

Diese knappen zeitdiagnostischen Befunde zeigen wie sinnvoll aber auch notwendig es für die heutige und zukünftige Sozialarbeit/Sozialpädagogik ist, ihre gesellschaftliche und disziplinäre Verortung nach Mennickes Grundmodell von Entgrenzung/Freisetzung/Bewältigung neu zu bestimmen. Es kommt darauf an, jenen gesellschaftsreflexiven Typus sozialpädagogischen Denkens wiederzubeleben, für den er m.E. als historisches Vorbild steht. Denn mit partikularen Konzepten und sozialtechnologischen Modellen allein wird sich die Sozialarbeit in der Konkurrenz der Psycho- und Sozialindustrien nicht behaupten können. Sie braucht auch in Zukunft die gesellschaftlich Rückbindung und Legitimation und die entsprechende sozialpolitische Reflexion.

3 Erziehung, Soziale Frage, Sozialpädagogik, soziale Frauenarbeit: Das Strukturmodell der „gesellschaftlichen Reaktion" (Bernfeld, Mollenhauer, Natorp, Weber, Salomon)

> „Die Kindheit ist irgendwie im Aufbau der Gesellschaft berücksichtigt. Die Gesellschaft hat irgendwie auf die Entwicklungstatsache reagiert. Ich schlage vor, diese Reaktionen in ihrer Gänze Erziehung zu nennen. Die Erziehung ist danach die Summe der Reaktionen einer Gesellschaft auf die Entwicklungstatsache. Der Begriff der Erziehung erfährt durch diese Definition gewiss eine ungewohnte Erweiterung, die aber nicht unerwartet sein kann, denn betrachtet man die Erziehung als gesellschaftlichen Prozess und nicht wie die Pädagogik als System von Normen und Anweisungen, so wird der Umfang der zu betrachtenden und in einem Begriff zu vereinenden Erscheinungen natürlicherweise größer, [...] Was die Pädagogik Erziehung nennt, die bewußte, die Erziehung im engeren Sinne ist ein Spezialfall. [...] Diese bewußte Erziehung ist ein historisch spätes Produkt." (Bernfeld 1925: 51f.)

Bernfelds berühmte Definition ist für uns deswegen hier interessant, weil wir sie vor allem in ihrem Strukturmuster für die disziplinäre Bestimmung der Sozialpädagogik/Sozialarbeit verwenden können. Sozialwissenschaftlich interpretiert zielt sie auf den gesamten Sozialisationsprozess ab, über die Kindheit hinaus, also auf den Prozess der Vergesellschaftung des Menschen. Da sich Gesellschaften immer wieder reproduzieren und darin rekonstruieren müssen, *ist* Sozialisation Gesellschaft und die „gesellschaftliche Reaktion" auf die ‚Sozialisationstatsache' ein gesellschaftlich immanenter Strukturreflex. Pädagogik als „bewußte Erziehung" und darin als ein „historisch spätes Produkt" ist hingegen eine institutionelle Form der Reaktion auf die Entwicklungstatsache, die in modernen Industriegesellschaften über bestimmte Erziehungssysteme – dem jeweiligen Modernisierungsstand der Gesellschaft entsprechend – organisiert ist. Ist nun die Sozialpädagogik Teil dieses Systems der „bewußten Erziehung", also gleichsam ihre Teildisziplin? Hören wir dazu Klaus Mollenhauer:

> Die „Diskrepanz zwischen den Ordnungen der Gesellschaft und dem Einzelnen hatte zur Folge, daß die Erziehungsleistungen der erziehenden Gemeinschaften und die Erziehungsanforderungen, die für den Einzelnen aufzustellen waren, nicht mehr zur Deckung gebracht werden konnten. Die erziehenden Gemeinschaften erlitten – in Ansätzen zunächst, im Laufe der Entwicklung bis in die Gegenwart aber immer deutlicher hervortretend – einen pädagogischen Funktionsverlust, der vorerst nicht ausgeglichen werden konnte und der sich vornehmlich in akuter Gefährdung, Verwahrlosung und Kriminalität der Jugend auswirkte. Im Grunde tauchte damit ein altes pädagogisches Problem in neuer Gestalt auf: das Verhältnis des Einzelnen zur Gemeinschaft und Gesellschaft, sein Hineinwachsen in die vorgefundenen Sozialformen der Elterngeneration. Es würde sich also bei unserem Problem um nichts anderes handeln, als um einen Beitrag zur allgemeinen Pädagogik, um die mit einer bestimmten historischen Situation gegebene historische Variante eines Themas, das aus keiner systematischen Pädagogik mehr fortzudenken ist. Es wäre daher auch nicht einzusehen, inwiefern für diesen Sachverhalt ein neuer Begriff, wie der der Sozialpädagogik einzuführen sein sollte. Es würde genügen, der durch die geschichtlichen Tatsachen ergangenen Aufforderung zu einem neuen Durchdenken und tieferen und genaueren Erfassen nachzukommen.
> Dennoch handelt es sich um ein neues Problem, wenn auch freilich in einem anderen als dem eben bezeichneten Sinne. Diese neue Version eines im Grunde alten Problems schafft nämlich einen pädagogischen Aufgabenbereich, der mit der geschichtlichen Situation, in der er aufgegeben wurde, untrennbar verknüpft ist, der aber vor allem pädagogische Institutionen hervorbrachte, die sich von den traditionellen Einrichtungen wesentlich unterschieden, dergestalt, daß sie eine akute oder drohende soziale Abwegigkeit zum Objekt des pädagogischen Handelns machten und die soziale Eingliederung oder

> Wiedereingliederung zum ausdrücklichen und zentralen Anliegen erklärten. Die sozialpädagogischen Institutionen füllten daher die Lücke, die durch die Unzulänglichkeit der den einzelnen Sozialformen zugehörigen Erziehungsleistungen offen gelassen wurde. [...] Die Gesamtheit der institutionellen Mittel, die bereitgestellt werden, um diese Diskrepanzen auszugleichen, ihren praktischen und theoretischen Zusammenhang, nennen wir somit die Sozialpädagogik, da diese mit der durch eine bestimmte und besonders zugespitzte soziale Problematik – der der industriellen Gesellschaft nämlich – charakterisierten geschichtlichen Situation notwendig verbunden war und ist, von ihr ihren Anfang nahm und ihre Aufgaben erhielt." (Mollenhauer 1959: 54 f.)

Dort also, wo bewusste Erziehung, das familiale und schulische Erziehungs- und Bildungssystem an seine Grenzen stößt, bestimmte psychosoziale Probleme nicht erreichen kann, kommt die Sozialpädagogik ins Spiel. Aber sie leitet sich nicht von der Pädagogik als etwa ihre Sonderform ab, wenngleich sie pädagogisch operiert. Sie bezieht sich vielmehr auf die Probleme der „Diskrepanz zwischen den „Ordnungen der Gesellschaft und dem Einzelnen", also auf die Frage *sozialer Integration und Desintegration*. Was z. B. aus der schulischen Perspektive gemeinhin als ‚Schul- und Erziehungsschwierigkeit' ausgemacht wird, erscheint unter sozialpädagogischem Blickwinkel, als Schwierigkeit, diese Diskrepanzen zwischen der Ordnung der Schule und der Lebenswelt der betreffenden SchülerInnen *zu bewältigen*. Es sind dabei vor allem die sozialen Bedingungen, in die die ‚Erziehungsordnung' eingebettet ist und die sie reproduziert, welche für sozial benachteiligte Kinder und Jugendlich solche Diskrepanzen und die entsprechenden Bewältigungsprobleme aufwerfen.

Die allgemeine Thematisierung des Verhältnisses von sozialer Benachteiligung und Sozialintegration führt uns historisch zurück zur *Sozialen Frage* als zentralem Hintergrund der Begründung einer Sozialpädagogik in der kapitalistischen Gesellschaft der vorletzten Jahrhundertwende und damit zwangsläufig zu Paul Natorp. In der Schrift „Pestalozzis Ideen über Arbeiterbildung und soziale Frage" (1894) entdeckte er Pestalozzi als sozialpädagogisch-sozialpolitischen Denker: „Zusammenfassend läßt sich sagen, dass die [...] Pestalozziinterpretation Natorps den sozialpädagogischen Zugang zur sozialen Frage sichert. Dabei ist nicht der soziologisch-historische Zugang von Bedeutung, sondern Pestalozzis Anthropologie [...]; allerdings ist sein Sozialismus der Bildung ein pädagogisches Projekt" (Henseler 1997: 141).

Für Natorp bestand Pestalozzis historisch übergreifende Bedeutung darin, dass er nicht nur die Umstände anprangerte, die die Menschen unterdrückten, sondern auch herausstellte, dass der Mensch aus der „Kraft in sich selbst" die Umstände lenken kann. Die Sozialpädagogik habe dementsprechend „die sozialen Bedingungen der Bildung und die Bildungsbedingungen des sozialen Lebens" (Natorp 1920: 94) zu thematisieren. Der Mensch sei nicht nur den ökonomischen Entwicklungen ausgeliefert, er könne sich auch dagegen wehren und diese Gegenwehr begründe sich aus seinem Menschsein: Die Gewaltförmigkeit des industriekapitalistischen Systems sei Teil des „ewigen sittlichen Unrechts" der Gewalt von Menschen über Menschen, der Widerstand dagegen sei damit auch sittlich begründetes Recht. Indem Sittlichkeit für Natorp Gemeinschaftscharakter hat, sieht er im „organisierten Willen zur Gemeinschaft" die gebotene Reaktionsform auf die gegebene Tatsache des Leidens unter dieser Gewaltförmigkeit.

Natorps Entwurf war sozialidealistisch, ihm fehlte der soziologisch-dialektische Rückbezug auf die Sozialstruktur, dennoch ist für uns Begründungszusammenhang interessant. Denn der verweist wieder auf die Bewältigungs- und Integrationsproblematik, wenn er die „Gewaltförmigkeit" des herrschenden ökonomische Systems und seine psychosozialen Folgen thematisiert Sozialpädagogik soll deswegen – nach dieser Begründung – soziale Erziehung zur Gemeinschaft vom Menschen her sein, um helfen zu können, diese Spaltung zu überwinden. Natorps sozialpädagogisches Hauptwerk, die „Sozialpädagogik" von 1899 führt dementsprechend den Untertitel: „Theorie der Willenserziehung auf der Grundlage der Gemeinschaft". Das natorpsche Paradigma der Gemeinschaft als sozialpädagogischer Orientierungspunkt wird in den sozialpädagogischen Diskursen der 1920er Jahre immer wieder aufgegriffen, trotz der Vorbehalte gegenüber seinem Sozialidealismus. Auch deswegen mein Rückgriff auf diesen vorangegangenen Zeitabschnitt.

Es ist aber auch deshalb wichtig darauf zurück zu kommen, weil die Soziale Frage seit dem ausgehenden 19. und beginnenden 20. Jahrhundert in der Arbeiterbewegung sowie in der Sozialpolitik fast ausschließlich in Bezug auf den Produktionsbereich, also die Erwerbsarbeit, diskutiert wurde. Der durchschnittliche weibliche Lebenszusammenhang der Familien-, Beziehungs- und Hausarbeit war ausgeblendet. Erst die Frauenbewegung hat die Problematik der geschlechtshierarchischen Arbeitsteilung öffentlich gemacht und die Soziale Frage hin zur *Frauenfrage* gedreht. Ausgangspunkt waren die sozialen *Desintegrations- und Bewältigungsprobleme* nicht nur der proletarischen Familien vor allem in den Großstädten, die nicht mehr privat zu bewältigen waren. Diese seien, so der Grundtenor der frauenpolitischen Argumente, auf das Frauen benachteiligende wie gesellschaftlich ausgrenzende System der industriekapitalistischen Arbeitsteilung in einer patriarchalischen Gesellschaft zurückzuführen. Daraus erwuchs nicht nur die Forderung der Gleichberechtigung der Geschlechter, sondern darüber hinaus der Anspruch, die weiblichen Kompetenzen der Sorge und Hilfe in die kapitalistische Konkurrenzgesellschaft hineinzutragen, um sie darüber menschlicher gestalten zu können. Ein zentrales Medium dafür sollte die Soziale Frauenarbeit sein, die – wie der Name schon sagt – primär von Frauen auszuüben sei:

> „Die besonderen Zustände der Zeit, die Pflege, Fürsorge, soziale Hilfe jeder Art verlangten, entfalteten vor allem die Frauenkräfte für die öffentliche Arbeit. Es ist fast ein Gemeinplatz geworden, wenn man heute noch einmal wieder holt, daß die Familie durch die wirtschaftlichen und gesellschaftlichen Umwälzungen zerfällt und neu aufgebaut werden muß. Es ist ein Schlagwort des Tages, daß die Öffentlichkeit mit all ihren technischen und zivilisatorischen Mitteln den stärksten Einfluß auf die heranwachsende Jugend ausübt. Hier muß die berufsmäßige Frauenhilfe überall wirksam werden: für die werdenden Mütter, die Säuglinge, Kinder und Jugendlichen, für das zerfallende Hauswesen, für wirtschaftliche, gesundheitliche und sittliche Nöte. Das Volk verlangt nach der sozialen Berufsarbeit der Frau. Zu gleicher Zeit aber suchte die Frau selbst diesen Wirkungskreis." (Weber 1931: 303f.)

Sein (des sozialen Frauenberufs, L.B.) charakteristisches Merkmal ist die Tatsache, daß eine Arbeit, die in allen Zeiten von Frauen geleistet wurde, in die Form eines Berufs gegossen wurde. [...] Erst die großstädtische Entwicklung hat diese Hilfe von Mensch zu Mensch, von Haus zu Haus unzureichend und unwirksam gemacht. Besitzende und Nichtbesitzende, Versorgte und Sorglose wohnen nicht mehr dicht beieinander. Jedenfalls kennt man seine Nachbarn nicht genug, um ihnen in Notzeit beispringen zu können. Darum hat die moderne Zeit eine Fülle großer Organisationen ins Leben gerufen, um alle Bedürfnisse mit neuen Methoden, in neuer Weise zu befriedigen. [...] Wenn die Frauen auf die Ausübung der Fürsorge nicht verzichten wollten, als diese Arbeit von nachbarlicher zu organisatorischer Gestaltung wuchs, mußten sie den Weg in die Vereine und Behörden mittun, um ihre Hilfe durch diese Organisationen durchzuleiten." (Salomon 1931: 309 f.)

Impuls: Sozialpädagogik/Sozialarbeit als gesellschaftlich institutionalisierte Reaktion auf die Bewältigungstatsache

Wenn wir nun diese verschiedenen Zugänge zur Bestimmung der Sozialpädagogik in der Zusammenschau bewerten, fällt auf, dass nicht das Pädagogische, sondern das Soziale – die industriegesellschaftliche Integrationsfrage und ihre Bewältigungsprobleme – im Vordergrund steht. Die Pädagogik ist dabei das verfügbare Mittel, die Menschen in den kritischen Lebenskonstellationen, die mit diesen Bewältigungsproblemen verbunden sind, zu unterstützen, ihnen eine soziale Re-Integration zu *ermöglichen*. Darauf zielt auch Mennickes Begründung der Disziplin aus der „sozialpädagogischen Verlegenheit" der industriellen Moderne heraus. Denn das Integrationsproblem der industriekapitalistischen Gesellschaft mit seinen Bewältigungsaufforderungen und -zwängen ist ein epochales Strukturproblem und mithin eine *historisch-soziale Tatsache*. Wir können deshalb durchaus – in Assoziation zu Siegfried Bernfeld – die Sozialpädagogik/Sozialarbeit *als gesellschaftlich institutionalisierte Reaktion auf die Bewältigungstatsache* bezeichnen.

Zu dieser institutionellen Reaktion war und ist die moderne Industriegesellschaft strukturell gezwungen: sowohl aufgrund ihrer latenten sozialstrukturellen Dauerkrise – die Spannung von Integration und Desintegration ist dem Wesen industrieller Arbeitsteilung immanent – als auch wegen der strukturellen Notwendigkeit, diese Arbeitsteilung sozial reproduzieren und ausbalancieren zu müssen. Der sozialpädagogische Interventionsmodus ist dabei das strukturlogische Mittel der Wahl. Da diese Dauerkrise aufgrund ihrer strukturellen Bedingtheit gesellschaftlich nicht aufhebbar ist, muss sie in ihren Folgen für den und am Einzelnen behandelt, also pädagogisch transformiert werden. Somit wird deutlich, dass die moderne Sozialpädagogik/Sozialarbeit nicht einfach Ableger der Pädagogik ist, sondern aus der Hintergrundkonstellation industriegesellschaftlicher Arbeitsteilung und der damit zusammenhängenden kritischen Bewältigungsprobleme ihre disziplinäre Eigenständigkeit herleitet. Dass die Sozialpädagogik sich zuerst mit der Jugend befasste und damit dem Definitionskreis der Pädagogik zugeordnet wurde, hing vor allem damit zusammen, dass die industrielle Arbeitsteilung vor allem die proletarischen Jugendlichen früh aus den familialen Milieus freisetzte und sie in ihrer – daraus abgeleiteten – „Entwicklungsgefährdung" zur gesellschaftlichen Problemgruppe machte. Entwicklungs- und Bewältigungstatsache gingen hier ineinander über.

Vor dem Hintergrund dieser Begründung umfasst eine Theorie der Sozialpädagogik/Sozialarbeit den Gesamtzusammenhang der kritischen Spannung zwischen sozialer Integration/ Desintegration und Bewältigung. Die sozialpädagogische Praxis bezieht sich von ihren Möglichkeiten her vor allem auf die Bewältigungsseite (vgl. Kap. 7). Dabei behält sie aber das gesellschaftliche Strukturproblem der sozialen Desintegration im Kopf. Das ist ihre sozialpolitische Reflexivität.

4 Der Konflikt als sozialpädagogische Grundkategorie (Heimann, Mollenhauer)

Der *soziale Konflikt* gilt – so wurde schon eingangs thematisiert – als historisch wechselnde Antriebskraft der gesellschaftlichen Entwicklung und darin der Lebensverhältnisse. Der Sozialstaatskompromiss hat sich aus der Dialektik des Konflikts zwischen Arbeit und Kapital entwickelt. Damit waren soziale Konflikte zwar erst einmal sozialstaatlich befriedet, die Konfliktstruktur sozialer Prozesse ist damit aber nicht aufgehoben. In der Sozialen Arbeit als lebensweltlich verlängerter Apparatur sozialstaatlicher Sozialpolitik bildet sich diese Konfliktstruktur nicht zuletzt im Spannungsverhältnis von Hilfe und Kontrolle ab. Deshalb muss die moderne Sozialarbeit von dem Anspruch geleitet sein, die Kategorie Konflikt – dem sie selbst ausgesetzt ist – als eine ihrer zentralen konzeptionellen Bezugsgrößen ausweisen zu können. Das soziale Denken als *Konfliktdenken* wurde in den 1920er Jahren von Eduard Heimann in seiner „Soziale(n) Theorie der Kapitalismus" entwickelt. Die *sozialpädagogische* Bedeutung des Konflikts hat Klaus Mollenhauer Ende der 1950er Jahre expliziert.

> „Die soziale Idee entspringt aus dem wirtschaftlich-sozialen Boden des Kapitalismus [der Kapitalismus bringt den Arbeiter und damit auch indirekt die Arbeiterbewegung hervor, L.B.], sie nimmt in der sozialen Bewegung Gestalt an und setzt sich mit wirtschaftlich-sozialen Mitteln [Forderungen, in denen ökonomische Notwendigkeiten und soziale Ansprüche konvergieren, L.B.] im Kapitalismus und gegen den Kapitalismus durch. Weil sie auf dem Boden des Kapitalismus entspringt und wächst, weil sie also durch ihre bloße Existenz im Kapitalismus steht, [der Kapitalismus ist auf ein sich stetig verbesserndes Humankapital angewiesen, L.B.] darum kann sie ihre wachsenden Forderungen in wachsendem Maße durchsetzen. [...] Was man auf diese Weise bewahrt, das ist nicht der Kapitalismus; es ist fort-

schreitend weniger Kapitalismus, je öfter der Vorgang sich wiederholt. Denn aus dem willkürlichen Herrschaftsbereich des freien Kapitals – und das ist doch der Kapitalismus – holt die Sozialpolitik die Menschen heraus und setzt sie in ihren eigenen Freiheits- und Machtbereich ein; da das aber nicht außerhalb der bisher vom Kapitalismus geordneten Wirtschafts- und Sozialwelt geschieht, so bestätigt sich die Sozialpolitik als ein Einbruch in den Kapitalismus." (Heimann 1980: 17 f.)

„Sozialpolitik ist Abbau der Herrschaft zugunsten der Beherrschten. Sozialpolitik ist also der Einbau des Gegenprinzips in den Bau der Kapitalherrschaft und Sachgüterordnung; es ist die Verwirklichung der sozialen Idee im Kapitalismus gegen den Kapitalismus. In der Doppelstellung der Sozialpolitik als Fremdkörper und zugleich als Bestandteil im kapitalistischen System liegt ihre eigentümliche Bedeutung; darin ihre Dynamik, darin ihre dialektische Paradoxie und theoretische Problematik, welche schon als solche für ein undialektisches Denken unerkennbar ist. Das undialektische Denken bricht hier, wie stets, das dialektisch Zusammengehörige auseinander und wirft von der einen Seite her der Sozialpolitik vor, sie zerstöre von innen her das kapitalistische System, das doch erhalten bleiben müsste; sie sei ein Gift, welches ausgestoßen werden müsse; während von der anderen Seite her geklagt wird, dass die Sozialpolitik innerhalb des Kapitalismus, also unter Bewahrung des Kapitalismus, dasjenige kümmerlich zu leisten versuche, das nur auf seinen Trümmern voll geleistet werden könne." (ebd.: 167f.)

Der Kapitalismus – so das *dialektische* Modell Heimanns – ist also zum Zwecke seiner Modernisierung (im Sinne der Verbesserung der Verwertungsbedingung des Kapitals und damit der Profitsteigerung) auf die Entwicklung und Qualifizierung des Humankapitals angewiesen. Dies ist wiederum nur als soziale Erweiterung möglich: Denn es sind die Menschen und nicht nur ihre abrufbaren funktionalen Fähigkeiten, die sich entwickeln und erweitern müssen, um in die neuen Produktionsanforderungen hineinzuwachsen. Dadurch entstehen und formieren sich aber auch weitergehende soziale und kulturelle Interessen. Damit erhält die soziale Idee ihren empirischen Bezug, wirkt notwendig in den Kapitalismus hinein und entfaltet ihre soziale und politische Eigenkraft im Resultat der Sozialpolitik. Dieser Zusammenhang wird mit dem

Begriff des *sozialpolitischen Prinzips* umschrieben (vgl. ausf. Böhnisch/Schröer 2012). Mit der Institutionalisierung des sozialpolitischen Prinzips im Sozialstaat kommt auch die Soziale Arbeit als Teil des sozialstaatlichen Systems der sozialen Dienste ins sozialpolitische Spiel. Die Frage ob und inwieweit der Grundkonflikt zwischen dem Ökonomischen und dem Sozialen sozialstaatlich ausbalanciert werden oder ob diese Balance aus den Fugen geraten kann, fordert bis heute und auch in Zukunft eine konfliktbewusste *sozialpolitische Reflexivität* der Sozialen Arbeit heraus. Denn ihre gesellschaftliche Stellung und die damit verbundenen Gestaltungsmöglichkeiten sind schließlich davon betroffen. Aber natürlich auch ihr Aufgabenspektrum vor allem in jenen psychosozialen Fallkonstellationen, die im Konfliktspektrum gesellschaftlicher Arbeitsteilung und sozialer Ungleichheit angesiedelt sind. Diesen Bogen von den sozialstrukturell bedingten Konflikten zu personalen Betroffenheiten hat Klaus Mollenhauer geschlagen. Dabei geht er prinzipiell davon aus, dass die über die gesellschaftliche Arbeitsteilung freigesetzten Konflikte und die Art ihrer Austragung generell – also über den Grundkonflikt zwischen Arbeit und Kapital hinaus – die sozialen Beziehungen prägen. Die Sozialpädagogik braucht deshalb – so kann man das interpretieren – nicht nur eine sozialpolitische, sondern auch eine sozialpädagogische Konfliktreflexivität.

„Sozialpädagogisch relevant werden die Konfliktphänomene dadurch, daß in ihnen und ihrer Bewältigung einerseits sich erzieherisches Gelingen oder Mißlingen dokumentiert, und daß andererseits Konflikte nie nur einen psychologisch isolierbaren, sondern immer auch einen die Veränderung der Person betreffenden, also einen Bildungssinn haben. Dieser Bildungssinn tritt besonders in jener Entwicklungsphase hervor, in der zum ersten Mal in der Entwicklung jedes Einzelnen Konflikte im präzisen Sinne des Begriffs und als Ernstsituationen bewältigt werden müssen, in der Reifezeit. Die Tatsache, daß sie sich immer an Gesellschaftlichem entzünden, demgegenüber aber gerade die Produktivität und Entscheidungswilligkeit dessen, der sich im Konflikt befindet, herausgefordert wird, unterstreicht noch, daß Konflikte pädagogische Probleme von großer Tragweite enthalten. Speziell, weil es vornehmlich im Bereich sozialpädagogischer Tätigkeit auftaucht, und weil es […] strukturell mit dem Hineinwachsen in eine industrialisierte und sich demokratisierende Gesellschaft zusammenhängt und von den überlieferten Erziehungseinrichtungen nur sporadisch berücksichtigt werden kann. [...] Die alltägliche Form des Konflikts ist derjenige Rollenkonflikt, der sich nicht aus dem Vorgang des Heranwachsens ergibt, sondern aus der arbeits- und interessenteiligen Gesellschaft selbst, z. B. dort, wo verschieden strukturierte Gruppen Jugendlicher, mit besonderen Formen Tätigkeiten und Einstellungen ein und dasselbe Freizeitheim benutzen. Alle diese Konflikte können als soziale Konflikte gleichsam äußerlich bleiben. Die Divergenz oder auch Widersprüchlichkeit der Motivationen bleibt dann ein Unterschied der Institutionen, Gruppen oder Individuen; der Konflikt tritt nicht in den Individuen selbst auf, da sie nur ein bestimmtes Interesse gegen ein anderes vertreten. Er kann aber auch – und in diesem Fall intensiviert sich das pädagogische Problem – als ein personaler Konflikt auftreten, in dem die verschiedenartigen Verhaltenstendenzen in Individuen selbst miteinander konkurrieren, das heißt, die sozialen Rollenunterschiede bzw. -widersprüche im Subjekt reproduziert werden.

Damit ist nichts anderes gesagt, als daß personale Konflikte häufig die subjektive Entsprechung der objektiven sozialen Pluralität der Gesellschaft sind. Hängen Konflikte aber so prinzipiell mit der Struktur der Gesellschaft zusammen, dann stellen sie und ihre Bewältigung auch nicht ein zufälliges, sondern für diese Gesellschaft fundamentales und notwendiges pädagogisches Problem dar. [...] Wenn es auch richtig sein mag, daß die Intensität der gesellschaftlichen Konflikte in der pluralistischen Gesellschaft abnimmt, so scheint, wenn man den Berichten von Psychiatern und Erziehungsberatungsstellen, aus Erziehungsheimen und Gefängnissen, aber auch den Erfahrungen aus der Arbeit mit Industriejugendlichen glauben darf, die Intensität der Konflikte, in die der Einzelne in dieser Gesellschaft gerät, zuzunehmen. Aber nicht nur die Intensität, auch die Zahl vergrößert sich, so daß, was gesellschaftlich immer reibungslos abzulaufen scheint, im Einzelnen offenbar den entgegengesetzten Effekt macht. [...]

Für die Erziehung stellt sich nun aber die entscheidende Frage, wie denn Konflikte in den Erziehungsgang hineingenommen werden sollen. Sollen Konflikte vermieden werden, unterdrückt, gelöst oder ausgehalten werden? Soll der Erziehungsvorgang reich oder arm an Konflikten sein? Gibt es gleichsam erziehungsfeindliche und erziehungsfreundliche Konflikte? Die Beantwortung solcher Fragen wird durch den ambivalenten Charakter von Konflikten erschwert, dadurch nämlich, daß sie sowohl fruchtbare Momente im Leben des Menschen, als auch sehr tiefgreifende Gefährdungen darstellen können. Diese Gefährdungen treten vor allem dann auf, wenn Konflikte nicht ausgetragen, sondern unterdrückt werden. Hier ist es richtig, was im Hinblick auf die sozialen Konflikte zitiert wurde: Die Unterdrückung bedeutet eine Intensivierung, die bis zur Aggression ansteigen kann oder sich in anderen Formen des sozialen Verhaltens entlädt. [...] Konflikte, wenn sie geregelt werden sollen, müssen zur Sprache kommen. Nicht ihre Beseitigung ist das Kriterium für das pädagogische Gelingen, sondern ihre Verarbeitung im Bewußtsein. Verarbeitet ist ein Konflikt, etwa zwischen dem Erzieher und seinem Jugendlichen, nicht dann, wenn nicht mehr von ihm gesprochen wird, resigniertes Geltenlassen Platz gegriffen hat oder die ursprüngliche Situation wieder hergestellt ist, sondern nur dann, wenn sehr wohl darüber gesprochen werden kann in sachlicher Instanz und unvermindertem Engagement, wenn eine Veränderung stattgefunden hat und eine neue Position erreicht ist." (Mollenhauer 1964: 83 ff.)

Impuls: Das Soziale dialektisch denken – Erkennen von Verdeckungen sozialer Konflikte und ihre Thematisierung

Heimanns dialektisches Modell hat seine Gültigkeit für die gesellschaftliche Bestimmung des Sozialen bis heute nicht verloren. Dass der Grundkonflikt zwischen Kapital und Arbeit auch im nun globalisierten Kapitalismus weiterschwelt und der Sozialstaat als regulative Barriere dringender den je gebraucht wird, ist bereits beschrieben worden. An dieser Stelle nun interessiert sein *dialektisches Denken* mit dem wir auch weiterhin die Entwicklung sozialpädagogischer Einfluss- und Handlungsmöglichkeiten thematisieren können. Die sozialstaatliche Vermittlung des Konflikts zwischen Ökonomischem und Sozialem spiegelt sich nicht nur in dem beschriebenen Grundkonflikt, sondern auch in den Konflikten zwischen Sozialtechnologie und sozialer Kommunikation, zwischen *Sozialisationslogik und Produktionslogik* in der Bildung (vgl. Kap. 10) welche die Sozialpädagogik gegenwärtig besonders tangieren Diese Konflikte dialektisch zu thematisieren bedeutet heute und zukünftig – im heimannschen Sinne – immer wieder herauszuarbeiten und veröffentlichen, wie sehr integrative gesellschaftlichen Ziele wie soziale Hintergrundsicherheit, Gerechtigkeit und Demokratie gefährdet sind, wenn das Soziale und das Ökonomische nicht mehr in einem realen Konfliktverhältnis aufeinander bezogen sind, sich unüberbrückbare Spaltungen auftun: die Spaltung zwischen Arm und Reich, die Spaltung zwischen persönlichkeits- und verwertungsorientierter Bildung und vor allem auch die Spaltung zwischen technologischer Programmierung und kommunikativer Gestaltung des Sozialen.

Letzteres bewegt den sozialpädagogischen Diskurs heute besonders. Dabei kommt es – wieder im heimannschen Sinne – darauf an, zu zeigen, dass zum einen der technologische Rationalitätsanspruch an das Soziale in sich ambivalent ist, zum zweiten, dass die sozialtechnologische Methode eine sozial-kommunikative Relativierung braucht, will sie der Eigenart sozialer Phänomene gerecht werden. „Technologie gilt heute als durch und durch ‚wissenschaftlich'. Aber auch sie stammt vom mythischen Denken ab. Die Magie ist die älteste Technik, und das Wissen um ihre Rituale ist die älteste Technologie. Wer unbefangen von ihrem Zauber zu sehen und zu denken vermag, kann auch heute die Affinität einer bloß technischen Rationalität zur Irrationalität der Mythen entdecken. Der Magie liegt der Machtgedanke zugrunde. Sie will vor allem Macht über die bedrohlichen Kräfte der Natur" (Gottschalch 1988: 215f.) und, man könnte es weiterführen, über den bedrohlichen Eigensinn und die Widerstandskraft im Menschen.

Gottschalchs Hinweis, dass sozialtechnologische Modelle Rationalität vorspiegeln, aber – hypostasiert und machtbesetzt – zu Mythen werden können, kann mit der Argumentation von Jürgen Habermas weiter differenziert werden. Er hat schon in den 1960er Jahren dargelegt, dass es eine bezeichnende Spannung zwischen zweckrationalem und kommunikativem, über Sprache vermitteltem Handeln gibt (vgl. Habermas 1968). Ersteres zielt auf direkte Verwertbarkeit, letzteres auf Sinn. Verwertbarkeit bleibt dem Sinn äußerlich. In der sozialen Arbeit versteht man unter Verwertbarkeit sozialpädagogischer Intervention z.B.: messbare Daten erbringen, den Fall bearbeitbar halten bzw. abschließen, Wirkungsketten aufzeigen, die vom Eigensinn der KlientInnen abstrahieren können. Sinn hingegen bezieht sich auf Verstehen, auf Handlungsziele wie

Ermächtigung und soziale Gerechtigkeit. Beide Zugänge haben ihre eigenen Legitimationen, stellen inzwischen so etwas wie eine doppelte Wirklichkeit der Sozialpädagogik/Sozialarbeit dar. Das ist erst einmal nichts grundsätzlich Neues: das alte strukturelle Gegensatzpaar von Hilfe und Kontrolle bildet sich in einem neuen Rahmen ab.

Allerdings: Die Soziale Arbeit steht heute zunehmend unter dem Druck der „äußeren Verwertbarkeit" entlang der Kontrollstandards der Effizienz und Effektivität. Deshalb ist es für die sozialpädagogische Argumentation notwendig aufzuzeigen, dass technologische und soziale Orientierung in eine integrative Balance gebracht werden müssen, da das Technologische nur das äußere Verhalten, nicht aber die innere Betroffenheit erfassen kann. Nicht umsonst haben Luhmann/Schorr (1979) von der „Technologielücke Mensch" gesprochen.

Wie kann man sich diesen dialektischen Zugang im praxisorientierten Denken denn vorstellen? Der erste Schritt ist wohl der, dass die Spannung zwischen dem Ökonomisch-Technologischen und dem Sozial-Kommunikativen auch als Konflikt anerkannt und thematisiert wird. Im zweiten Schritt kann dann – nach dem heimannschen Modell – begründet werden, warum man das eine aber genauso das andere berücksichtigen muss. Personenbezogene Dienste wie die Soziale Arbeit arbeiten mit Sprache, kommunikativer Zeit und je biografischer Bezugnahme, sodass Umwege und unvorhersehbare Wirkungen nicht nur einkalkuliert, sondern auch pädagogisch anerkannt werden müssen. Technologische Programme operieren mit technisch aufbereiteten Falltypologien und linearen Wirkungsketten. Dies unter dem institutionellen Zwang, die pädagogische Komplexität weiter so zu reduzieren, dass sie in technisch kontrollierbaren Verfahren bearbeitbar bleibt. Dies wird durch die Tendenz zur Ökonomisierung und der damit zusammenhängenden Effizienz- und Effektivitätsorientierung der Verfahren erst recht verstärkt. Die innerorganisatorische Technisierung tut ihr Übriges. Eine neue junge Generation von SozialarbeiterInnen nimmt die digitale Apparatur relativ unbefangen an („digital natives"). Sie sitzen bei der Fallbearbeitung am Computer, surfen auf der Suche nach ähnlichen Fällen und laufen dabei Gefahr, biografisch Eigensinniges einzuebnen. Man möchte fast schmunzeln, wenn es nicht so ernst wäre: Schon vor neunzig Jahren wurde vor ähnlichen Tendenzen gewarnt:

„In der Fürsorge bewirkt die Häufung scheinbar gleichartiger Fälle die falsche Einstellung –horizontale statt vertikaler Konzentration, um einen industriepolitischen Ausdruck zu gebrauchen. […] Die Fürsorgerin muß also – da ersteres Verfahren nicht in Frage kommt – zur Erfassung so vieler Einzelheiten befähigt werden, daß jeder beobachtete Armutsfall sich scharf von allen anderen unterscheidet."
(Arlt 1926: 172)

Kommen wir aber zurück zum Problem des Konflikts zwischen biografischer Komplexität und technologischer Verfahrenslinearität. Es ist ein Konflikt zwischen widersprüchlichen *Tatsachen*, dem sich die SozialarbeiterInnen ausgesetzt sehen. Die Technologisierung ist eben eine Vergesellschaftungsform der Zweiten Moderne, der sich die Soziale Arbeit als gesellschaftlicher Funktionsbereich nicht entziehen kann. Deshalb muss dialektisch argumentiert werden, dass beides – biografische Einzigartigkeit und technologische Vergleichbarkeit – aufeinander bezogen werden kann. Dazu braucht es einen Rahmen, indem beide Zugänge verortet und definiert werden können. Einen solchen Rahmen sehe ich im Konstrukt der *Bewältigungslage*, in dem individuell-biografische und sozial verallgemeinerbare Fallbezüge auch in den unterschiedlichen Zugängen und Verfahren immer wieder aufeinander bezogen und gewichtet werden können (vgl. Impuls Kap. 7).

Dialektisches Denken wird erschwert und verunmöglicht, wenn Konflikte verdeckt und ins Persönliche, Private verschoben sind. Dadurch wird auch die Soziale Arbeit nicht nur entpolitisiert, sondern generell ihres gesellschaftlichen Charakters beraubt. Mollenhauer hat hier früh ein Problem angesprochen, das heute erst recht virulent ist. Wo Konflikte nicht mehr thematisiert werden können, drohen innerpersönliche Störungen und antisoziale Abspaltungen. Insofern sieht er hier nicht nur einen zentralen pädagogischen Auftrag der Thematisierung, sondern vor allem auch den „Bildungssinn" der Konflikten innewohnen kann. Konfliktbewusstsein und darin Konfliktfähigkeit werden zu zentralen pädagogischen Zielen. Konfliktunfähigkeit dagegen kann zu Abhängigkeiten und die Abwesenheit des Konfliktes zu Verdeckungen von Macht und Leiden führen.

Insofern ist es undialektisch, ohne konflikttheoretische Fundierung in der Pädagogik gleichsam eine Gegenwelt des „guten Lebens" zu den gegebenen Verhältnissen aufbauen zu wollen, wie manche das seit einiger Zeit in der Zunft versuchen. Darin steckt ein freischwebender, gleichsam autonomer emanzipatorischer Anspruch, den Klaus Mollenhauer schon früher an Programmatiken emanzipatorischer Pädagogik kritisiert hat. So sah er in der Vorstellung von einer gegenüber der Gesellschaft tendenziell autonomen pädagogischen Idee die Tendenz der Immunisierung gegenüber gesellschaftlichen Konflikten, auch wenn diese Pädagogik emanzipatorische Ziele verfolgte. „Es ist kein Zufall, dass der Begriff des Konflikts in pädagogischen Theorien bis heute keine nennenswerte Rolle spielt. Dazu wäre nötig gewesen, den gesellschaftlichen Charakter von Erziehung grundlegend in die Reflexion mit aufzunehmen. Die autonome geisteswissenschaftliche Pädagogik wählte zwar den emanzipatorischen Ausgangspunkt als Motiv, zog aber eine andere Konsequenz. Sie verharmloste und entpolitisierte das Konfliktproblem durch jene Konstruktion einer pädagogischen Gegenwelt, die sich zwar kritisch gegen das Gegebene richtete, aber – der Preis der schlechten Utopie – gesellschaftlich nichts ausrichten konnte. Diese Gegenwelt war von Konflikten gereinigt, sie hatte [...] nichts mehr von den tatsächlichen Gegensätzen der Erziehungswirklichkeit." (Mollenhauer 1968: 27)

Aus der Struktur des Konflikts lassen sich auch Schlüsse auf und Folgerungen für das sozialpädagogische Handeln ziehen. Konfliktaustragung ist in sich dialektisch angelegt. Widersprüchliche – offene oder verdeckte – Interessen sollen in eine integrative Perspektive gebracht werden, die die Gegensätze nicht aufhebt, sondern anerkennt, aber einen Weg findet, gemeinsam – unter Wahrung des gegenseitigen Respekts – eine Richtung auf anderer, neuer Ebene zu finden. Nicht nur die Bewältigungslage der KlientInnen kann als Konfliktlage interpretiert werden, auch die Hilfebeziehung in ihrer Grundstruktur ist ein Muster konflikthafter Interaktion. Soziale Arbeit ist „Konfliktarbeit" (Herrmann 2006). Es stehen sich schließlich in der Regel zwei widersprüchliche Interessenpositionen gegenüber: Das antisoziale oder selbstdestruktive Verhalten der KlientInnen hat für diese selbst erst einmal eine subjektiv positive Funktion als letztes verfügbares Mittel der Erlangung von Selbstwert und Selbstwirksamkeit. Diesem steht nun die sozialpädagogische Interventionsabsicht gegenüber, die das Antisoziale und Selbstzerstörerische des Verhaltens sieht und deshalb negativ bewertet, bewerten muss. Die gemeinsame Perspektive der Konfliktaustragung und schließlich der Integration entwickelt sich dann in einer Methodik des Akzeptierens und der funktionalen Äquivalente (vgl. Kap. 7). Dazwischen liegen immer wieder konfligierende Interaktionssituationen. Konfliktfähigkeit ist deshalb nicht nur eine Befähigung, zu der man den KlientInnen verhilft; es ist auch eine professionelle Befähigung, die erlernt werden muss, zumal Sozialarbeiterinnen und Sozialarbeiter häufig aus anderen Schichten kommen als ihre Klientel. Bei der Analyse von Lebens- und Bewältigungslagen für die bewältigungsorientierte Interventionsplanung kommt es also darauf an, die diesen innewohnenden Konfliktstrukturen aufzuschließen.

Soziale Konflikte sind in der heutigen Konsumgesellschaft weitgehend *konsumtiv verdeckt*. Die soziale Tragweite des modernen Konsums zeigt sich darin, dass wir es hier nicht nur mit einem besonderen Medium des Verhaltens und der zwischenmenschlichen Beziehungen zu tun haben, sondern – grundlegender – mit einem zunehmend eigenständig gewordenen Medium gesellschaftlicher Integration. Gerade auf dieser Ebene ist die soziologische Thematik des Konsums auf die des sozialen Konflikts folgenreich beziehbar.

Von unserem Konfliktverständnis her sind es zwei kritische Aspekte, welche die ambivalenten Wirkungen des modernen produktdifferenzierten und stilästhetisierten Konsums ausmachen: Zum einen das Phänomen der Gleichzeitigkeit und Vereinbarkeit des Widersprüchlichen, das er hervorbringt, zum anderen das der Konfliktharmonisierung. Wir können heute an einem Ort und in einem Akt Dinge kaufen, die soziokulturell Widersprüchliches beinhalten. Es werden Produkte hergestellt, die mit den gleichen positiven Lebensstilverheißungen Umwelt oder Gesundheit zerstören, wie Produkte, welche eben diese Schäden sanieren und heilen helfen sollen. Die Konfliktlösungssymbolik bezieht sich dabei nicht nur auf Alltagskonflikte, sondern auch auf gesellschaftliche Konfliktbilder, auf die Harmonisierung von Klassen- und Schichtunterschieden. Auch hier wirkt wieder das Moment der Gleichzeitigkeit und Vereinbarkeit des Widersprüchlichen: Die Konsumindustrie stellt – dem Gesetz der Produktdifferenzierung folgend – sehr wohl schichtunterschiedliche Produkte und Accessoires her, für betuchte und weniger betuchte Leute auf der Schichtskala von der exklusiven Marke über die Imitationsware bis hin zum Massenramsch. Aber: Auch noch die Ärmsten können kaufen, haben Zugang zu der Konsumszenerie, in der auch die Reichen – wenn auch in einem anderen Produkthimmel – es ihnen gleich tun. Es gibt nur noch Konsumniveaus und keine Klassenunterschiede mehr, heißt die soziale Botschaft. Und: Nicht nur das tatsächliche Konsumieren, sondern vor allem das werbetüchtige ästhetisierte „Kaufen-an-sich", die täglich hochglanzbroschierte Erreichbarkeit, die Chance des „In-Seins" machen die partizipative Suggestion des Konsums aus.

Die sozialpädagogischen Jugenddiskurse der letzten hundert Jahre kreisen damals wie heute um die jeweils neu freigesetzten *„Konsumjugenden"*, die die Pädagogik immer wieder in Verlegenheit bringen. Schon Siegfried Bernfeld (1928) ist der jugendpädagogischen Grundfrage der Spannung bzw. Vereinbarkeit/Unvereinbarkeit zwischen Konsum und Sinn in seinem Aufsatz über „die männliche Großstadtjugend" (aus der sich ja damals eine breite Klientel der Sozialen Arbeit rekrutierte) nachgegangen:

> „In der Jugendbewegung sammelt sich ein Typ Jugendlicher, der diesen Austausch: Verzicht gegen Erhöhung des Lebenssinnes vollziehen kann. Die Masse der Großstadtjugend aber kann diesen Austausch nicht vollziehen [...]. Sie kann auf gegenwärtigen Genuß nicht verzichten, weil sie an seiner Stelle keinerlei Sinn erhält. Dadurch nun aber, daß dieser Typus der Jugendbewegung zum Idealtypus gestempelt wird, daß man seine Art zu leben als die Art jugendlichen Lebens hinstellt, wird die überwiegend Masse der Jugend deklassiert im Sinne der Wertung. Sie stellt eine rohere Masse dar, die von vornherein von den hohen Idealen abgeschnitten ist." (Bernfeld 1928: 232)

Ein ambivalentes Zitat: Einerseits Orientierung am jugendbewegten Typus, andererseits die Erkenntnis der Stigmatisierung der proletarischen Jugend über den Vergleich mit dem bürgerlichen Jugendbild. Das finden wir heute durchaus auch noch, gerade auch bei SozialarbeiterInnen. Deswegen ist es wichtig – und das ist der implizite Impuls –, dass wir in der offenen Jugendarbeit und den Erziehungshilfen bei Jugendlichen nicht an Jugendbildern oder -typologien ansetzen, sondern an ihrer inneren *Bewältigungswirklichkeit*, die sich hinter ihrem äußeren auffälligen Verhalten verbirgt (vgl. wiederum Kap. 7).

5 Soziale Integration als gesellschaftlicher Kern der Sozialarbeit/Sozialpädagogik (Simmel, Scherpner, Mollenhauer, Salomon, Adler, Mennicke)

Für eine historisch-gesellschaftliche wie erziehungs- und sozialwissenschaftliche Einordnung der Sozialpädagogik/Sozialarbeit kann das Problem der *sozialen Integration* als basales Principium medium gelten. Hier stellen sich Fragen wie: Was hält die Gesellschaft zusammen, wie wird individuelle Zugehörigkeit, soziale Gemeinschaft hergestellt, welcher Art sind die dafür bedeutsamen Strukturen und Prozesse und welchen Ort hat hier die Soziale Arbeit. Diese hat es vor allem mit personalen Problemen der sozialen Desintegration zu tun und daraus ergibt sich ihr professionelles Bestreben, ihre KlientInnen wieder in sozial integrative Bezüge zu bringen. Und da fühlt sie sich oft von der Gesellschaft alleine gelassen, wenn sie die Lebensschwierigkeiten ihrer KlientInnen sozialpolitisch transformieren, also in die politische Öffentlichkeit bringen will. Denn die Politik legt den Integrationsbegriff in der Regel anders aus als die Sozialpädagogik/Sozialarbeit. Während diese an den psychosozialen Problemen der Betroffenen ausgerichtet ist, wird deren Schicksal erst zum allgemeinen *Sozialen Problem*, wenn es die gesellschaftliche Integration *insgesamt* bedroht. Der Soziologe Georg Simmel hat diesen Zusammenhang schon vor über hundert Jahren erkannt und in seinem berühmten Aufsatz „Der Arme" hergeleitet:

> „Die Armenpflege als öffentliche Erziehung [zeigt] eine höchst eigentümliche soziologische Konstellation. Sie ist inhaltlich durchaus personal, sie tut absolut nichts, als individuelle Notlagen erleichtern. Dadurch unterscheidet sie sich von allen anderen Veranstaltungen

des öffentlichen Wohles und Schutzes. Denn diese wollen allen Bürgern zugute kommen: Das Heer und die Polizei, die Schule und der Wegebau, das Gericht und die Kirche, die Volksvertretung und die Wissenschaftspflege. Prinzipiell richtet alles dies sich nicht auf Personen als differenzierte Individuen, sondern auf die Gesamtheit derselben, die Einheit aus vielen oder allen ist das Objekt dieser Einrichtungen. Die Armenpflege dagegen geht in ihrem konkreten Wirken durchaus nur auf den einzelnen und seinen Zustand. Und gerade dieser einzelne wird für die modern-abstrakte Form der Armenpflege zwar zu ihrer Endstation, aber durchaus nicht zu ihrem Endzweck, der vielmehr nur in dem Schutz und der Förderung des Gemeinwesens liegt. Ja, nicht einmal als Mittel zu diesem kann man den Armen bezeichnen, – was seine Position noch bessern würde – denn nicht seiner bedient sich die soziale Aktion, sondern nur gewisser sachlicher Mittel, materieller und administrativer Art, um die von ihm drohenden Gefahren und Abzüge von dem erreichbaren Gemeinwohl zu beseitigen. Diese formale Konstellation gilt offenbar nicht nur für die Allgemeinheit schlechthin, sondern auch für engere Kreise: Sogar innerhalb der Familien erfolgen unzählige Unterstützungen nicht um des Unterstützens willen, sondern damit er der Familie keine Schande mache und diese nicht durch die bloße Tatsache der Armut eines Mitgliedes ihre Reputation verliere. Die von den englischen Gewerkvereinen ihren Mitgliedern gewährte Unterstützung bei Arbeitslosigkeit soll nicht sosehr eine Linderung individueller Not bewirken, als verhindern, daß der Arbeitslose aus Not zu billig arbeite und so den Lohnstandard des ganzen Gewerkes herunterdrücke. Aus diesem Sinn der Armenpflege heraus wird klar, daß sie, indem sie dem Wohlhabenden nimmt und dem Armen gibt, doch keineswegs auf ein Gleichwerden dieser individuellen Position geht, daß ihr Begriff nicht einmal der Tendenz nach die Differenzierung der Gesellschaft in Arme und Reiche aufheben will. Vielmehr liegt ihr die Struktur der Gesellschaft, wie sie nun einmal besteht, zugrunde, im schärfsten Unterschiede gegen alle sozialistischen und kommunistischen Bestrebungen, die gerade diese Struktur selbst aufheben möchten. Ihr Sinn ist gerade, gewisse extreme Erscheinungen der sozialen Differenziertheit soweit abzumildern, daß jene Struktur weiter auf dieser ruhen kann. Fußte sie in den Interessen für den individuellen Armen, so wäre dem Prinzip nach gar keine Grenze gegeben, an der die Güterverschiebung zu seinen Gunsten halt machen müsste, bevor sie die Ausgleichung erreichte; da sie aber stattdessen im Interesse der

Gesellschaftstotalität – des politischen, familiären, irgendwie soziologisch bestimmten Kreises – erfolgt, so hat sie keinen Grund, der Art und dem Maß nach für das Subjekt zulänglicher zu sein, als die Erhaltung der betreffenden Totalität in ihrem Status quo verlangt." (Simmel 1908: 458 ff.)

Hans Scherpner, der Frankfurter Fürsorgewissenschaftler, hat diese gesellschaftszentrierte Integrationsperspektive Sozialer Arbeit am Beispiel der *sozialen Hilfe*, durchgearbeitet und auch versucht, einen Bezug zum Problem der sozialen Integration auf der personalen Ebene herzustellen:

„Die Einheit, der Zusammenhalt der Gruppe ist auch dadurch ständig von innen her bedroht, daß neben den verbindenden zusammenklammernden Beziehungen – dem traditionellen Zusammengehörigkeitsgefühl, dem gemeinsamen Glauben, den persönlichen Sympathiegefühlen oder was es auch sein mag – immer auch dissoziierende, den Zusammenhang auseinander treibende Kräfte im Zusammenleben der Menschen wirkbar sind. Die Glieder der Gemeinschaft sind, als Individuum, eben nicht gleich. Aus ihrer Ungleichheit, der Verschiedenheit der Fähigkeiten, der Charaktere, der Interessen, der Wertanschauungen ergibt sich eine Fülle von Spannungen zwischen den gemeinsam Lebenden. Sie können so stark werden, daß sie die Kräfte des Zusammenhalts überwinden und so die Gemeinschaft von innen her aufgelöst wird. [...] Aus diesem existentiellen, aus dem Wesen des Menschen stammenden Gespanntsein alles Gemeinschaftslebens, aus den Reibungen, die es erzeugt, entspringt letzten Endes auch das Angewiesensein des Menschen auf Hilfe, während der Hilfswille begründet ist in den zusammenhaltenden Tendenzen der Gemeinschaft. Die Hilfe ist also zunächst Reaktion des Lebenswillens auf die Tatsache, daß die Menschen infolge ihrer Ungleichheit aufeinander angewiesen und der Hilfe bedürftig sind. Sie ist ein Bindemittel des Gemeinschaftslebens, weil, in ihrem Vollzug, der Gemeinschaftswille durch Übung und Betätigung [...] sich immer kräftiger ausbildet. Eine Gemeinschaft, die die Hilfe nicht mehr anerkennen, nicht mehr tätig erweisen wollte, wäre sehr schnell dem Verfall ausgeliefert." (Scherpner 1962: 127 f.)

„Jene Bedrohung des Zusammenhalts und damit auch der Fortexistenz einer Gemeinschaft, die durch die innere Reibung im Verlauf der Geschichte hervorgerufen wird, führt häufig zu einer stillen Zermür-

> bung, die einzelne Glieder, manchmal auch ganze Schichten in ihrer persönlichen Existenz im Ganzen in Frage stellt. Dem zu begegnen entwickelt die Gemeinschaft eine besondere Form der Hilfe, die wir zum Unterschied von den anderen Hilfsformen die „fürsorgerische Hilfe" nennen wollen, weil aus den Formen, in denen sie sich aktualisiert, im Verlauf der Zeit die Hilfseinrichtungen planmäßiger Art hervorgegangen sind, die wir herkömmlicherweise als „Fürsorge" bezeichnen. Sie entstammt der Sorge für die Glieder der Gemeinschaft, die sich in der Gemeinschaft nicht halten können, sie entstammt aber genauso der Sorge für die Existenz der Gemeinschaft, die dadurch gefährdet ist, daß einzelne Glieder oder eine größere Zahl von Gliedern sich nicht halten können. Weder der eine noch der andere Gesichtspunkt kann ohne den anderen existieren." (ebd.: 128)
> „Indem die fürsorgerische Hilfe den Hilfebedürftigen in seiner persönlichen Existenz innerhalb der Gemeinschaft zu stützen und zu erhalten trachtet, sichert und stärkt sie auch das Leben des Ganzen." (ebd.)

Auch wenn Hilfe – so Scherpner – in der Praxis immer nur personenbezogene Hilfe, Hilfe am Einzelnen sein kann, steht vor allen persönlichen Einzelbedürfnissen der soziale Ausgleich in der Gesellschaft zum Zweck der Erhaltung der gesellschaftlichen Stabilität, die der Staat zu gewährleisten hat. In dieser gesellschafts- und staatszentrierten Fürsorge ist die Not und sind die Lebensschwierigkeiten der betroffenen Personen auch entsprechend auf diesen gesellschaftlichen Zweck hin definiert: Deshalb muss soziale Hilfe immer auch *gemeinschaftsorientiert* sein, wenn sie eine gesellschaftliche Funktion für sich beanspruchen will. Wenn Scherpner hier nun die Angewiesenheit auf die Gemeinschaft als gleichsam basale sozialanthropologische Tatsache einführt, die noch vor dem Integrationspostulat des Staates steht, dann baut er eine Brücke zwischen gesellschaftlicher und psychosozialer Integration. Und hier kommen wir zu Klaus Mollenhauer der in seiner klassischen gesellschaftlichen Begründung der Sozialpädagogik erkennt: Gesellschaftliche und personale Integrationsprobleme stehen in einem Spannungsverhältnis, das er mit dem Begriff der „*Dialektik der sozialen Integration*" zu erfassen versucht. Angesichts der gegenwärtigen Tendenz in sozialpädagogischen Diskursen, die Integrationsproblematik in dieser Komplexität kaum mehr zu diskutieren und auf eindimensionale Konzepte wie Exklusion/Inklusion zu setzen, lohnt es sich, das Konzept Mollenhauers neu zu betrachten und in seiner Bedeutung wieder zu beleben:

> „Eine Theorie der Sozialpädagogik als Grundlagendisziplin für die soziale Arbeit kann [...] weder – infolge der beständigen Gefährdung des sozialen Eingliederungsprozesses, durch die Kompliziertheit der industriellen Gesellschaft bedingt – ihren faktischen Nothilfe-Charakter verleugnen, noch darf sie ihre systematische Begründung aus solchen situationsbedingten Handlungsimpulsen ableiten.[...] Der entscheidende Einwand gegen die Pädagogik als Grundlagentheorie der sozialen Arbeit enthält die Behauptung ihrer Unzulänglichkeit im Hinblick auf die institutionellen Aufgaben von Fürsorge und Versorgung und im Hinblick auf die sozialpolitischen Anforderungen. Daraus nun ableiten zu wollen, daß die Sozialwissenschaft diejenige Disziplin sei, die als Grundlagentheorie fungieren könne, ist deshalb nicht angängig, weil der Sinn der zu lösenden Aufgaben nur durch einen alle Einzelmaßnahmen umgreifenden Aspekt erschlossen werden kann. Dieser Aspekt aber ergibt sich aus den genannten Aufgaben sozialer Eingliederung, die eine gesellschaftliche Erziehungsaufgabe darstellen. Dieser, bereits in den Ursprüngen der sozialen Arbeit vertretene Ansatz ist ein bleibender Bestandteil auch des weit differenzierteren und arbeitsteiligeren Komplexes moderner sozialer Arbeit. [...]
> Überdies wird der Gegensatz der pädagogischen und sozialwissenschaftlichen sozialpolitischen Gesichtspunkte, die in der Diskussion meist als ergänzendes Nebeneinander dargestellt werden, in der besonderen Struktur sozialpädagogischen Denkens schon aufgehoben. Dieses Denken nämlich zeichnet sich, wie aus unserer geschichtlichen Untersuchung hervorgeht, durch das Fortschreiten von der individuellen Situation des Einzelnen über den Rückgang auf die Ursachen zur Situation der Gesamtgesellschaft aus. Mit Hilfe für das notleidende Individuum war immer auch das Nachdenken über die Reform der Voraussetzungen der Gesellschaft verbunden. In den sozialpädagogischen Institutionen war der Gegensatz gebunden in der Form neuerer sozialer Ordnungsgefüge mit pädagogischem Sinn erfüllt und nach gesellschaftlicher Zweckmäßigkeit und Notwendigkeit gestaltet. Die sozialtheoretischen Leitideen, die die allgemeine sozialpädagogische Aufgabe auf ein begrenztes Bildungsideal einengen, können so neu verstanden werden: Sie sind der inhaltliche Ausdruck

> dieser wesenhaften Struktur sozialpädagogischen Denkens; in ihnen sollte das dialektische Verhältnis von sozialer Eingliederung des Einzelnen und Gestaltung der gesellschaftlichen Ordnung in einem Idealbilde überwunden werden, damit aber freilich, als inhaltlich-konkrete Vereinseitigung, eine systematische Grundlegung unmöglich machen. Diese kann nur von dem Wesen sozialpädagogischer Institutionen und sozialpädagogischen Denkens ausgehen und von der Tatsache, daß in dem Phänomen „soziale Arbeit" ein mit der Eigenart der industriellen Gesellschaft notwendig verbundenes System neuer Maßnahmen gesellschaftlicher Integration gegeben ist, das seine innere Einheit durch die pädagogische Sinngebung erfährt." (Mollenhauer 1959: 131f.)

Carl Mennicke wiederum hatte schon in seiner im Exil geschriebenen „Sozialpädagogik" (1937) diese „Eigenart der industriellen Gesellschaft" im Konflikt von Freiheit und Abhängigkeit bestimmt, der sich aus der Struktur der industriellen Arbeitsteilung zwangsläufig entwickeln muss. Die moderne Gesellschaft verheißt dem Menschen individuelle Entscheidungsfreiheit, zwingt ihn aber gleichzeitig in arbeitsteilige und damit beschränkte Einordnung. Individualisierung und Zwang zur Gemeinschaft bedingen einander:

> „In jedem Fall löst sich das gesellschaftliche Bewußtsein, rein prinzipiell gesehen, immer mehr von der Vorstellung, daß bestimmte Funktionen und bestimmte Stände und Gruppen aneinander gebunden sein müssen und erkennt dadurch dem Einzelnen [...] eine immer größere Freiheit der Entscheidung zu. Dem steht jedoch gegenüber, daß die tatsächliche Abhängigkeit des einzelnen dem Ganzen gegenüber immer größer wird. [ ] Wichtig ist in den Vordergrund zu rücken, daß die dem Menschen zuerkannte Freiheit der Wahl Schein ist [...].Denn wie die Dinge sich entwickelt haben, ist die spezialisierte Arbeitsteilung die unverzichtbare Voraussetzung für das Bestehen der Gesellschaft. [...]„Wie kann man den heutigen Menschen dazu bringen, sich in das Ganze zu fügen?" (Mennicke 1999: 45)

Dass dieses dialektische Wechselspiel von personal-sozialer Integration und sozialintegrativer Gestaltung der Gesellschaft im Medium der öffentlichen Erziehung nicht dem Menschen gleichsam von außen aufgesetzt ist, sondern an seinem sozialen Wesen anknüpft und zu ihm in Entsprechung wie in Spannung steht, hat – ähnlich wie Scherpner – die Individualpsychologe der 1920er und 1930er Jahre in den Mittelpunkt ihres konzeptionellen Gebäudes gestellt (s. u.). Ihr gilt das *Streben nach Gemeinschaft, das Gemeinschaftsgefühl*, als „Produkt der Evolution" und kann damit gleichsam als sozialanthropologische Konstante (der Mensch als dynamisches soziales Wesen), angenommen werden, die sich aber in ihrer Dialektik erst mit der sozialen Umgebung entwickelt:

> „In der ganzen Menschheitsgeschichte finden sich keine isolierten Menschen. Die Entwicklung der Menschheit war nur möglich, weil die Menschheit eine Gemeinschaft war und im Streben nach Vollkommenheit nach einer idealen Gemeinschaft gestrebt hat. Das drückt sich in allen Bewegungen, allen Funktionen eines Menschen aus, ob er diese Richtung gefunden hat oder nicht, im Strom der Evolution, der durch das Gemeinschaftsideal charakterisiert ist, weil der Mensch unverbrüchlich durch das Gemeinschaftsideal gelenkt, gehindert, gestraft, gefördert wird." (Adler 1981: 41)

Alice Salomon hat versucht, diese sozialintegrative Spannung, in der die KlientInnen der Sozialarbeit besonders stehen in ihr Konzept der Hilfe einzubringen. Bei ihr wird deutlich, wie die Soziale Arbeit, wenn sie diese Spannung begreift, doppelt herausgefordert ist:

> „Alle Fürsorge besteht darin, daß man entweder einem Menschen hilft, sich in der gegebenen Umwelt einzuordnen, zu behaupten, zurecht zu finden – oder daß man seine Umwelt so umgestaltet, verändert beeinflußt, daß er sich darin bewähren, seine Kräfte entfalten kann." (Salomon 1926: 59)

Für Carl Mennicke schließlich ist die soziale Gruppe als Ausdruck der Gemeinschaft die Form, in der sich das Soziale des Menschen herausbildet und seine individuelle wie gesellschaftliche Qualität erhält. Ob dieser *sozialintegrativen Kraft* ist sie für ihn ein zentraler sozialpädagogischer Ort. Seine „Sozialpädagogik" (1937/2001) konzipierte er dementsprechend als „Gemeinschaftserziehung":

> „Die Gruppe, in der der Mensch lebt, enthält alle Elemente, die er für seine Erziehung und Bildung braucht. Diese Elemente werden dem

heranwachsenden und auch noch immer wieder dem erwachsenen Menschen, durch die Umstände, so wie sie sind, vor Augen geführt, so daß er nicht anders kann, als sie aufzunehmen." (Mennicke 2001: 38)

Ich denke, dass in dieser Zusammenstellung die verschiedenen Komponenten deutlich geworden sind, die den Begriff der Sozialintegration zu einem zentralen wie anspruchsvollen Begriff der Sozialarbeit/Sozialpädagogik werden lassen. In den 1920er und beginnenden1930er und in den 1950er Jahren, in den Zeiten der gesellschaftlichen Brüche und Übergänge ist er natürlich wesentlich deutlicher und verbindlicher in den Mittelpunkt des sozialpädagogischen Diskurses gestellt worden als das in den letzten Jahrzehnten der zunehmenden Individualisierung der Fall war und immer noch ist. Heute stehen mehr die Einzelnen, die ‚AdressatInnen' im Mittelpunkt. Die dialektische Wechselbeziehung mit dem sozialintegrativen Hintergrund (der sich heute in Sozialstaat und Zivilgesellschaft manifestiert) wird weniger thematisiert.

Impuls: Die Dialektik sozialer Integration – sekundäre Normalisierung – die sozialpädagogische Bedeutung der Gruppe

Die These der Dialektik sozialer Integration, wie sie Mollenhauer entwickelt hat, ist heute nicht nur in den Hintergrund geraten, sie wird auch durch neue Begrifflichkeiten verdrängt. Mit der Krise des Sozialstaats im Sog der Globalisierung und den damit einhergehenden sozialen Spaltungen tauchte das Begriffspaar Exklusion/Inklusion auf. Die Vorstellung, dass die nun stärker ökonomisch dominierte Gesellschaft Menschen, die nicht mithalten können, „ausschließt" hat sich nun auch begrifflich festgesetzt. Aber „nichts ist irreführender, als [z. B.] die Armen als Ausgegrenzte zu bezeichnen. Zwar sind sie von den materiellen Segnungen des modernen Wirtschaftssystems weitgehend ausgeschlossen, aber nicht von diesem System selbst. Vielmehr sind sie seinen Zwängen am meisten ausgeliefert" (…) Und das Diabolische dabei ist, dass man nicht aussteigen und irgendwo hingehen kann, wo man sich unbehelligt vom magnetischen Kraftfeld des Marktes eine eigene Existenz aufbauen könnte. Überall, wo man hinkommt, ist er schon da. Er lässt die, die er liegen lässt, gerade nicht los. Die am meisten von ihm Ausgeschlossenen sind die am meisten von ihm Eingeschlossenen" (Türcke 1998: 126).

Insofern ist auch der Komplementärbegriff der „Inklusion" als gesellschaftlicher Begriff, so wie er heute oft verstanden wird, nicht sinnvoll. Erst recht kann er nicht den Begriff der sozialen Integration ablösen. Denn der Begriff der sozialen Inklusion bezieht sich in erster Linie auf das Innen und Außen von Organisationen *in* der Gesellschaft, der Integrationsbegriff hingegen eine dialektische Spannung und darin auf die Frage, was eine Gesellschaft zusammenhält, aber auch, wie jemand in der Gesellschaft sozial verortet ist und *wie* er an ihr teilhaben kann. In der Gesellschaft sind alle („Gesellschaftsmitglieder"), sie müssen nicht erst inkludiert werden. Manche sind aber in die Zone der *Desintegration* gerutscht. Soziale Integration und Desintegration liegen in der sozialstaatlichen Gesellschaft eng beieinander. Und in dieser Spannung liegt der Zugang der Sozialen Arbeit.

Dieser Zusammenhang kann wie folgt aufgebaut werden. Beide Seiten im Verhältnis von sozialstaatlicher Gesellschaft und Individuum haben ein sozialintegratives Interesse. Der Sozialstaat, der den Zusammenhalt der strukturell divergenten arbeitsteiligen Gesellschaft regulieren muss, die Individuen, die als von der menschlichen Natur her soziale Wesen (Adler) sozialintegrativ ausgerichtet sind, nach sozialer Einbettung streben, allerdings von ihrem Individualinteresse angetrieben. Beide kommen – und das ist der dialektische Vorgang – in der Zone *gesellschaftlicher Normalität* zusammen. Wir fassen dies im Konstrukt des „Normalbürgers", der sich auf die sozialstaatliche Hintergrundsicherheit verlassen kann und dafür bei allem Eigeninteresse auch sozialstaatliche Identität entwickelt. Das Gros der KlientInnen der Sozialarbeit aber ist aus dieser Normalität herausgefallen, bewegt sich in der Zone der Desintegration, bleibt aber weiter in dieser Dialektik. Denn sie suchen nicht nur auch dort nach sozialem Anschluss, in ihnen schwelt die Sehnsucht nach Normalität. Wir können auch bei devianten Gruppen beobachten, wie sie in ihrem inneren Gruppenmilieu diese Sehnsucht nach Normalität ausdrücken, auch wenn sie nach außen aggressiv und antisozial auftreten. Bei einzelnen KlientInnen erleben wir das ähnlich.

An dieser meist verschütteten Sehnsucht nach Normalität und

der damit verbundenen inneren Hilflosigkeit, die oft antisozial oder selbstdestruktiv abgespalten werden muss, kann die Sozialarbeit in der Perspektive der *sekundären Normalisierung* ansetzen. Das heißt, sie kann den Betroffenen, Räume Beziehungen, Projekte (funktionale Äquivalente) und darin *Übergangsmilieus* anbieten, die Ihnen den Zugang zur Zone gesellschaftlicher Normalität ermöglichen. Ich werde diesen bewältigungstheoretischen wie methodisch-praktischen Zusammenhang im Impulskapitel „Sozialbeit als Bewältigungswissenschaft" ausführlich erläutern Wir sehen also, dass wir mit dem Paradigma der *Dialektik sozialer Integration* nicht nur die Komplexität der Wirkkräfte im Verhältnis on Individuum und Gesellschaft, sondern auch mögliche sozialpädagogische Zugänge aufschließen können. Das ist über das lineare, undialektische Konzept Exklusion/Inklusion nicht erreichbar.

Die Perspektive sozialer Integration hat sich damals vor allem auch methodisch, in der Ausrichtung der Sozialpädagogik auf die Gemeinschafts- und Gruppenerziehung, entfaltet. Diese Orientierung und ihre besondere Hervorhebung zogen sich durch fast alle sozialpädagogischen Diskurse dieser Zeit. Das war sicher auch dem Entgrenzungs- und Individualisierungs-„Schock", der die meisten der damaligen AutorInnen heimgesucht hatte, zuzurechnen. Heute ist die Gemeinschafts- und Gruppenorientierung in den Hintergrund getreten, obwohl man sie – so meine These – wieder dringend bräuchte, weil die Individualisierung in der Folge der Ökonomisierung einen Grad erreicht hat, der zu der inzwischen verbreiteten Frage zwingt, was denn die Gesellschaft überhaupt noch zusammenhält. Schließlich kann man bei einer Bilanz der Professionalisierung der Sozialarbeit auch erkennen, dass Individualisierung und Professionalisierung stark ineinander übergingen. Die Tradition der Sozialpädagogik der Wiener Schulreform, nach der zwar radikal am Einzelnen anzusetzen ist, dies aber immer in der Spannung zur Gemeinschaft, ging in den neueren Theorie-Professionalisierungsdiskurs seit den 1970er Jahren nicht ein.

So findet sich im prominenten Handbuch der Sozialpädagogik (Otto/Thiersch 2010) lediglich ein dürrer Hinweis im Methodenbeitrag, und hier verengt auf die soziale Gruppenarbeit in ihrer pragmatischen Aufgabe der „Steigerung der sozialen Funktionsfähigkeit" (S. 935). In der damaligen Idee der Gemeinschaftserziehung war mehr enthalten, sie wurde von Mennicke bis zu den Wiener SozialpädagogInnen als theoretisch-methodischer Kern angesehen. Gemeinschaftserziehung *war* für sie Sozialpädagogik. Der damals in der sozialpädagogischen Diskussion zentrale Verwahrlosungsbegriff, der später wegen seines stigmatisierenden Gebrauchs den Betroffenen gegenüber zu Recht in Verruf geriet, wurde damals in der wissenschaftlichen Diskussion eher in dem Sinne verwandt, dass Verwahrlosung als Funktion der Gemeinschaft betrachtet wurde. Das war, vor allem in der individualpsychologischen Sozialpädagogik dialektisch gedacht: Die Notwendigkeit der Gemeinschaftserziehung resultierte eben nicht nur aus der Unfähigkeit dieser Jugendlichen, sich in die Gesellschaft einzufügen, sondern genauso aus der Unfähigkeit der Gesellschaft, sie so zu integrieren, dass sie sich entwickeln und entfalten konnten.

Die Notwendigkeit einer Gemeinschaftserziehung geht also aus der Dialektik der Sozialintegration hervor. So kann sie heute erst recht begründet werden. Dabei geht es in der empirischen Wirklichkeit nicht um eine unmittelbare Spannung zwischen Individuum und Gesellschaft, wie dies die meisten theoretischen Modelle in der Sozialpädagogik suggerieren, sondern um den *intermediären* Bereich der sozialen Gruppen. Das intermediäre hat dabei eine eigene Kraft, denn in und mit der Gruppe wird vieles getan, was man als Einzelne(r) oft nicht tun würde. Es entwickeln sich Gruppenidentitäten.

Es ist so viel über die sozialen Funktionen der Gleichaltrigengruppe im Jugendalter geschrieben worden, über die pädagogische Gruppe in der Jugendverbandsarbeit, über Selbsthilfegruppen und über die therapeutischen Vorteile, wenn man KlientInnen nach der Arbeit am Einzelfall in eine Gruppe bringt, in der sie sich sozial bestärken können. Gleichzeitig haben wir in der Jugendhilfe ein System, das primär die Einzelfallarbeit fördert, die sozialpädagogische Qualität der Gruppe aber übergeht. StreetworkerInnen, die ja mit Cliquen arbeiten, können ein trauriges Lied vom Zwang zum Einzelfall singen, wenn es um die Beantragung von Mitteln geht. Zudem entziehen sich Gruppendynamiken standardisierten Wirkungskontrollen. Vielleicht ist nicht zuletzt auch deshalb an einem sozialpädagogischen Begriff der Gruppe als allgemeinem wie zentralem Paradigma der Disziplin bis heute nicht weitergearbeitet worden. Man ist im Bereich der sozialpsychologischen Vorteile des

Gruppeneinsatzes – in der sozialen Gruppenarbeit – hängen geblieben. Dabei gibt es einen soziologischen Diskursstand, der eben auf diese *sozialintegrative* Qualität der sozialen Gruppe abzielt:

Soziologisch gesehen ist die Gruppe eine Form der Vergemeinschaftung, eine Austauschinstanz oder Vermittlungsagentur zwischen Individuum und Gesellschaft. Dabei geht es um die Funktionen, welche soziale Gruppen für die Gesamtgesellschaft leisten. Soziale Integration und sozialer Konflikt als Konstituenten einer modernen arbeitsteiligen Gesellschaft sind – von der Erziehung bis zur Arbeit – maßgeblich über Gruppen vermittelt. Dies lässt die Gruppe zu einer gleichrangigen Kategorie zwischen und neben Individuum und Gesellschaft werden (vgl. dazu Schäfers 2002). Auf diese grundlegende Bedeutung der sozialen Gruppe hat schon Georg Simmel in seiner „Soziologie" (1908) hingewiesen: „Simmel hat damit deutlich machen wollen, dass individuelle Eigenständigkeit und Eingebundensein in soziale Zusammenhänge nicht unabhängig voneinander zu sehen sind, dass die populäre Gegenüberstellung von Individuum und Gesellschaft nicht das erfassen kann, was die ganz einheitliche Position des sozial lebenden Menschen ausmacht: die Unablösbarkeit der Person von den sozialen Zusammenhängen, in denen sie lebt und die ihr ein individuelles Dasein erst ermöglichen." (Schwonke 1994: 37)

Darüber hinaus wird die soziale Gruppe gar als modellhaft für das Gesellschaftliche dargestellt. So geht George C. Homans in seiner klassischen Arbeit zur Theorie der sozialen Gruppe (1959) von der These aus, dass von den sozialen Gruppen einer modernen demokratischen Gesellschaft viele Impulse für das Funktionieren gesellschaftlicher Institutionen und ihren sozialen Wandel ausgehen. „Auf der Ebene der kleinen Gruppe ist der Gesellschaft die Kohäsion immer möglich gewesen. Wir schließen daraus, dass die Zivilisation, will sie bestehen bleiben, in der Beziehung zwischen den die Gesellschaft bildenden Gruppen und der zentralen Leitung der Gesellschaft manche Merkmale der kleinen Gruppe beinhalten muss" (S. 431). Für Homans ist die soziale Gruppe eine doppelte Vermittlungsinstanz: Sie vermittelt das Individuum in die Gesellschaft und mediatisiert gleichermaßen gesellschaftliche Norm- und Anforderungsstrukturen über die Gruppen in die individuellen Lebenswelten. Dies ist als Konflikt- wie als Bildungsprozess für die Sozialpädagogik relevant.

Eine sozialpädagogische Theorie der Gruppe wird vor diesem soziologischen Hintergrund deren *sozialintegrative Qualität* aufschließen müssen. Wenn wir die soziale Gruppe als intermediäre Sozialform begreifen und im Paradigma dialektischer Sozialintegration strukturieren wollen, so müssen wir zuerst einmal die Spannung zwischen persönlichem und gesellschaftlichem Integrationsgewinn thematisieren können. Wir haben dabei das Modell der sozial offenen im Gegensatz zur autoritär abgeschlossenen (ethnozentrischen) Gruppe im Kopf, da wir ja die soziale Gruppe als Medium einer demokratischen Gesellschaft begreifen. Wir haben gleichzeitig die vielfältigen Erfahrungen aus dem sozialpädagogischen Umgang mit devianten Cliquen – auch schon damals (vgl. Kap. 15) – vor uns, die uns zeigen, wie diese gleichsam ein Magnetfeld bilden, das sozial schwierige und darin ausgegrenzte wie stigmatisierte Jugendliche anzieht. Hier erhalten sie Selbstwert, Wirksamkeit und Anerkennung, die ihnen sonst versagt wird. Hier ist auch das zentrale sozialintegrative Konfliktfeld, mit dem es die Soziale Arbeit zu tun hat: Deviante Cliquen haben für die Jugendlichen eine positive sozialintegrative Funktion, für die Gesellschaft aber eine negative. Die dialektische Lösung kann hier in der Organisation *funktionaler Äquivalente* im Kontext einer *Pädagogik der Milieubildung* (vgl. Kap. 7) erreicht werden.

Insgesamt lassen sich m. E. vier Dimensionen für eine sozialpädagogische Theorie der Gruppe als Form der Vergemeinschaftung und ein entsprechendes Forschungsprogramm identifizieren:

- Gruppen als soziale Zwischenwelten, in denen sowohl das Verhältnis zwischen Individuum und Gesellschaft mediatisiert ist als auch das Soziale sich im Menschen formt.
- Gruppen als soziale Konfliktzonen in der Dialektik sozialer Integration und damit als zentrale sozialpädagogische Orte.
- Gruppen als soziale Spiegel, in denen die einzelnen KlientInnen ihre Lebens- und Bewältigungsprobleme als gesellschaftlich verbreitete bzw. bedingte erfahren können.
- Gruppen als sozialpädagogische Bildungs- und Bewältigungskontexte, in denen der Bildungsgehalt in der Bewältigungsdynamik der Gruppe selbst gesucht und aus ihr erschlossen werden kann.

6 Geschlechtshierarchische Arbeitsteilung und gesellschaftlicher Ort der Sozialen Arbeit (Salomon, Weber, Nohl)

Zu Beginn des 20. Jahrhunderts entwickelten sich die Anfänge jener Sozialen Arbeit, die ihre pädagogisch-praktische, wissenschaftliche und gesellschaftspolitische Legitimation in der damals erstarkenden bürgerlichen Frauenbewegung begründete („Soziale Berufsarbeit der Frau"). In diesem Zusammenhang wird die Frauenbewegung der 1920er Jahre bis heute doppelt interpretiert: sowohl professionell in Bezug auf ihre Leistung bei der Entwicklung der sozialen Berufsarbeit als auch gesellschaftlich-kulturell im Sinne der „Kulturaufgabe der Frau" als Mutter. Der Begriff der *Kulturaufgabe* der Frau löst in dieser Zeit die bis dahin geläufige Vorstellung von einer „geistigen Mütterlichkeit" ab.

Es waren vor allem Frauen, die die Soziale Arbeit in den Foren der sich gegen Ende des 19. Jahrhunderts erstarkten Diskurse zu Sozialreform und Sozialpolitik etablierten und für eine sozialpolitisch und gesellschaftstheoretisch rückgebundene Soziale Arbeit stritten. Alice Salomon und Helene Weber als ihre Protagonistinnen sahen entsprechend die Soziale Arbeit der Frau eben nicht nur auf die Beziehungsarbeit des familialen Nahraums beschränkt, sondern als gesellschaftliche Arbeit, die es zum Ziel haben muss, öffentlich zu zeigen, dass „der Mensch höher gewertet wird als die Wirtschaft" (Weber 1931: 308). Allerdings: Die soziale Berufsarbeit der Frau war zwar auf die Desintegrationsprobleme der industriekapitalistischen Gesellschaft bezogen, ihre Legitimation suchte sie aber im Wesen, der „schöpferischen Kraft" der Frauen. In diesem Sinne wurde eine sozialanthropologisch rückgebundene fürsorgerische Begabung der Frau als gesellschaftliche Begabung interpretiert, welche in der Sozialen Arbeit ihr Medium gefunden hatte:

> „Die Kräfte, die soziale Arbeit jedoch im Mittelpunkt der Einstellung zu ihr fordert, sind der Frau durch den Mutterberuf besonders ursprünglich gegeben. Wenn diese zum Mittelpunkt ihres ganzen Wesens geworden ist, dann entsteht ein ganz bestimmter Frauentypus, der in besonderer Weise die seelischen Vorbedingungen zu sozialer Arbeit umschließt [...] Lange Zeit hatte man ihre Auswirkung nur an die Familie gebunden gesehen, und auch als durch die allmähliche Entleerung der Aufgaben in der Familie diese Kräfte nach anderen Aufgabengebieten suchen mußten, sah man sie nur in Übertragung familienhaften Wirkens in weitere Kreise. Demgegenüber stellt die Erkämpfung sozialer Arbeit als Betätigungsfeld einen Wandel der prinzipiellen Einstellung zu den Aufgaben der Frau in der Kultur dar. Es handelt sich in der Sozialen Arbeit nicht um inhaltlich gleiches Wirken, wie in der Familie, weil die Gesellschaft [...] auch andere Inhalte fordert, diese doch wohl von denselben mütterlichen Kräften als Forderung und Aufgabe empfunden werden können. Soziale Arbeit stellt die Frau in andere Wirkungszusammenhänge, die die weiblichen Kräfte in starker und direkter Kulturbeziehung fordern." (Colm-Nikolassen 1925: 78ff.)

Diese weibliche Konnotation sollte schon für die Ausbildung in den sozialen Berufen gelten. Entsprechend begründete Alice Salomon die Einrichtung eigener *Sozialakademien für Frauen* und grenzte die soziale Frauenarbeit ausdrücklich gegenüber dem Berufsanspruch der Männer in der Sozialarbeit ab:

> „Die Universität ist für diese Zwecke nicht geeignet. Denn sie dient der reinen Forschung, nicht unmittelbar der Vorbereitung zum Handeln. Sie kann sich nicht auf besondere weibliche Aufgaben und Leistungen einstellen. Nur eine Bildungsstätte, die eine Verbindung zwischen praktischer, sozialer und pädagogischer Arbeit und wissenschaftlichem Studium darstellt, kann diesen Aufgaben entsprechen. (...) Bestimmte Gebiete der Wissenschaften, die vor allem die schöpferische Kraft der Frau auslösen, sollen hier in einer besonderen Form behandelt und mit besonderem Geist erfaßt werden, etwa in dem Sinne, in dem Gertrud Bäumer einmal davon gesprochen hat, daß die geistige Höherentwicklung der Frau ihre ursprüngliche Geschlechtsindividualität, ihre unauslöschbare Wesensart steigern wird." (Salomon 1931: 312)

> „Eine der Frauen, die den Unterschied von Mann und Frau am tiefsten begriffen hat, formulierte das Wesen der weiblichen Eigenart einmal dahin, dass ‚die Frauen das Menschenleben hoch anschlagen', dass ihnen Menschen wichtiger als Sachgüter sind, das Leben heiliger als der Apparat ist, der ihm dient. Durch die sozialen Berufe wollten die Frauen in all die Aufgaben eintreten, in denen der Mensch in des Menschen Hand gegeben ist, in denen es um Hilfe und Sorge für Schwache geht, in denen der Mensch als Oberwert erfasst worden ist. Die Bedeutung der Frau für diese Aufgabe ist heute im öffentlichen Leben, auch vom Staat, durchweg anerkannt, wenn heute auch Männer in die sozialen Berufe einrücken, auch soziale Schulen für Männer entstehen, so treten sie in einen von Frauen geformten Beruf. Damit ist aber die Bewegung keineswegs am Ziel. Die moderne Zeit und die von uns angestrebte und durch die Verfassung grundsätzlich anerkannte Gleichberechtigung der Geschlechter birgt die Gefahr in sich, dass die Frau im Streben nach Einordnung in das öffentliche Leben und das Berufsleben die Maßstäbe und Methoden des Mannes zu sehr zu den ihren macht. Die sozialen Berufe geben aber den Frauen nicht ohne weiteres die Möglichkeit, in eigenartiger Weise ihren weiblichen Einfluss auszuüben, und der Kultur neue und eigene Werte hinzuzufügen. Die Eingliederung der sozialen Arbeit in den Behördenapparat ist dafür nicht günstig." (S. 312)

Gegen die einseitig weibliche Definition der Sozialen Arbeit wehrte sich die „männliche" Sozialpädagogik, wie sie sich in der Nachfolge der (überwiegend männlichen) Jugendbewegung im Umkreis der Universitätspädagogik und in der jugendbewegt methodischen Arbeit (Führer- und Gemeinschaftsprinzip) mit meist männlichen Fürsorgezöglingen und Strafgefangenen, aber auch in der Jugendpflege entwickelt hatte. Herman Nohl konterte in seinem Vortrag auf der ersten Tagung des Bundes Deutscher Sozialbeamter mit dem Konstrukt der „Lebensform des männlichen Sozialbeamten". So konnte dessen sozialadministrative Leitungstätigkeit sowie die männlich geprägte gruppen- und gemeinschaftsbezogene Führungspädagogik nun ebenfalls geschlechtstypisch legitimiert werden:

> „Gibt es überhaupt einen männliche Sozialbeamten [...] als eigene Lebensform? Ein neuer Beruf tritt hier in die Erscheinung, und wir suchen nach einemeigentümlichen Ethos, der Kraft, die ihn trägt, der

inneren Form seiner Arbeit. Es liegt ja nun nahe, für die Beantwortung dieser Frage einfach auf die weibliche Gestalt dieses Berufes hinzuweisen, die sich in jahrzehntelanger Entwicklung herausgebildet hat und eine schönste geistige Haltung und einen eigenen Stil des Wirkens längst gewonnen hat" „Aber der ausgesprochen feminine Typus in seiner Weichheit hat in der Pädagogik wie in der sozialen Arbeit mit Recht eine tiefe Abneigung in der männlichen Gesellschaft hervorgerufen. [...] Die Frage ist, ob es nicht eine im Wesen des Männlichen selbst begründete Funktion gibt, die den Boden für den Aufbau dieses Berufs darbietet und seinen geistigen Typus mitbestimmt. [...]Ich will diese geistige Haltung des Mannes, die aus seinem Geschlechtscharakter aufwächst, [...] seine ‚Ritterlichkeit' nennen. Wie die geistige Mütterlichkeit vermag auch diese Ritterlichkeit in jedes Lebensverhältnis mit einzugehen [...]. Solche Ritterlichkeit enthält dann eine Fülle von Momenten: das aktive Einsetzen der Person für das Ganze, die Bereitschaft zur Führung und vor allem eine ganz bestimmt charakterisierte helfende und sorgende Haltung gegenüber dem Schwachen, die in ihm immer den selbständigen Menschen respektiert und sich auch in Ehrerbietung vor dem Gegner und in der Schonung noch des Besiegten äußert. In der Pädagogik ist diese geistige Form der spezifisch männlichen Bildung das Ziel jeder aristokratischen Kultur gewesen bis zur englischen Gentlemanerziehung, in Deutschland haben unsere Landerziehungsheime seit Hermann Lietz diesen Typus wiedergesehen gegenüber der üblichen Gelehrtenerziehung der höheren Schulen, in denen er verlorengegangen war: den Typus des tapferen, helfenden, für seine Sache und die Gemeinschaft einstehenden und vor allem die Schwachen, Frauen und Kinder schützenden Mannes. [...] Als etwas ganz Elementares steht sie aber durchaus jenseits des Gegensatzes von Demokratie und Aristokratie, und auch der Fürsorgezögling kann seine Ritterlichkeit entwickeln, wenn er ritterlich behandelt wird." (Nohl1949: 143ff.)

So lieferte er auch eine Legitimation für die inzwischen auffällige Dominanz der Männer in den damaligen Leitungspositionen der Jugendhilfe und Sozialarbeit. Im Jahre 1928 betrug der Frauenanteil an den rund tausend Leitungsstellen in deutschen Jugendämtern ca. drei Prozent (vgl. Peukert 1987). Der männliche Tätigkeitskreis sei der der „Wohlfahrtspolitik", gegenüber dem weiblichen der Wohlfahrtspflege. Nohl operierte mit einem alltagstheoretischen Modell naturgegebener geschlechtstypischer Charaktereigenschaften. „Nohl berief sich dabei auf die von der bürgerlichen Frauenbewegung mitgetragene Naturbestimmtheit der Geschlechter. Die besondere Eignung der Frauen für wohlfahrtliche Aufgaben im Interesse des Gemeinwesens wurde von Nohl nicht angezweifelt, die gemeinnützige Sozialität von Mann und Frau unterschieden sich aber entsprechend ihrer Konstitution und den damit korrespondierenden Aufgaben. Der Sozialcharakter des Mannes war bestimmend für die Höherwertigkeit seines Aufgabenfeldes." (Stecklina 1997: 253f.)

In Absetzung von Nohl wurde damals auch die Vorstellung einer „vorsorgend-führenden Väterlichkeit" ins Spiel gebracht , abgeleitet aus der patrimonialen Stellung des Mannes in der Familie gegenüber dem zwar säkular gedachten aber doch historisch wie mythisch gebundenen Ritterlichkeitssymbol: Dem Vater komme ein besonderes Verantwortungsgefühl für die Gesamtfamilie und ihr gesellschaftsbezogenes Funktionieren zu. Er sei nicht der Sorgende und Mitleidende (wie die Mutter), sondern der nach außen Aktive, der die Familie rational zu steuern habe:

> „Mag wahre Ritterlichkeit im althistorischen Sinne auch jenseits von Aristokratie und Demokratie stehen, heute wird Ritterlichkeit nur im aristokratischen Sinne verstanden [...] Deshalb müssen wir auf das natürliche Korrelat zur Mütterlichkeit zurückgreifen. [...] Nicht erst durch Tempo und Ausmaß des heutigen Berufslebens bedingt, sondern seit jeher legt der Vater das Hauptgewicht auf vorsorgende Tätigkeit für das Wohl der Familie. Sein Streben geht dahin, die Vorbedingungen für dieses Wohl zu schaffen – materiell wie auch ideell. Die Ausgestaltung dieses in den Grundlagen geschaffenen Wohls, insbesondere Aufzucht und Pflege der Kinder, bleibt Aufgabe der Frau [...] Versucht man für die Wesenseigenheit des männlichen Fürsorgers im Vergleich zu der Frau zu finden, so ist es, soweit seelische Eigenheiten überhaupt in Formeln zu bringen möglich ist, beim Manne die vornehmlich verstandesgemäß bestimmte verantwortungsbewußt vorsorgend führende Väterlichkeit, während es bei der Frau eine vornehmlich gefühlsmäßig beherrschte liebevoll mitfühlende Mütterlichkeit ist. Selbstverständlich bedeutet dies keinerlei Wertung. Vielmehr sollte der männliche Typus durch die „Nahebringung der gegengeschlechtlichen Kräfte" ergänzt werden." (Frank 1927: 203ff.)

Dass dies Mythenbildungen waren, machen damalige Beobachtungen aus der Praxis der Jugendämter recht deutlich. Unter dem Eindruck einer in den 1920er Jahren beginnenden Rationalisierung und „Mechanisierung der Arbeit" auch in der Fürsorgeadministration wird von der „Eigengesetzlichkeit der Technik" gesprochen, die „eine besondere Anziehungskraft auf die seelische Struktur des Mannes" ausübe. „Die Technik überwuchert die Seele und verstärkt die Richtung zur Entartung der Fürsorgetätigkeit" (Schreiner 1929: 147). Auch Alice Salomon hatte gemutmaßt, dass Männer erst dann ein berufliches Interesse an der Sozialarbeit entwickelt hätten, als diese in eine behördliche und darin verwaltungstechnische Form gebracht wurde (vgl. Salomon 1929). Sie wollte diese Dualität eher überwinden: „In den 20er Jahren war nach Salomon regelrecht eine Spannung zwischen männlicher und weiblicher Auffassung des Berufes und der Ziele der sozialen Bildungsstätten aufgetreten. Diese Spannung wollte Salomon auflösen. Männer und Frauen sollten nicht mehr in einem Verhältnis von Über-und Unterordnung, ‚sondern als komplementäre Kräfte in der sozialen Arbeit – gleich gewürdigt und gleich gewertet – nebeneinander stehen." (Kuhlmann 2000: 277)

Impuls: Die Überwindung des latenten Geschlechterdualismus in der Profession

Dieser geschlechtstypische Dualismus zwischen männlich-führender und weiblich sorgender Sozialarbeit hat sich im deutschen Sozialwesen lange gehalten. Bis heute lassen sich hinsichtlich der Arbeitsfelder thematisch und organisatorisch geschlechtstypische Arbeitsteilungen erkennen. Zwar schien in der geschlechtsübergreifenden Modernisierung und Professionalisierung der Sozialpädagogik und Sozialarbeit in den 1960er und 1970er Jahren die Frage einer „weiblichen" oder „männlichen" Disziplin ausgestanden. Mit der neuen Frauenbewegung, so wie sie in den 1990er Jahren in die Sozialbereiche hinein wirkte, wurde diese Kontroverse aber wieder virulent. Der heutige Care-Diskurs nimmt dabei das alte Motiv der Frauenbewegung, die Humanisierung der Gesellschaft unter weiblicher Perspektive, neu auf. In den 1980er Jahren feministisch angetrieben, sollte die weibliche Seite gegenüber den neokapitalistisch forcierten ökonomisch-technischen (und darin ‚männlichen') Arbeitsvollzügen kritisch und schließlich gestaltend ins Spiel gebracht werden.

Gleichzeitig hat sich aber – als Mainstream – ein Professionalisierungsdiskurs entwickelt, der auf geschlechtsindifferente Rationalität sozialpädagogischen Handelns setzt und nicht von ungefähr hauptsächlich von Männern geführt wird. Dieser Diskurs läuft in eine von ihm selbst verdeckte Falle, da er nicht die gesellschaftliche Bewertung dieses Handelns selbst thematisiert. Hier rächt sich, dass in dieser Professionalisierungsdiskussion – immer noch bzw. wieder – geglaubt wird, ohne Hintergrundbezug zum gesellschaftlichen Konstrukt der geschlechtshierarchischen Arbeitsteilung auskommen, Geschlecht neutralisieren zu können, obwohl das in der Alltagspraxis der Hilfe gar nicht möglich ist (vgl. Böhnisch/Funk 2002). Denn gerade in den sozialen Berufen lassen sich die Konstruktion von Männlichkeit und Weiblichkeit und die damit verbundenen ungleichen Zuschreibungen besonders gut betrachten. Liebe und Zuwendung, Sorge, Fürsorge und moralisches Pflichtgefühl werden vor allem auf Frauen projiziert und ihnen als Fähigkeiten zugeschrieben und damit irgendwie vorausgesetzt. Dementsprechend könnten soziale Tätigkeiten nicht einen so hohen Marktwert beanspruchen, eine traditionelle Haltung, die gegenwärtig entsprechende Neuauflagen erhält: Sei es im Ehrenamt oder in niedrig entlohnten Tätigkeiten. Im Hinblick auf diese Zuschreibungen hat die Frauenforschung schon früh gefordert, dass bisher vorwiegend weiblich konnotierte Kompetenzen als allgemeine, geschlechtsübergreifende soziale Fähigkeiten gesellschaftlich anerkannt und entsprechend bewertet werden.

Die Nichtthematisierung der Abwertung des reproduktiven Tätigkeitskerns steht also weiter in Spannung zu der angenommenen Aufwertung der Sozialen Arbeit infolge ihrer Akademisierung und funktionsrationalen Begründung. Insofern existieren auch zwei professionssoziologische Welten nebeneinander: Eine männliche Welt, die geschlechtsneutral Sozialarbeit als Rationalitätsmodell intermediären Handelns beansprucht und eine weibliche Wissenschaftswelt, die den Abwertungstrend der sozialpädagogischen Profession im Banne der geschlechtshierarchischen Arbeitsteilung skandalisiert.

So wird den sozialen Diensten das Kriterium rationaler Professionalität teilweise dadurch abgesprochen, dass ihnen Arbeitsanteile zugerechnet werden, die nach neueren Qualitätsstandards als nicht anrechenbar gelten. Die in sozialen Berufen traditionell als „Stärke" definierten Fähigkeiten und Orientierungen von Frauen werden so zu einer strukturellen Schwäche. Arbeitsprozesse in der sozialen Arbeit lassen sich aber nicht so ohne weiteres als technisch rationalisierbare abbilden. Menschliche Ungewissheit kann nicht nach Kriterien technischer oder ökonomischer Rationalität bewältigt werden. Das heißt, auch der gegenwärtige sozialtechnologische Methodenwandel in der Sozialen Arbeit läuft Gefahr, Gefühls- und Beziehungsaspekte, ja das Sorgen überhaupt auszugrenzen. Denn auch in der sich professionell definierenden sozialen Arbeit gelten die unmittelbaren Sorge- und Pflegehaltungen und die auf die Verlässlichkeit der Beziehung aufbauenden Anteile als die am geringsten bewerteten, sie finden sich kaum in Qualitätsentwicklungsdebatten wieder. Sie gelten als diffus notwendig und werden im Alltag eingefordert, sind aber nicht verhandelbar.

Der sozialpädagogische Professionalisierungsdiskurs hat sich zwar aus dem Korsett des Gegensatzes von Hilfe und Kontrolle befreit, vom institutionellen Paradigma weg dem Handlungsmodell der Professionalität zugewandt, bewegt sich aber auch hier auf einer nun neuen Grenzlinie, der zwischen Anerkennung und Entwertung. Diese Grenzlinie kann aber nur thematisiert und damit öffentlich gemacht werden, wenn sie geschlechtsreflexiv – mit Blick auf die geschlechtshierarchischen Muster der Arbeitsteilung – markiert wird. In diesem Sinne kann man die frühere Untersuchung von Angelika Wetterer (1995) zur Vergeschlechtlichung von Berufen auch auf die soziale Arbeit beziehen, wenn sie feststellt, dass die Entwicklung von Professionen historisch einherging mit der Restriktion des Zuganges von Frauen zu gehobenen Ausbildungswegen, also eine Frage der Machtumverteilung und Umverteilung von Privilegien zugunsten von Männern und keine Frage der Qualifizierung war. Zentral für die *Vergeschlechtlichung* von Berufen und deren Einordnung in stereotyp als weiblich oder männlich bezeichnete Berufe sei nicht die Arbeitsform, sondern eine eigens hergestellte hierarchische Einordnung, in der auch gleiche Arbeitsbezüge von Männern und Frauen immer noch unterschiedlich bewertet werden.

Schließlich hält sich immer noch das unternehmerische Argument, dass Konkurrenzfähigkeit und darin aktivierbare Wettbewerbsvorteile nur erreicht werden können, wenn die Arbeitskraft optimal ausgeschöpft werden kann und nicht immer wieder durch reproduktive Bindungen (Kinderwunsch und Familienarbeit) belastet ist. Die nahezu unbegrenzte ökonomische Verfügbarkeit wird „von Natur aus" dem Manne zugeschrieben. So sind die gemeinhin weiblich konnotierten Reproduktionstätigkeiten und die ihnen verbundenen Werte (Sorge) gemäß der Logik der Konkurrenzwirtschaft vom herrschenden Rationalitätsmodell der Erwerbsarbeit doppelt abgespalten: Sie gelten als gering marktfähig und sind vom männlichen Modell des Erwerbsarbeiters (das meist auch für berufstätige Frauen gilt) abgetrennt.

Wenn wir vor diesem gesellschaftlichen Hintergrund geschlechtshierarchischer Arbeitsteilung auf die Soziale Arbeit schauen, so fällt entsprechend auf: Während die organisatorischen und managerialen Strukturen eher von männlich konnotierten Prinzipien bestimmt sind, ist das sozialpraktische Tätigkeits- und Ausbildungsfeld der Beziehungsarbeit eher weiblich dominiert. Mit Verweis auf diese „weibliche Prägung" schon in der Geschichte der Sozialpädagogik/Sozialarbeit und ihres Berufsfeldes wird bis heute oft von einer „weiblichen Profession" geredet. So gibt eine neuere Diskurslinie, die darauf baut, dass die vor allem in der Praxis weiblich dominierte Profession auf der Woge der Frauenbewegungen die Prinzipien der Sorge (Care) und der Beziehungsarbeit in die männlich beherrschte Konkurrenz- und Verdrängungsgesellschaft hineintragen könne. Der feministische Traum einer in diesem Sinne sozialrevolutionären Sozialen Arbeit, den schon Alice Salomon vor nun fast einhundert Jahren geträumt hat, scheint heute ausgeträumt. Den großen Dämpfer hat es schon durch die Art und Weise gegeben, in der der digitale Kapitalismus die Sorge vereinnahmt, indem er Sorge freisetzt und sie gleichzeitig wieder vermarktet, kapitalisiert. Sorge ist zur Ware geworden und damit das Gegenteil von dem, was sich die feministischen Sozialbewegungen erhofft hatten.

Das sollte eigentlich Männern und Frauen in der Sozialen Arbeit gleichermaßen zu denken geben. Es muss aber auch – und darum geht es mir – zu einer grundsätzlichen und darin kritischen Reflexion der geschlechterideologischen Seite unserer Disziplin führen können. Grundsätzlich, weil wir über diese Frage wieder einen realistischen Zugang zum gesellschaftlichen Ort der Sozialen Arbeit finden können. Kritisch, weil das empirische Bild die eigentliche Struktur verdeckt. Im empirischen Bild der Geschlechterverteilung in der Beschäftigung erscheint die Profession als Frauenberuf. Drehen wir dieses Bild aber um und schauen auf seine Rückseite, erkennen wir eine andere, eher gesellschaftlich gemaserte Struktur. Danach waren die Frauen in der Geschichte und oft auch noch bis heute in Praxisfeldern dominant, die um die Familie herum gruppiert sind. Männer findet man dagegen vor allem dort, wo die sozialen Problemzonen und ihre Auffälligkeiten außerhalb der Familie im öffentlichen Raum liegen: in der Heimerziehung für ältere Jugendliche, der Antigewalt- und Strafvollzugsarbeit, in Streetwork-Projekten. Aber auch dort, wo es – wie beim Sozialmanagement – um Probleme der organisationalen Steuerungs- und der Marktfähigkeit geht. Das ist wie im schulischen und vorschulischen Bildungssystem: Wo Kindertagestätten und Grundschule noch sehr familiennah sind, dominieren die Frauen. Wenn es später in der Jugend- und Nachjugendzeit – in den weiterführenden und berufsbildenden Schulen – um die Qualifikations- und Zertifizierungsperspektive für die arbeitsgesellschaftliche Integration geht, kommen immer mehr Männer ins pädagogische Spiel. Und siehe da: Wenn heute die Kindertagesstätte schon früh von der Bildungsplanung erfasst wird, wollen auch die Männer – nun aber als Planer – auf die Bühne treten.

Nun können wir die eigentliche gesellschaftliche Struktur der Sozialen Arbeit – aus der Genderperspektive heraus – erkennen. Es ist das System der geschlechtshierarchischen Arbeitsteilung, das bis heute unsere Gesellschaft prägt, das auch die Soziale Arbeit strukturiert: Auf der einen Seite die erwerbsarbeitszentrierte Produktionssphäre, die traditionell männlich konnotiert war (und vielfach noch ist), auf der anderen Seite die familienzentrierte „weibliche" Reproduktionssphäre, die gesellschaftlich vorausgesetzt wurde (wird) und deshalb einen niedrigeren Status hat, obwohl ohne sie ökonomisch nichts laufen kann: die Intim- und Beziehungswelt der Familie gegenüber der rationalistischen Vertragswelt der Arbeit. Und das Entscheidende ist hier: Dieser Gegensatz bildet sich historisch genauso innerhalb der Sozialen Arbeit ab: Die familiennahe Beziehungsarbeit in der Spannung zur gesellschaftsnahen Integrationsperspektive.

Aus dieser Position heraus wird dann wird – damals wie heute – eine gesellschaftliche Transformation der Beziehungsperspektive und damit ökonomisch-gesellschaftlicher Wandel im Zeichen von Care gefordert Dabei ist gar nicht so sehr der Zweifel ausschlaggebend, ob Kategorien der familialen Intimstruktur so ohne weiteres in die gesellschaftlichen Vertragsstrukturen transferiert werden können. Die Kritik richtet sich vielmehr gegen die Standortillusion dieser Position. Denn die Soziale Arbeit steht ja nicht neben der Gesellschaft, auf die sie mit ihrer Reproduktions- und Sorgeorientierung einwirken möchte, sie repräsentiert ja selbst den Geschlechterkonflikt, der in das gesellschaftliche System der geschlechtshierarchischen Arbeitsteilung eingeschrieben ist.

Wenn man sich die gegenwärtigen Kampagnen und Reports zu der Frage anschaut, wie man mehr Männer in die männerlosen Kindergärten oder – schon vorher – länger in die Elternzeit bringen könnte, so ergibt sich immer wieder dasselbe Bild. Hinter der Abwehrhaltung vieler Männer und ihren Rationalisierungen steht die Angst, dass dies negative Folgen für die Arbeits- und Berufskarriere haben könnte, stehen aber auch die Befürchtungen, dafür keine soziale Anerkennung so wie die Frauen zu bekommen. Nirgends zeigt sich die Abhängigkeit der männlichen Identität von der Erwerbsarbeitsrolle, die strukturelle Verwehrung des Zugangs zu Familien- und Kinderarbeit durch das industriegesellschaftliche Diktat der ökonomischen Verfügbarkeit des Mannes deutlicher als hier. Die Entgrenzung der Geschlechter hat den Frauen den Zugang in die Bildungs- und Arbeitswelt eröffnet, vielen Männern dagegen bleibt der Zugang in die reproduktive Sphäre sorgender Arbeit immer noch weitgehend verschlossen.

So wie sich dieses gesellschaftliche Strukturproblem in der Sozialarbeit abbildet, sollte es auch in der Zunft thematisiert werden: Als Ausdruck einer gesellschaftlichen Zurichtung, die verdeckt bleibt, wenn sie nur auf der Motivations- und Statusebene abgehandelt wird. Insofern verwischen auch Formeln wie die von einer „weiblich dominierten" Sozialarbeit und die darin angemeldeten Ansprüche das eigentliche Problem, schneiden sich gleichsam ins eigene Fleisch. Sie zementieren eher ihre Beschränkung auf den gesellschaftlich weiter minderbewerteten Reproduktionsbereich, dessen Abwertung aber heute angesichts des neokapitalistischen flow nicht mehr so wie früher skandalisiert werden kann. Die Kapitalisierung der Sorge – der neoliberale Kapitalismus setzt Risiken und Bewältigungsprobleme frei und vermarktet gleichzeitig ihre Bekämpfung – hat dies überformt, ausgehebelt. Aber auch Männer laufen in diese neokapitalistische Falle, wenn sie ihre Domänen in den sozialmanageriellen und betriebswirtschaftlichen Bereichen von der „weiblichen" Beziehungsarbeit – natürlich hinter vorgehaltener Hand – abgesetzt sehen wollen. Deshalb muss der Sorgediskurs von seiner Gender-Konnotation abgelöst und als sozialpolitischer Konfliktdiskurs geführt werden. Es geht auch in Zukunft um den strukturellen Konflikt zwischen der Ökonomie und dem Sozialen, um die gegenseitige Angewiesenheit von Produktion und Reproduktion in der dialektischen Perspektive des sozialpolitischen Prinzips.

7 Sozialpädagogik als interdisziplinäre Wissenschaft – die individualpsychologisch inspirierte Sozialpädagogik und Sozialarbeit (Adler, Rühle-Gerstel, S. Lazarsfeld, Wronsky, Kornfeld)

In den 1920er Jahren formierte sich im sozialistisch regierten Wien ein einzigartiges bildungspolitisches Reformprojekt, die „Wiener Schulreform" (vgl. dazu Spiel 1979). Die Stadtregierung organisierte bis in die Mitte der 1930er Jahre hinein eine Bildungs- und Erziehungsreform, die quer durch alle Erziehungsfelder und Bildungsbereiche – vom Gymnasium bis zur Heimerziehung – unter ein gemeinsames erziehungspolitisches Leitthema gestellt wurde: Die Bekämpfung sozialer Ungleichheit durch Erziehung und Bildung. Allen Kindern und Jugendlichen sollten größtmögliche biografische Entwicklungs- und Entfaltungschancen so gegeben werden, dass dies im Sinne einer gemeinschaftsorientierten Erziehung auch der politischen Gestaltung des Gemeinwesens zugute kommen konnte. Dies sollte wissenschaftlich erschlossen und begleitet werden und dafür bot sich die sich damals in Wien formierende Individualpsychologie an, die gerade diese Gemeinschaftsorientierung im sozialen Wesen des Menschen angelegt und sie deshalb als pädagogisch förderbar und gestaltbar sah.

In diesem individualpsychologischen Magnetfeld entwickelte sich auch ein interdisziplinär rückgebundener sozialpädagogischer Diskurs, der in die pädagogischen Felder der Kindererziehung, der Erziehungs- und Berufsberatung, der Schule, der Fürsorge- und Heimerziehung und der Straffälligen-Hilfe hineinwirkte. Die Individualpsychologie nahm für sich in Anspruch, die freudsche Psychoanalyse ziel- und handlungsorientiert zu überschreiten. Sie betont die „soziale Seite des seelischen Problems" und differenzierte sich daher „immer mehr zu einem sozialen Erziehungssystem" aus (vgl. Jung 1930). Die heute missverständliche Bezeichnung „individual" bezieht sich dabei auf die ursprüngliche Bedeutung des Begriffs des Individuums als des „unteilbaren Ganzen", auf den Menschen in seiner Einheit von Psyche und Sozialität. Die an der Individualpsychologie orientierte Pädagogik geht in diesem Sinne von einer tiefendynamischen Spannung zwischen endogenem Entwicklungs- und Behauptungsvermögen und sozial ausgelöstem Bewältigungsdruck aus:

Am Anfang vieler neurotischer Verhaltensstörungen und damit verbundenem aggressiven bis destruktiven Sozialverhalten „steht drohend das Gefühl der Unsicherheit und Minderwertigkeit und verlangt mit Macht eine leitende, sichernde, beruhigende Zwecksetzung, um das Leben erträglich zu machen. Was wir das Wesen der Neurose nennen, besteht aus dem vermehrten Aufwand der verfügbaren psychischen Mittel." (Adler 1922: 6) Der Begriff Neurose umfasst dabei einen multiplen Komplex psychischer Störungen und abweichender Verhaltensmuster, die aus der Überkompensation erfahrener Wert- und Hilflosigkeit entstehen können. „Es ist daher auch nur zu helfen, wenn man die ganze Persönlichkeit, ihr aus einem Minderwertigkeitsgefühl hervorgewachsenes Kompensationsstreben, den Lebensplan, der zur Überlegenheit führen soll, die unbewussten Sicherheitstendenzen [...] erfaßt. Wenn man ferner erreicht, das schlummernde Gemeinschaftsgefühl zu wecken und so zu stärken, daß der Mensch sich künftig nicht mehr seinen ungelöst vor ihm stehenden menschlichen Aufgaben entzieht." (Rühle-Gerstel 1924: 87) „Die Individualpsychologie sieht also den ganzen Menschen in seiner Beziehung zu sich selbst in engster Verknüpfung mit der Gemeinschaft" (Sumpf 1926: 81). Daraus ergibt sich auch ihr interdisziplinärer Charakter: Denn wenn „das Seelenleben des Menschen unlöslich verknüpft (ist) mit seinen Gemeinschaftsbeziehungen", dann findet man „auch in den Gemeinschaftsbeziehungen der Menschen Stoff genug für unsere Menschenkenntnis. Ein Gebiet, das bisher der Soziologie vorbehalten war, wird auch der individualpsychologischen Betrachtung zwanglos zugänglich. (...) Die Individualpsychologie ist also wie keine andere psychologische Methode geeignet, auch die Psychologie der Gemeinschaft im Kleinen wie im Großen, also der Gruppen und der Masse zu beleuchten." (ebd: 51)

Die individualpsychologisch inspirierte Sozialpädagogik und Sozialarbeit gab damals einer neuen, jungen Generation von SozialarbeiterInnen jene zeitgemäße professionelle Orientierung, die sie von der nun älter gewordenen Generation der jugendbewegten Pädagogen und der frauenbewegten Fürsorgerinnen absetzte. Statt gleichsam intuitiver Beziehungspädagogik und jugendbewegtem Führertum (vgl. die Kritik von Naegele 1926: 412) sollten nun wissenschaftlich fundierte tiefenpsychische Diagnostik und soziale Aktivierung hin zur Gemeinschaft die Sozialarbeit auf eine professionelle Ebene heben. Das, was das sozialpädagogische Denken der späteren Weimarer Zeit quer durch die verschiedenen Ansätze bestimmte und vor allem auch von Carl Mennicke theoretisch pointiert wurde – die Hinwendung zur Bewältigungsperspektive – schien hier empirisch einlösbar. Die Chancen und Risiken der Selbstbehauptung des Menschen in einer machtstrukturierten sozialen Umwelt sollten – von der frühen Kindheit an – nicht nur pädagogisch-programmatisch, sondern in der sozialen Wirklichkeit bis hinein in die Tiefenschichten des Unbewussten aufgeschlossen und pädagogisch thematisiert werden können. Dieser individualpsychologisch-sozialpädagogische Diskurs und die mit ihm verbundenen Forschungs- und Modellansätze gediehen – vor allem in Wien, aber auch in München, Dresden und Berlin sowie anderen deutschen Großstädten – in politischen und pädagogischen Milieus, in denen die Idee der Emanzipation des Menschen in einer sozial aktivierenden Gemeinschaft ein Leitthema war.

Dass die Individualpsychologie einen solchen Einzug in die Praxis der Sozialarbeit der Weimarer Zeit hielt, war vor allem darauf zurückzuführen, dass ihr „Herangehen an die Klientel dem […] Grundsatz der Sozialpädagogik entgegenkommt, die Menschen so anzunehmen wie sie sind" (Schille 1997: 218), d.h. erst einmal ihre subjektive Bewältigungskonstellation zu akzeptieren. Sozialarbeiterinnen und Sozialarbeiter treffen ihre KlientInnen in Befindlichkeiten und Bewältigungskonstellationen an, die zentral durch Minderwertigkeitsgefühle und ihre Kompensationen gekennzeichnet sind. Die Stärkung eines sozial gerichteten Selbstwertgefühls, die Gemeinschaftsorientierung als „Überschreiten des Ichs" (Wexberg 1974) und die Hilfe zur Herausbildung eines Lebensstils, „der sich in der frühen Kindheit als individuelle Stellungnahme zu den Anforderungen der Umwelt entwickelt"

(Schille 1997: 219) als zentrale Maximen individualpsychologischen Handelns, verweisen auf ein sozialpädagogisches Verständnis, das wir heute als *bewältigungsorientiert* definieren können.

Die Individualpsychologie wurde zur Praxistheorie weiter Kreise der Weimarer Sozialarbeit, weil sie sich als interdisziplinär und empirisch ausgerichtete Sozialpädagogik verstand. Dies kommt besonders in dem von Sophie Lazarsfeld herausgegebenen ‚Kursbuch' der individualpsychologischen Pädagogik – „Technik der Erziehung" (1929) – zum Ausdruck und zeigt, wie interdisziplinär die individualpsychologisch fundierte Pädagogik ausgerichtet war und sich in diesem Sinne gleichsam als Querschnittspädagogik für Kindergarten, Jugendhilfe, Schule, Berufshilfe und Anstaltserziehung verstand. Vor allem waren es die Erziehungsberatungsstellen, die nach dem Wiener Vorbild gleichsam als individualpsychologische Basisstationen auch in deutschen Großstädten eingerichtet wurden (vgl. Handlbauer 1984). Auch die Kinderfreunde-Bewegung, die sich damals in Österreich schon zu Massenbewegung entwickelt hatte und die Kinder- und Jugendarbeit mitprägte, war individualpsychologisch orientiert. Sie etablierte sich bald auch in Deutschland. Schon im Band „Sozialpädagogik" des damals prominenten Handbuchs der Pädagogik von Nohl/Pallat war sie mit einem eigenen Beitrag vertreten:

> „Die Theorie der Kinderfreunde geht von folgendem gesellschaftlichen Tatbestande aus: Die Klassengliederung der gegenwärtigen Gesellschaft erstreckt sich nicht nur auf die Erwachsenen und Jugendlichen, sondern sie erfaßt auch die Kinder von frühester Jugend an. Die Lage der Arbeiterkinder und der Kinder der sonstigen proletarischen Schichten bedeutet nicht nur objektiv eine starke Benachteiligung, sondern wird auch subjektiv als Zurücksetzung empfunden, und sie wirkt sich gesellschaftlich als Minderwertigkeit aus. […] Die Kinderfreunde sehen in diesem Zustand eine Gefährdung der gesellschaftlichen Entwicklung." (Löwenstein 1929: 142f.)

Im Bereich der Fürsorge waren es vor allem die Fürsorgewissenschaftlerin Siddy Wronsky und der individualpsychologisch orientierte Berliner Psychiater Arthur Kronfeld, die in ihrer Zusammenarbeit die Verbindung von Sozialer Arbeit und Individualpsychologie suchten.

> „Der Fürsorger [...] wird oft zu der im Einzelfalle erschütternden Erkenntnis kommen, daß die Wirksamkeit seiner sozialen Fürsorge an dem persönlichen Faktor im Befürsorgten versagt. Dieser persönliche Faktor kann sich der Erfassung und Inrechnungstellung durch rein fürsorgerische Methoden entziehen. [...] In den allgemeinen Grundlagen, Zielsetzungen und Anwendungsobjekten der Psychotherapie und der sozialen Fürsorge findet sich also eine starke Gemeinsamkeit, dass die Trennung und vollständig unabhängige Entwicklung beider, so wie sie bisher erfolgte, fragwürdig wird. [...] Der leidende Mensch im Sinne eines individuell bedingten Leidenszustandes ist Objekt der Psychotherapie, der leidende Mensch im Sinne eines sozial bedingten Leidenszustandes ist Objekt der Fürsorge. Aber diese Unterscheidung gilt nur vergleichsweise. Wir wissen aus der [individualpsychologischen, L.B.] Neurosenlehre, dass es eine Fülle, vielleicht die Mehrzahl neurotischer Zustände, geradezu den Sinn hat, einen Bruch zwischen dem Selbstbewußtsein und dem Gemeinschaftsbewußtsein des einzelnen zur Erscheinung zu bringen – wie denn auch die zugrunde liegenden Konflikte der Neurotiker fast stets milieuhafte oder soziale Auslösungen ausweisen." (Wronsky/Kornfeld 1932: 66f.)

An ihrem Versuch wird aber auch deutlich, dass in Deutschland die Individualpsychologie erst schrittweise in eine bereits gewachsene Sozialarbeit integriert werden musste, während sich in Wien die IndividualpsychologInnen von vornherein – so Sophie Lazarsfeld – genauso als SozialpädagogInnen verstanden. Wronsky hat die individualpsychologische Expertise erst einmal in die soziale Anamnese eingeführt, für Kornfeld war ein fürsorgerischer Zugang zu den KlientInnen, das „Einfühlen in ihre Leidenssituation", ohne die Kenntnis individualpsychologischer Gesetzmäßigkeiten nicht denkbar. Die Weiterentwicklung dieser Ansätze wurde dann durch Faschismus und Emigration verhindert.

Auch Herman Nohl, einer der wohl einflussreichsten (Sozial-)Pädagogen der 1920er Jahre kam immer wieder auf die Individualpsychologie zurück, der er eine grundlegende Reformkraft bescheinigte:

> „Die Grundeinstellung dieser neuen Pädagogik ist entscheidend dadurch charakterisiert, daß sie ihren Ausgangspunkt unbedingt im Zögling hat, das heißt, dass sie sich nicht als Vollzugsbeamten

irgendwelcher objektiver Mächte dem Zögling gegenüber fühlt [...] und daß sie ihre Aufgabe nicht in dem Hinziehen des Zöglings zu solchen bestimmten objektiv vorgegebenen Zielen erblickt, sondern [...] daß sie ihr Ziel zunächst im Subjekt und seiner körperlich-geistigen Entfaltung sieht. Daß dieses Kind hier zu seinem Lebensziel komme, das ist ihre selbständige Aufgabe, die ihr niemand abnehmen kann. Die Folgen dieser eigentümlichen Umdrehung, die den anderen Berufen natürlich sehr fremdartig erscheinen muß, z. B. dem Richter als Vertreter der objektiven Gerechtigkeit, und die damit die Pädagogik oft in Konflikt mit ihnen bringt, sind dann sehr tiefgreifend und gestalten noch jedes einzelne Moment der Erziehung. Von hier aus wurde der Eigenwert jeder Lebensstufe des Kindes erkannt, ja jedes Augenblicks in seinem Leben, der nicht bloß der Zukunft geopfert werden darf, sondern nach seiner selbständigen Erfüllung verlangt. Von hier aus ergab sich auch die Umdrehung, die den anderen Berufen sehr fremdartig erscheinen muß, z. B. dem Richter als Vertreter der objektiven Gerechtigkeit, und die darum die Pädagogik oft in Konflikt mit ihnen bringt, sind dann sehr tiefgreifend und gestalten noch jedes einzelne Moment der Erziehung. [...] Von hier aus ergab sich auch die Umdrehung in der Verwahrloste-Pädagogik, die nun in dem Zögling nicht mehr den Gegner sieht, der niedergeworfen werden muß, damit er sich in die soziale Ordnung einfüge, sondern den in Schwierigkeiten Befangenen dem man zur Hilfe kommt. Wo er pädagogisch denkt, sieht der Richter auf den Täter und nicht bloß auf die Tat, ist Jugendgerichtshilfe nicht Hilfe des Richters, sondern Hilfe des Jugendlichen. Es ist die große Bedeutung der Freud-Schule wie der Adler-Schule, daß sie diese Wendung der Pädagogik mit besonders klarem Bewußtsein gefördert haben." (Nohl 1949: 152)

Die Individualpsychologie fand also ihre Resonanz in der Breite der sozialpädagogischen Praxis der damaligen Zeit, sie trat gleichsam in „eine innige Verbindung mit dem Fürsorgewesen in Deutschland [...]; hingegen hat die Psychoanalyse von Sigmund Freud weder in der Schule und der Erziehungsfürsorge noch im allgemeinen Wohlfahrtswesen große Wirkung gehabt [...]. Und da es sich im Fürsorgewesen meistens um Menschen handelt, die ihre Bindung an die Gemeinschaft verloren haben, war die adlersche Lehre wie geschaffen, die Hilfsmaßnahmen zu bestimmen" (Ottenheimer 1959: 894). Diese „innige Verbindung mit dem Fürsorgewesen" fand ihren fachpublizistischen Ausdruck in den Jahrgängen der „Zeitschrift für Individualpsychologie" und im umfangreichen, von Erwin Wexberg 1926 herausgegebenen „Handbuch der Individualpsychologie". Neben dem Wiener Zentrum war es vor allem die „Münchner individualpsychologische Fürsorgegemeinschaft", die neben anderen großstädtischen Arbeitsgruppen das fachliche Bild der individualpsychologisch fundierten Sozialarbeit prägte. Der Beitrag der Individualpsychologie „zur Lösung der Aufgaben der Jugendfürsorge" wurde dabei ganzheitlich definiert: „Die Individualpsychologie sieht in jedem jungen – und erwachsenen – […] Rechtsbrecher, Asozialen und Verwahrlosten einen Menschen mit gestörtem Gemeinschaftsgefühl, einen Entmutigten" (Freudenberg 1926: 370). Im Mittelpunkt der Diagnostik standen die je biografische Erfahrung der Minderwertigkeit und die paradoxen Formen ihrer Kompensation als Versuche der *Selbstbehauptung*, die hinter den Symptomen der ‚Verwahrlosung' und ‚Auffälligkeit' stehen:

> In der „äußersten Bedrängnis erwächst gerade ein Drang zur Selbstbehauptung um jeden Preis, zur Selbstbehauptung mit allen Mitteln, zur Selbstbehauptung auch auf krummen Wegen, wenn einem der gerade versperrt scheint. Je gedrückter seine Stellung, desto größer wird der Hunger nach Geltung und Anerkennung (Simon/Seelmann zit. n. Credner 1926: 212). „Dem Erstreben nach der vermeintlichen Erhöhung des Selbstwertgefühls dienen alle sog. unbewußten Arrangements […] Dahin gehört auch der sog. ‚dialektische Formenwandel', der die Umkehrung einer Verhaltensweise in ihr Gegenteil bedeutet, wenn dies dem Persönlichkeitsideal dienlich zu sein scheint" (Sumpf 1926: 80). In diesem Zusammenhang konnte die individualpsychologische Sozialpädagogik gerade auch die Geschlechtsspezifik des Bewältigungsverhaltens thematisieren: In „unserer Kultur fallen Männlichkeit und Überlegenheit zum größten Teil zusammen, weshalb sich Männlichkeit dem Persönlichkeitsideal jedes Kindes, der Knaben wie der Mädchen eignet" (Kaus 1926: 165). Dies stellt eine „Generalentmutigung" für die Mädchen dar, eine „Entwicklungshemmung", der gegenüber sich die Mädchen früh auflehnen. Dieser „männliche Protest" (Adler) als „Überlegenheitsstreben im Sinne des Strebens nach fiktiv verstandener Männlichkeit" (Sumpf 1926: 80) kann sich dann, wenn sie das männliche Ideal nicht erreichen, bei den Mädchen als dissoziales Verhalten äußern, mit dem sie auf sich aufmerksam machen wollen.

Der zentral gesetzte Gemeinschaftsbezug (der Mensch als soziales Wesen) verlangte von der Sozialarbeit eine soziologische Analyse der Gemeinschaftspotenziale des Jugendlichen und seiner Umweltbeziehungen. Dreh- und Angelpunkt – auch im Sinne der Prävention – waren die Erziehungsberatungsstellen, von denen aus ein Netzwerk mit Familien, Schulen, offenen Jugendhilfeeinrichtungen und Heimen aufgebaut werden konnte. Die individualpsychologisch orientierten Sozialarbeiterinnen und Sozialarbeiter machten die sozialen Verhältnisse, welche gerade bei sozial benachteiligten Kindern zu einem Minderwertigkeits- und gestörten Gemeinschaftsgefühl führten, aber auch die geschlechtshierarchische Familien- und Sozialordnung als Hintergrund für autoritäres Macht- und Geltungsstreben bzw. autoritäre Unterwerfung aus. In der Gemeinschaftserziehung sahen sie deshalb das geeignete Mittel der Behandlung und Heilung ‚autoritärer Charaktere'. Diese pädagogische Perspektive war auch in den schulpädagogischen Modellen – Schule als Arbeits- und Lebensgemeinschaft (s. u.) – lebendig.

Im Umkreis der Wiener Schulreform versammelte sich über den Kern der individualpsychologischen Pädagogik hinaus eine Pluralität psychoanalytischer, psychologischer, soziologischer und pädagogischer Ansätze, die durch das politische Band der Bildungs- und Sozialreform zusammengehalten wurden und die sich im Ziel des Abbaus sozialer Benachteiligung, lebenslagenorientierter Chancenentwicklung und Gemeinschaftsorientierung trafen. Im Bereich der Heimerziehung war es vor allem August Aichhorn (1925), der – zwar mehr psychoanalytisch orientiert aber doch im Einklang mit individualpsychologischen Prinzipien – die innere Reform des Fürsorgewesens vorantrieb. Er behandelte aggressive Zöglinge verstehend aus der Erkenntnis heraus, dass antisoziale Aggressivität meist durch gestörtes Selbstwertgefühl – sei es durch Liebesentzug oder durch missbrauchte Autorität verursacht – entstanden ist. Das kriminelle Kind ist ein „entmutigtes Kind" (Rühle 1929) – so lautete damals ein individualpsychologischer Leitsatz. Die Trennung von Person und Delikt, die erst den pädagogischen Zugang zu delinquenten Jugendlichen ermöglicht und die heute Grundmaxime jeder sozialpädagogischen Krisenintervention ist, war damit theoretisch und praktisch fundiert. Der Erfolg einer Resozialisierung entschied sich weiter darin, wie und inwieweit den jugendlichen Zöglingen ein positives Gruppen- und Gemeinschaftsgefühl vermittelt werden konnte.

Die konzeptionelle Umsetzung dieses individualpsychologischen Ansatzes in den allgemeinen Bereich der Sozialpädagogik war vor allem das Verdienst von *Sophie Lazarsfeld*. Hier stoßen wir auf eine wirklich „Vergessene". Bekannt geblieben sind ihr Sohn, der Soziologe Paul Lazarsfeld, und ihre Schwiegertochter, die Sozialpsychologin Marie Jahoda. Weder die Sozialpädagogik noch die Frauenforschung haben die Bedeutung der Wiener Psychologin und Sozialpädagogin bisher gewürdigt.

In einem Grundsatzbeitrag zum Verhältnis von Individualpsychologie und Sozialpädagogik (1926) versuchte sie, den wissenschaftlichen Ort einer individualpsychologisch inspirierten Sozialpädagogik im Kontrast zu Paul Natorps Konzeption der Sozialpädagogik zu klären:

> „Wer einmal Natorps Sozialpädagogik gelesen hat, in der die Forderungen der Gemeinschaftserziehung aus den Grundbegriffen des Neukantianismus abgeleitet sind, der kann sich – trotz aller Ehrfurcht vor der Arbeit dieses großen Denkers – der verblüffenden Analogie […] mit der zögernden Attitude der Einzelneurose nicht entziehen; so sehr sind hier die formelle Anerkennung des Ziels und die selbstgewählten Umwege darum zu finden.[…] Demgegenüber kann die Individualpsychologie sich Schritt für Schritt an der Wirklichkeit orientieren, und alles rein begriffliche Denken nur als widerrufbare Leitlinie auffassen, ohne der Bedeutung ihrer Erkenntnisse etwas zu vergeben.[…]Für den Erziehungsprozess, soll er planmäßig vor sich gehen und nicht dem Zufall überlassen sein, muß, unabhängig zu welchem Ziel er vorgenommen wird, die Gemeinschaft im Mittelpunkt stehen. Demnach unterscheiden wir uns prinzipiell von der [natorpschen, LB] Sozialpädagogik dadurch, daß wir zur zentralen Berücksichtigung der Gemeinschaft nicht von einem apriorischen Gesichtspunkt aus kommen […], sondern aus der Analyse des Erziehungsprozesses selber." (Lazarsfeld 1926: 324f.)

Sophie Lazarsfeld kam es darauf an, den ganzen Menschen in seiner (sozial gerichteten) Individualität zu betrachten, um seine Stärken, die biografisch bisher nicht zum Zuge gekommen sind, herauszufinden und an ihnen mit ihm zu arbeiten. Das gehe aber nur, wenn dieser pädagogische Schritt nicht beim Einzelnen stehen bleibe, sondern mit und in der Gemeinschaft gemacht werde:

> „Von allen im Kind vorhandenen Fähigkeiten [sind] jene zu fördern, deren Entfaltung nötig ist für seine [sozial] gesunde Entwicklung, die wieder gleichen Schrittes geht mit seiner Einfügung in die menschliche Gemeinschaft, denn nur in der Erfüllung der für diese Gemeinschaft nötigen Erfordernisse kann der Erfolg eines Lebens verankert sein" (Lazarsfeld 1929:2). Jede noch so verborgene Fähigkeit sei immer Ausdruck des gesamten Wesens des Menschen und aus dieser Erkenntnis müsse sich auch der pädagogische Optimismus speisen, dass über sie der Mensch insgesamt sich wandeln kann; genauso wie die Beurteilung von Verhaltensproblemen nicht an diesen allein stehenbleiben darf, sondern dahinter der ganze Mensch (in seiner Individualität) gesucht werden muss. Allerdings darf man dabei das gerade beim sozial zurückgedrängten Menschen besonders wirkende Geltungs- und Sicherungsstreben nicht übergehen, mit dem er der offenen pädagogischen Ansprache erst einmal mit Abwehr begegnet. Nicht nur deshalb sei die Erziehung über und in der Gemeinschaft so wichtig, denn die gefühlten Minderwertigkeiten resultieren aus Zuschreibungen aus der Gemeinschaft und können nur wieder über neue Gemeinschaften aufgefangen und aufgelöst werden. Entsprechend müsse die milieubildende Gruppe im Mittelpunkt der sozialpädagogischen Arbeit stehen. „Darum ist es über alles hinaus wichtig, die Erziehung des Kindes von seiner Jugend an so zu leiten, dass es von Anbeginn an den Anspruch auf Geltung in jene Kanäle lenkt, die für den einzelnen wie für die menschliche Gemeinschaft gleichermaßen nutzbringend sind." (ebd.: 8)

In dem bereits erwähnten Sammelband „Technik der Erziehung" (1929) lässt sie individualpsychologisch-sozialpädagogische Ansätze zu Kindheit, Jugend und Schule zu Wort kommen. Mit dem Begriff „Technik" meinte sie aber nicht sozialtechnologische Verfahren, sondern die Systematik individualpsychologischer Gesetzmäßigkeiten, die von Sozial- und SchulpädagogInnen gekannt werden müssen, wenn sie Zugang zu den Kindern und Jugendlichen finden wollen. Gleichzeitig müssen die benachteiligenden sozialen Verhältnisse, welche zu einem Minderwertigkeits- und darin gestörten Gemeinschaftsgefühl führen können, wissenschaftlich aufgeklärt werden.

Die Verbindung von sozialpädagogischem Denken und gesellschaftlicher Praxis blieb bei den meisten Individualpsychologinnen und Individualpsychologen der Jugendhilfe und Sozialarbeit auf die Thematisierung der sozialen Umwelt, d. h. der sozialen Herkunft der Kinder und Jugendlichen sowie des sozialen und pädagogischen Milieus, in dem sie aufwachsen, beschränkt. Weit darüber hinaus aber ging eine Gruppierung, die sich in der „Arbeitsgemeinschaft für Marxismus und Individualpsychologie" mit ihren Zentren in Wien, Dresden und Berlin zusammengeschlossen hatte. Sie argumentierten, dass die neurotischen Persönlichkeitsstrukturen in ihrem Minderwertigkeitsgefühl, Geltungsstreben und ihrer Gemeinschaftsfeindlichkeit ihre soziologische Entsprechung in den ‚neurotisierten' Machtstrukturen einer individualistischen Gesellschaft kapitalistischer und patriarchalischer Prägung haben. Die Menschen könnten die ihnen innewohnenden Lebensaufgaben nur sozial produktiv entwickeln, wenn gleichzeitig gesellschaftliche Verhältnisse angestrebt werden, welche Solidarität, Geschlechterdemokratie und gerechte Verteilung der Produktionsmittel zum Ziel haben (vgl. Rühle-Gerstel 1924: 196f.).

Die Individualpsychologie ist in der modernen Sozialpädagogik/Sozialarbeit der zweiten Hälfte des 20. Jahrhunderts bis in die letzten Jahre hinein nicht mehr rezipiert worden. Was durch den Faschismus liquidiert wurde (nur kleine politisch gefügige Gruppen existierten weiter; vgl. Bruder-Bezzel 1999) wurde nach dem Zweiten Weltkrieg in Deutschland und Österreich nicht, oder so nicht mehr aufgenommen. Der Sozialpädagoge Henry Jacoby, Anfang der 1930er Jahre Sekretär der deutschen Vereinigung für Jugendgerichte und Jugendgerichtshilfen in Berlin, bilanzierte später im Rückblick auf diese Reformströmung:

> „Als 1933 die nationalsozialistische Herrschaft begann, war in Mitteleuropa die Individualpsychologie im Begriff, Schule, Jugendfürsorge, Verbrechens- und Verwahrlosungstherapie sowie das pädagogische Denken im Allgemeinen zu beeinflussen. [...] Die These der Individualpsychologie, daß das Unzulängliche das Produktive sei, daß die Schöpfung des Menschen, ja dessen eigene Existenz, sich aus Positionen biologischer Schwäche ergeben, war für die im Rassenwahn Befangenen unerträglich. Adlers Entlarvung des Machtstrebens als fehlgeleiteter Ausgleich eines Minderwertigkeitsgefühls

wandte sich gegen die herrschenden Gestalten. Die pädagogische Zielsetzung der Individualpsychologie, der bewußte Abbruch des Strebens nach Macht, stand in offenem Gegensatz zu jeglichem System der Diktatur. So verschwanden auf dem europäischen Kontinent die Institutionen und Bücher der Individualpsychologie sowie ihre Theoretiker und Praktiker für viele Jahre, und jene Lücke entstand, in der das aktive Vergessen gedeihen konnte." (Jacoby 1974: 11)

Impuls: Sozialpädagogik als Bewältigungswissenschaft

Vergleicht man Konzepte der individualpsychologisch begründeten Sozialarbeit in ihren Grundprinzipien mit dem Bewältigungsansatz (vgl. Böhnisch/Schröer 2013), so zeigt sich die Aktualität des damaligen Konzepts. So wie heute abweichendes Verhalten als abgespaltenes (kompensatorisches) Bewältigungsverhalten gedeutet werden kann, sah auch damals die individualpsychologisch rückgebundene Sozialarbeit in dissozialen Verhaltensformen einen Ausdruck der Kompensation von Minderwertigkeits- und Entmutigungszuständen. Der innovative Charakter der individualpsychologischen Sozialarbeit lag damit erst einmal im kasuistischen Bereich: Die Ablaufmuster antisozialen wie selbstdestruktiven Bewältigungsverhaltens (vgl. Böhnisch 2010) und ihr Verstehen waren damals schon in wesentlichen Grundzügen vorweggenommen. Sie standen immer im Bezug zur Gemeinschaft und damit zu der für die Sozialpädagogik zentralen Dimension der *Sozialintegration,* wie wir sie in ihrer Dialektik bereits bei Mollenhauer thematisiert haben. Das interdisziplinär angelegte individualpsychologische Konzept der Wiener Schulreform sowie Mennickes gesellschaftlich rückgebundenes Paradigma von Freisetzung und Bewältigung kann man also durchaus als wissenschaftshistorische Grundlagen bezeichnen, an die unser *sozialpädagogisches Konzept Lebensbewältigung* – natürlich in Bezug auf das Spannungsfeld der gegenwärtigen Gesellschafts- und Sozialisationsdynamik – anknüpft. Es stellt sich als ein *Drei-Zonen-Modell* dar, das aus einer personal-psychodynamischen Zone des *Bewältigungsverhaltens,* einer relational-intermediären Zone der *Bewältigungskulturen* und einer sozialstrukturell-sozialpolitischen Zone der in *Lebens- und Bewältigungslagen* eingelassenen Ermöglichungen und Verwehrungen besteht. Diese Zonen lassen sich nur analytisch voneinander abgrenzen, in der sozialen Wirklichkeit stehen sie in einem Entsprechungsverhältnis Verhältnis zueinander (vgl. ausf. Böhnisch/Schröer 2013):

Ein Großteil der Fälle, mit denen es die Soziale Arbeit zu tun hat, resultieren aus massiven Selbstwert- und Anerkennungsstörungen und den antisozialen oder selbstdestruktiven Antrieben und Versuchen, wieder ins psychosoziale Gleichgewicht zu kommen. Das reicht heute in die Mitte der Gesellschaft hinein. Um Zugang zu dieser *psychodynamischen Zone* der Selbstwert- und Anerkennungsstörungen zu finden, gehe ich von einem tiefenpsychologischen Argumentationskern aus, wie ihn die individualpsychologisch inspirierte Sozialpädagogik damals schon entwickelt hat. Danach wirkt im Handeln des Menschen eine inneren Kraft zur Selbstbehauptung. Dieser emotionale Grundantrieb trifft auf die Anpassungserwartungen und -zwänge der sozialen Umwelt. Die damit zwangsläufig entstehenden Spannungen, Entwicklungs- und Bewältigungskonflikte entfalten sich schon in der frühen Kindheit und bestimmen die Tiefendynamik des weiteren Lebenslaufs. Ausgangspunkt ist die von den IndividualpschologInnen immer wieder gestellte Frage, wie auf Bedürfnisse von Kindern, Jugendlichen und auch Erwachsenen eingegangen wird. Denn je mehr – so auch später Arno Gruen (1992) – das, was aus dem Selbst kommt, verwehrt oder abgewertet wird, desto eher beginnt man selbst, diese eigenen Bedürfnisse zu unterdrücken und zu fürchten. So kann sich ein entsprechend gestörtes Selbst entwickeln, mit dem wir es gerade in sozialarbeiterischen Fallbezügen immer wieder zu tun haben. Hinter verstetigtem, antisozialem oder autoaggressivem Verhalten können also mit großer Wahrscheinlichkeit Selbstwert-, Anerkennungs- und Selbstwirksamkeitsstörungen vermutet werden und weiter, dass die Betroffenen in ihrer bisherigen Biografie nie die Chance hatten, sie zu thematisieren. Diese tiefendynamischen Zusammenhänge muss man kennen, bevor man über Empowerment und Befähigung spricht.

Über diese Analyse der personalen Tiefenstrukturen hinaus spielte das jeweilige *Milieu* in dem Kinder und Jugendliche aufwachsen – Familie, Schule, Wohnumwelt, Gruppe – in der individualpsychologischen Sozialpädagogik eine zentrale Rolle. Damit sind wir in der *intermediären Zone der Bewältigungskulturen*: Der

Milieubegriff etablierte sich damals auch in der deutschen Pädagogik. Anfang der 1930er Jahre erschien das „Handbuch der Pädagogischen Milieukunde", in dem der Begriff der „Milieuperson" und der „Mitwelt" darauf hinweisen soll, dass es sich auch um ein innerpersonales Konzept der Aneignung, der identitätsstiftenden Wechselwirkung zwischen Individuum und räumlicher und sozialer Umwelt handelt (vgl. Busemann 1932: 8f.). Auch im Bereich der „individualfürsorgerischen" Diagnostik wurde mit dem Milieukonzept – ebenfalls in der Orientierung an der Milieupersönlichkeit – gearbeitet. Dabei ging es nicht nur um Einflussfaktoren wie Familie, „Berufskreis" und Wohnumwelt, sondern genauso um die „Betrachtung der weiteren Voraussetzungen, die zur Bildung der hemmenden Milieuverhältnisse geführt haben" (Wronsky/ Muthesius 1928: 122). Unter „Milieu" verstehen wir auch heute ein sozialwissenschaftliches Konstrukt, in dem die besondere Bedeutung persönlich überschaubarer, sozialräumlicher Gegenseitigkeits- und Bindungsstrukturen – als Rückhalte für soziale Orientierung und soziales Handeln – auf den Begriff gebracht ist. Milieustrukturen sind durch intersubjektive biografische und räumliche Erfahrungen charakterisiert und als solche hoch emotional besetzt. Ihr Vorhandensein, ihre psychosoziale Dichte und Geschlossenheit, aber auch die in ihnen vermittelte Spannung zwischen Individualität und Kollektivität entscheiden über die Art und Weise, wie sich Individuen der Gesellschaft gegenüber (ausgesetzt oder zugehörig) fühlen. Milieubeziehungen steuern also die Lebensbewältigung, strukturieren das Bewältigungsverhalten bei psychosozialen Belastungen und in kritischen Lebensereignissen. Wir können sie deshalb auch als Bewältigungskulturen bezeichnen. In Milieubezügen formieren sich auch Normalität und Ausgrenzung, entwickeln sich Deutungsmuster über das, was als konform und was als abweichend zu gelten hat. Milieus in diesem Sinne sind vor allem für jene soziale Gruppen von Bedeutung, die in ihrer Lebensbewältigung auf den sozialen Nahraum angewiesen sind. Das trifft sicher für einen großen Teil der Klientel der Sozialarbeit zu.

Die Spielräume der Lebensbewältigung sind vor allem durch die ökonomisch-sozialen Lebensverhältnisse der Menschen maßgeblich beeinflusst. Dies verweist auf die *gesellschaftlich-sozialstrukturellen Zone der Lebens- und Bewältigungslagen*. Es geht hier um die sozialen Ressourcen der Lebensbewältigung. Mit dem Lebenslagenkonzept kann der Zusammenhang zwischen gesellschaftlicher Entwicklung und der jeweiligen Ausformung von sozialen Spielräumen, in denen das Leben je biografisch unterschiedlich bewältigt wird, aufgeschlossen werden. Hier können wir auf die Konzepte von Heimann und Mennicke zurückgreifen. Gerade weil heute der Begriff der Lebenslage meist nur deskriptiv verwendet wird (Set von Ressourcen wie Einkommen, Bildung, Rechte etc.) ist diese wissenschaftshistorische Rückerinnerung wichtig: Die Modernisierung und Weiterentwicklung der Ökonomie erfordert auch die Modernisierung der Lebensverhältnisse der Arbeitenden (vgl. Heimann). Gleichzeitig werden in dieser sozioökonomischen Weiterentwicklung Suchbewegungen und Bewältigungsaufforderungen freigesetzt (vgl. Mennicke), denen sie nicht nur ausgesetzt sind, sondern in denen sich auch Interessen der Subjekte an der individuellen und sozialen Gestaltung ihrer Lebensperspektive über den ökonomischen Reproduktionszweck hinaus entwickeln.

Wenn wir so nach den Ermöglichungen wie Zwängen fragen, die in den sozialstrukturellen Bedingungen ihrer Lebenslage liegen , wissen wir gleichzeitig, dass die Soziale Arbeit nur bedingt sozialstrukturell intervenieren kann, sondern personenbezogen agiert. Deshalb ist es in einem weiteren Schritt notwendig, den entsprechenden sozialpädagogischen Zugang zur Lebenslage zu operationalisieren. Das heißt nun nicht, dass die Soziale Arbeit das sozialstrukturelle Wissen nicht bräuchte. Im Gegenteil: es ist als Hintergrund- und Bezugswissen unabdingbar, steckt es doch die Reichweite und die Grenzen der sozialpädagogischen Intervention genauso ab wie es diese sozialpolitisch rückkoppeln kann. Die Soziale Arbeit gilt zwar heute als verlängerter Arm der Sozialpolitik, indem sie die biografischen Ausformungen sozialer Risiken zum Gegenstand der Intervention hat. Sie kann aber zentrale Spielräume der Lebenslage – Einkommen, Arbeit und Beruf, Rechte – nicht oder kaum verändern. Dafür aber die sozialen und kulturellen Spielräume, soweit sie pädagogisch interaktiv beeinflussbar sind. Wenn wir diese nun unter der sozialkulturellen Ermöglichungs- und Verwehrungsperspektive aufzuschließen versuchen und dabei auf das Bewältigungsmodell rückkoppeln, können wir – bezogen auf das Streben nach biografischer Handlungsfähigkeit vor dem sozialstrukturellen Hintergrund der Lebenslage – eine sozialpädagogisch zugängliche, handlungsbezogene *Bewältigungslage* darstellen. Um diese operationalisieren zu können ist es sinnvoll, erst einmal nach Mitteln zu fragen, die der Sozialen Arbeit für einen Lebenslagenzugang zur Verfügung stehen. Dies sind *Sprache, Beziehungen, Zeit* und *Raum*. Danach lässt sich das Konstrukt der Bewältigungslage vierfach dimensionieren: In der Dimension des *Ausdrucks (als der Chance,* seine Betroffenheit mitteilen zu können und nicht abspalten zu müssen); in der Dimension der *Anerkennung* (als der Chance wie der Verwehrung, sozial eingebunden zu sein); in der Dimension der *Abhängigkeit* (als der Chance wie der Verwehrung, selbstbestimmt handeln zu können) und schließlich in der Dimension der *Aneignung* (als der Chance wie der Verwehrung, sich in seine sozialräumliche Umwelt personal wie sozial erweiternd einbringen zu können). Diese Dimensionen korrespondieren mit den Dimensionen der psychodynamischen und intermediären Zone.

An diesen Dimensionen entlang lassen sich auch methodisch umsetzbare *Handlungsaufforderungen* an die Soziale Arbeit ableiten. Hier hat die individualpsychologisch inspirierte Sozialpädagogik einiges vorgelegt, das man sich heute ruhig noch einmal vor Augen halten sollte. Vor allem die radikale Einnahme der Perspektive der Kinder und Jugendlichen ragt hier heraus, wenn man bedenkt, dass erst seit einiger Zeit in der professionellen Sozialarbeit wieder über Parteilichkeit (vgl. Kap. 16) und Adressatenorientierung diskutiert wird. Ebenso ist die Suche nach den Stärken, die trotz allem in den KlientInnen stecken, längst zum Grundprinzip der modernen Sozialarbeit geworden, auch die individualpsychologische Perspektive der *Ermutigung* gehört zentral zu dem, was wir heute Empowerment nennen. Während aber der Empowerment-Diskurs oft sehr eng auf die einzelnen KlientInnen abzielt, betont der individualpsychologische Ansatz die *Wechselwirkung von Ermutigung und Entwicklung des Gemeinschaftsgefühls*. Sich sozial nützlich fühlen können stärkt danach den Mut zum selbstständigen erweiternden Handeln (vgl. Rüedi 1992). Selbstwirksamkeit und soziale Anerkennung – so würden wir heute bewältigungstheoretisch sagen – gehen im Gemeinschaftsbezug ineinander über. Das fordert dazu auf, die Gruppen- und Gemeinschaftspädagogik in Sozial- und Schulpädagogik in ihrer *sozialen*

Qualität (und nicht nur in verwertungsorientierter leistungssteigernder Absicht) neu zu beleben (vgl. Kap. 5)

Dies verweist auf die Möglichkeiten einer Pädagogik der *Milieubildung* und der *funktionalen Äquivalente*, wie wir sie in unserem Entwurf einer bewältigungstheoretisch fundierten Sozialarbeit niedergelegt haben (vgl. wiederum Böhnisch/Schröer 2013). Hier geht es vor allem um den Aufbau von Projektmilieus, in denen die KlientInnen – Kinder, Jugendliche, Erwachsene – Rollen übernehmen und Beziehungen aufbauen, in denen sie nach einiger Zeit spüren und – nachhaltig – erfahren können, dass sie nicht mehr auf antisoziales oder selbstdestruktives Verhalten angewiesen sind, um Anerkennung und Selbstwert zu erlangen.

In diesem Zusammenhang ist auch bis heute bemerkenswert, wie die IndividualpsychologInnen Gemeinschafts- und Geschlechterpädagogik miteinander verbanden. „Je mehr Gemeinschaftsgefühl ein Mensch besitzt, desto besser wird er auch mit einem Partner zusammenleben können. Umgekehrt vermindert ein Mangel an Gemeinschaftsgefühl die Chancen einer glücklichen Liebesbeziehung […] Aus diesen Zusammenhängen zieht die Individualpsychologie den Schluss, dass jede Verbesserung der Beziehungsfähigkeit gegenüber dem anderen Geschlecht eine Stärkung des Gemeinschaftsgefühls beinhaltet" (Rüedi 1992: 290f.). Dabei kommt es schon von früher Kindheit darauf an, dass die Gleichheit der Geschlechter von den Eltern und anderen Bezugspersonen vorgelebt wird, Kinder also in einem Milieu des gegenseitigen Respekts zwischen den Geschlechtern aufwachsen können. Da dies bei den KlientInnen der Jugendhilfe aber oft nicht der Fall ist, kommt es vor allem in Projekten der Jugendhilfe und der Offenen Kinder- und Jugendarbeit darauf an, diese offenbare Wechselwirkung von Geschlechterrespekt und Gemeinschaftsgefühl pädagogisch zu gestalten.

Wenn ich nach dieser Zusammenschau im Rückbezug auf die individualpsychologisch inspirierte Sozialpädagogik der Wiener Schulreform und die sozialpolitisch rückgebundene Sozialarbeit im Sinne Mennickes die Sozialpädagogik/Sozialarbeit disziplinär als *Bewältigungswissenschaft* verstehe, dann sehe ich den Unterschied zu der gängigen disziplinären Formel der Sozialpädagogik als Handlungswissenschaft vor allem darin, dass im Bewältigungskonzept das sozialpädagogische Handeln aus dem personalen wie sozialen Bewältigungskosmos der Betroffenen heraus aufgefordert und immer wieder auf diesen rückbezogen wird. Die Gefahr, dass sich das sozialpädagogische Handeln in professioneller Selbstreferenzialität verselbstständigt ist damit zwar nicht gebannt, aber immer einem kritischen Rückbezug unterworfen und braucht eben nicht den heute bemühten Appendix der Adressatenorientierung. Schon bei Alice Salomon, die man durchaus als Begründerin der handlungswissenschaftlich zentrierten Sozialarbeit in Deutschland bezeichnen kann (vgl. Kuhlmann 2000), ist das Problem zu erkennen, dass Bewertungen der subjektiven Betroffenheiten von außen gesetzt werden oder dass vorausgesetzt wird, das Subjekt verfüge über sich selbst und man könne seine „Ressourcen" abrufen. Der weiblich-sorgende Handlungstypus suchte sich gewissermaßen sein außerfamiliales Handlungsfeld. Herman Nohl wiederum, der im individualpsychologischen Ansatz gar eine „Umkehrung" der normativ-handlungsorientierten Pädagogik sah, nahm ihre Implikationen zwar programmatisch auf (nicht die Probleme, die die Jugendlichen machen, sondern die die sie haben), kam aber nicht über die Programmatik hinaus. Der weiße Fleck des handlungswissenschaftlichen Paradigmas ist eben die Tücke des Subjekts und die zeigt sich doch in den Falldynamiken besonders. Außerdem aber damit verbunden liegt die Stärke des bewältigungstheoretischen Konzepts darin, dass es die verschiedenen – psychischen, sozialen und gesellschaftlichen – Dimensionen des sozialpädagogischen Problems miteinander vermitteln kann. Das heißt nun nicht, dass ich damit das handlungswissenschaftliche Paradigma durch den Bewältigungsansatz ersetzt sehen will. Nein, es sollte vielmehr versucht werden, beides – bewältigungsgenerierte Handlungsaufforderungen und professionsgenerierte Handlungsformen – in eine kritische Spannung zueinander zu setzen.

Im bewältigungswissenschaftlichen Verständnis der Sozialarbeit kommen wir auch meines Erachtens eher der Forderung Klaus Mollenhauers nach einer signifikanten wissenschaftlichen Verortung der Disziplin entgegen: „Die Sozialpädagogik braucht wie jede andere Wissenschaft auch einen Gesichtspunkt, mit dessen Hilfe sie ihr Gegenstandsfeld konstruiert, jedenfalls sofern sie nicht nur ein Sammelbecken für Verschiedenes sein will. Dieser Gesichtspunkt muss nicht den Namen ‚Erziehung' tragen; aber er sollte und muss aus dem problematisch gewordenen Umgang mit der heranwachsenden Generation innerhalb unserer Gesellschaft und Kultur gewonnen werden, denn keine andere Wissenschaft rückt dieses Thema in den Mittelpunkt ihrer Aufmerksamkeit" (Mollenhauer zit. nach Thole/Galuske/Gängler 1998: 320). Darüber hinaus hat das Bewältigungskonzept den Vorteil, dass es nicht nur die junge Generation in ihrer entwicklungstypischen wie gesellschaftlich bedingten Bewältigungsproblematik thematisieren kann, sondern die Bewältigungsprobleme im gesamten Lebenslauf aufgeschlossen werden können.

8 Kindheit zwischen Ausgesetzt-Sein und Selbstbehauptung (Adler, Rühle-Gerstel, Rühle, Hetzer)

„Bedenkt man, daß eigentlich jedes Kind […]ohne ein erhebliches Maß von Gemeinschaftsgefühl der ihm nahestehenden Menschen gar nicht bestehen könnte, faßt man die Kleinheit und Unbeholfenheit des Kindes ins Auge, die lange anhält und ihm den Eindruck vermittelt, dem Leben nur schwer gewachsen zu sein, dann muß man annehmen, daß am Beginn jedes seelischen Lebens ein mehr oder weniger tiefes Minderwertigkeitsgefühl steht. Dies ist die treibende Kraft von der alle Bestrebungen des Kindes ausgehen und sich entwickeln. […] In dieser eigenartigen Stellungnahme des Kindes […] liegt die Basis für seine Erziehbarkeit. Diese wird, so allgemein auch das Minderwertigkeitsgefühl bei jedem Kind ist, besonders durch zwei Momente erschüttert. Das eine ist ein verstärktes, intensives und länger anhaltendes Minderwertigkeitsgefühl, das andere ein Ziel, das nicht mehr bloß Beruhigung, Sicherheit, Gleichwertigkeit gewährleisten soll, sondern ein Streben nach Macht entwickelt, das bestimmt ist, zur Überlegenheit über die Umwelt zu führen […]. Dieser Gefahr ist eigentlich jedes Kind ausgesetzt, weil sich alle Kinder in derartigen Situationen befinden. Jedes Kind ist dadurch, daß es in die Umgebung von Erwachsenen gesetzt ist, verleitet, sich als klein und schwach zu betrachten, sich als unzulänglich, minderwertig einzuschätzen. In dieser Stimmung ist es nicht imstande, sich zuzutrauen, den Aufgaben, die ihm gestellt werden, so glatt und fehlerlos zu genügen, wie man es ihm zumutet. Schon an dieser Stelle setzen meist Erziehungsfehler ein. Dadurch, daß man vom Kind zu viel verlangt, rückt man ihm das Gefühl seiner Nichtigkeit schärfer vor die Seele. Andere Kinder werden sogar ständig auf ihre geringe Bedeutung, auf ihre Kleinheit und Minderwertigkeit aufmerksam gemacht. Wieder andere Kinder werden als Spielbälle benutzt, als Lustbarkeit, oder sie werden als ein Gut angesehen, das man ganz besonders behüten muß, oder man betrachtet sie als lästigen Ballast. Oft auch finden sich all diese Bestrebungen vereint, das Kind wird bald von der einen, bald von der anderen Seite darauf aufmerksam gemacht, daß es entweder zum Vergnügen oder zum Mißvergnügen der Erwachsenen da sei. Das tiefe Minderwertigkeitsgefühl das auf diese Weise in den Kindern gezüchtet wird, kann durch gewisse Eigenarten unseres Lebens noch eine weitere Steigerung erfahren. Hierher gehört die Gewohnheit, Kinder nicht ernst zu nehmen, dem Kind zu bedeuten, daß es eigentlich ein Niemand sei, daß es keine Rechte habe, daß es vor Erwachsenen immer zurückstehen müsse, daß es still sein müsse und dergleichen mehr. [...] Der Wirkungsgrad des Unsicherheits- und Minderwertigkeitsgefühls hängt hauptsächlich von der Auffassung des Kindes ab. Gewiß ist der objektive Grad der Minderwertigkeit bedeutsam und wird sich dem Kinde fühlbar machen. Man darf aber nicht erwarten, daß das Kind in dieser Hinsicht auch richtige Abschätzungen vornimmt, sowenig, wie dies bei Erwachsenen der Fall ist. Aus diesem Grund wachsen nun die Schwierigkeiten unserer Erkenntnis ganz gewaltig. Das eine Kind wächst in so komplizierten Verhältnissen auf, daß ein Irrtum über den Grad seiner Minderwertigkeit und Unsicherheit fast selbstverständlich ist. Ein anderes Kind wird seine Situation besser abschätzen können. Im Großen und Ganzen aber ist immer das Gefühl des Kindes in Betracht zu ziehen, welches schwankt, bis es schließlich in irgendeiner Art eine Konsolidierung erfährt und sich als Selbsteinschätzung äußert. Je nachdem, wie diese ausfällt, wird der Ausgleich, die Kompensation beschaffen sein, die das Kind für sein Minderwertigkeitsgefühl sucht, dementsprechend also wird auch die Zielsetzung vor sich gehen. [...] Ist nun das Minderwertigkeitsgefühl besonders drückend, dann besteht die Gefahr, daß das Kind in seiner Angst, für sein zukünftiges Leben zu kurz zu kommen, sich mit dem bloßen Ausgleich nicht zufrieden gibt und zu weit greift (Überkompensation). Das Streben nach Macht und Überlegenheit wird überspitzt und ins Krankhafte gesteigert. Solchen Kindern werden die gewöhnlichen Beziehungen ihres Lebens nicht genügen. Sie werden ihrem hochgesteckten Ziel entsprechend, zu großen, auffallenden Bewegungen ausholen. Mit einer besonderen Hast, mit starken Impulsen, die weit über das gewöhnliche Maß hinausgehen, ohne Rücksicht auf ihre Umgebung, suchen sie ihre eigene Position sicherzustellen. Auf diese Weise werden sie auffallend, greifen störend in das Leben anderer ein und nötigen sie naturgemäß, sich zur Wehr zu setzen. Sie sind gegen alle und alle gegen sie. Es muß nicht alles gleich im bösesten Sinn ablaufen. Ein solches Kind kann sich lange Zeit in Bahnen bewegen, die äußerlich normal erscheinen mögen, es kann den Charakterzug, der ihm auf diesem Wege zuerst zuwächst, den Ehrgeiz, auf eine Weise bestätigen, daß es nicht in einen offenen Konflikt mit anderen gerät." (Adler 1929: 52 ff.)

Alfred Adler, den wir bereits als Begründer der Individualpsychologie kennengelernt haben, eröffnet uns hier einen Zugang zu Kindheit, der uns heute, wo wir doch das Kind früh als *Akteur erkennen* wollen, eher zurückweichen lässt. Sicher, auch bei ihm tritt der aktive Aspekt deutlich hervor. Aber nicht im Sinne des „kompetenten Akteurs", den die heutige Kindheitsforschung sieht, sondern vor allem auch als unbewusst angetriebenen Akteur der *Selbstbehauptung*, der sich in der Familie durchsetzen muss. Und er versucht, diese zentrale Lebensäußerung des Kindes in eine Spannung zur Erziehung setzen („Erziehbarkeit"). In dieser Spannung von Ausgesetzt-Sein und Selbstbehauptung scheint die *Bewältigungslage Kindheit* auf, die eben erst einmal maßgeblich von der Familie bestimmt ist. Dabei erkannte man damals schon, dass es – bis heute – die *überforderte* Familie ist, die Kinder in kritische Formen der Selbstbehauptung treibt:

> „Man sagt immer wieder, daß die Familie die beste Erziehungsstätte für das Kleinkind sei: Dort ist es ja den ganzen Tag mit seinen natürlichen Erziehern, den Eltern, zusammen. Die Mutter, wohlvertraut mit den Eigenheiten des Kindes, umsorgt es aufs Beste. Dieses wieder hat Gelegenheit, an den vielen Arbeiten im Haushalt, seinen kleinen Kräften entsprechend, Anteil zu nehmen. […] Mit seinen vielen größeren und kleineren Geschwistern entwickelt sich ein frohes Gemeinschaftsleben und ein lustiges, von den Eltern gern gesehenes Spielen. Die gemeinsamen Mahlzeiten sind die Pflegestätten einer guten Gesittung. […] So wird auch heute noch manchmal das Familienleben geschildert oder es werden solche Forderungen aufgestellt. Wie anders aber ist die Wirklichkeit! Wie hat sich das Familienleben im Laufe der letzten Jahrzehnte verändert und wie wenig können solche Forderungen nach einer harmonischen Erziehung des Kleinkindes in der Familie befriedigt werden.
> Am deutlichsten kommt dies in wirtschaftlich schlecht gestellten Familien zum Ausdruck. Am Morgen, wenn das Kind erwacht, ist der Vater gewöhnlich schon außer Haus und am Abend, wenn es schon wieder zu Bett gebracht worden ist, ist er noch immer nicht da. Auch die

Mutter muß häufig an die Arbeit und dann werden die Kinder bei irgendeiner Nachbarin untergebracht oder einer alten Großmutter anvertraut. Wenn die Mutter zu Hause bleibt, so gibt es Heimarbeit oder so viele häusliche Verrichtungen, daß sie dem Kleinkind und seinen Forderungen nicht gerecht werden kann. Kaum daß es möglich ist, die körperliche Pflege durchzuführen. Alles geht mit einer gewissen ungeduldigen Hast vor sich, die auf das Kind sehr ungünstig einwirkt. Die größeren Geschwister sind in der Schule oder vergnügen sich allein. Die Aufsicht, die ihnen oft über das Kleinkind anvertraut wird, empfinden sie häufig als eine lästige Pflicht, und so ist das Kleinkind meist recht einsam. [...] Der enge Wohnraum, die Gereiztheit des überarbeiteten Vaters, die Müdigkeit der Mutter, die wirtschaftliche Not – all das sind mächtige Faktoren, die kleine Konflikte, die ja im Leben der Kinder häufig vorkommen, zu einer sehr stürmischen Lösung bringen." (Tesarek 1929: 56 f.)

Das Ausgesetzt-Sein des Kindes gegenüber der Art und Weise, wie es erzogen wird, wurde aber nicht nur an den sozial benachteiligten Familien thematisiert, sondern auch am Erziehungsstil der Mittelschicht. Dabei ist an der Kritik von Alice Rühle-Gerstel nicht nur interessant, dass es damals schon eine Auseinandersetzung um die antiautoritäre Erziehung gab, sondern dass sie zeigt, wie man mit dem individualpsychologischen Konzept in sich scheinbar paradoxe Abhängigkeitsverhältnisse von Kindern aufklären kann. Ohne einen solchen tiefenpsychischen Zugang, wie ihn Adler im Grundmodell entwickelt hat (s.o.), ist die Stellung des Kindes als Subjekt und Objekt der familialen Welt zugleich nicht zu begreifen.

„Der Kampf gegen die autoritäre Erziehung, wie er sich besonders nach dem Kriege auf breiter Ebene schon entwickelt hat, betrifft [...] meist diese ihre augenscheinlichste Form: die autoritäre Strenge. Wer spricht wohl je von autoritärer Zärtlichkeit, gar von autoritärer Vernachlässigung und Gleichgültigkeit? Und doch sind Zärtlichkeit und Vernachlässigung ebenso Formen der Autorität, wenn auch verhüllte, man könnte sagen: weibliche Formen (sie können auch von Männern bevorzugt werden).
Man kann Kinder mit solcher Tyrannei verzärteln, daß die härtesten Prügel dagegen liberal sind. Ja, der Druck, der von der Autorität der Liebe ausgeht, ist oft noch drückender, als der der strengen Autorität.

> Denn dieser kann man sich guten Gewissens widersetzen: Macht gegen Macht, ein offener, anständiger Kampf. Aber der Liebe gegenüber, oder dem, was sich weinerlich, wehleidig und überzärtlich als Liebe hinstellt, ist die Sache verwickelter; das Kind meint sich da zu großer Rücksichtnahme, ja zu Gegenliebe verpflichtet. Die elterliche Liebe aber kommt genauso „von oben" wie die elterliche Strenge. Sie wirkt als Druck, nur daß sie den Mut zum Gegendruck erstickt, denn außer den bekannten Unsicherheits- und Schwächegefühlen erzeugt sie noch ein Plus an moralischen Minderwertigkeitsgefühlen: Gewissensbisse. Das verwöhnte Kind wird in seinem Geltungsstreben fortan nach zwei Richtungen gerissen; einerseits hat es sich so sehr als Mittelpunkt fühlen gelernt, daß es nicht leicht mehr in einer Nebenrolle des Lebens zufriedengestellt werden kann. Andererseits aber ist es von dauernden Skrupeln begleitet, da es ja fühlt (und wohl von den enttäuschten Eltern auch vorgerechnet bekommt), wie weit geringer seine Liebesfähigkeit und Opferbereitschaft ist, als die, die ihm von Seiten der Eltern dargebracht, vielleicht vordemonstriert werden." (Rühle-Gerste 1929: 295f.)

Auch der Pädagoge und Publizist Otto Rühle (1925) sah die proletarischen Kinder zu Beginn des 20. Jahrhunderts einem besonderen Bewältigungsdruck ausgesetzt. Zum einen waren für ihn nicht nur die bürgerlichen Familien in der Krise, sondern gerade auch die proletarischen, indem mit zunehmender Intensivierung und Differenzierung der Arbeitsteilung auch die proletarischen Familienmilieus gegenseitiger Hilfe in Auflösung begriffen waren. Zum anderen, weil durch die existentiell notwendige Einbindung beider Elternteile in die Lohnarbeit die Kinder früh auf sich gestellt waren und hauptsächlich ‚über die Straße erzogen' wurden.

Rühle setzte den Idealtypus des proletarischen Kindes von dem des bürgerlichen ab, mit dem sich vor allem die bürgerliche (Reform-)Pädagogik beschäftigte. Im Kontrast zur Kindheit im materiellen und kulturellen Schonraum der bürgerlichen Familie, in dem sich Schutzrechte für das Kind entwickeln konnten (Schutz vor Arbeit und Ausbeutung), war das proletarische Kind sozial weitgehend schutzlos und der Ausbeutung ausgesetzt. Kinder aus diesen Milieus standen daher früh unter dem Druck des Ausgesetztseins und mussten sich selbst zu behaupten versuchen. Selbstbehauptung, ihre Anerkennung und darauf bezogene Willensbildung sind deshalb auch die Schlüsselkategorien seiner Kinderpädagogik. In Anschluss an Alfred Adlers Individualpsychologie, in der ja die Selbstbehauptung des Kindes gegenüber der durch die Eltern vermittelte Erwachsenenwelt Ausgangspunkt der Betrachtung der Kindheitsentwicklung ist, entfaltet er – implizit – das Modell der doppelten Minderwertigkeit und des entsprechend doppelten Zwangs zur Selbstbehauptung des proletarischen Kindes. Es habe sich nicht nur gegenüber der familialen Übermacht der Eltern zu behaupten, sondern auch gegen das Stigma der gesellschaftlichen Minderwertigkeit zu wehren, dem Proletarier ausgesetzt sind, und mit dem die Kinder gerade auch in den bürgerlichen Erziehungsinstitutionen konfrontiert würden.

So bleibe ihnen nur die Straße, die sie sich selbst aneignen und sich gegenseitig erziehen konnten, wo sie aber weder in neue Stigmata hineinliefen und Risiken ausgesetzt seien. Selbstbehauptung wird hier erst recht zum Kinderalltag, die Kinderwelt in der industriekapitalistischen Moderne ist für viele Kinder kein Schon-, sondern ein riskanter Bewältigungsraum.

Was Rühle über die – so würden wir heute sagen – ‚Straßenkinder' schrieb, ist auch jetzt noch von großem diagnostischem und pädagogischem Wert. Er zeigte auf, dass die Kinder und Jugendlichen nicht aufgrund fehlender Moral auf die Straße gingen, wie dies die damalige bürgerliche Gefährdetenpädagogik immer wieder unterstellte, sondern dass sie ihre gesellschaftliche Lage auf die Straße trieb und dass ihre Gefährdung nicht von ihnen, sondern von jener gesellschaftlichen Erwachsenenwelt ausging, die ihnen einen kindgerechten Entwicklungsraum verwehrte. Die Kinder liefen gleichsam ins Messer einer Ausbeutungsgesellschaft, die ihre Pathologien an ihnen ausließ. Das brisante Gemisch aus Schutzlosigkeit, kindlich-jugendlicher Unbefangenheit, Ausnutzung und schließlich sozial-aggressiv zugespitzter Selbstbehauptung ließ manche der proletarischen Kinder zu sozialen Außenseitern werden.

Rühle hat über die Befunde zum proletarischen Kind hinaus seine Erkenntnisse pädagogisch verallgemeinert. Sie sind uns heute, angesichts des neuen ökonomischen Drucks auf die Familien und steigender Individualisierung der Kindheit, entsprechend aufschlussreich. In seinen späteren Ausführungen zum ‚Kriminellen Kind' (1929) („das kriminelle Kind ist das vernachlässigte

Kind") analysiert er die für das Kind unübersichtlichen und deshalb bedrohlichen Familienkonstellationen, denen es ausgesetzt ist, und interpretiert – schon ganz im Sinne der modernen Kriminologie – Abweichendes Verhalten von Kindern als kompensatorische Form der Selbstbehauptung, mithin als Bewältigungsverhalten (vgl. Böhnisch 2010).

Entsprechend interessant ist für uns sein bewältigungsorientierter pädagogischer Ansatz, in dem er die kindliche Selbstbehauptung in den Mittelpunkt stellt und in ein sozial verträgliches und sozial produktives Magnetfeld bringen will. Gerade das pädagogische Spiel solle der individuellen Stärkung und sozialen Gegenseitigkeit (Respekt vor der persönlichen Integrität der anderen) und nicht nur der Anpassung an vorgegebene Rollen und dem ziellosen Ausleben kindlicher Unbefangenheit dienen. Ältere Kinder sollten früh eine Sexualaufklärung erfahren, die nicht gefährdungspädagogisch, sondern auf Selbstschutz und Respekt vor der körperlichen Unverletzbarkeit des Mitmenschen ausgerichtet sein sollte (vgl. auch Impulskapitel 14). In einer emotional entleerten digitalisierten Arbeitsgesellschaft wie der heutigen, mit ihren Teufelskreisen von emotionaler Bedürftigkeit und sexueller Gewalt, ist der bewältigungspädagogische Ansatz Otto Rühles neu zu entdecken.

Auch Hildegard Hetzer, deren zahlreiche empirische und pädagogisch-praktische Arbeiten sich in den Feldern der Entwicklungspsychologie und pädagogischen Jugendkunde bewegten, stellte das Wissen um die sozialstrukturell bedingten – entwicklungstypisch vermittelten – leibseelischen Prozesse der Selbstbehauptung und Bewältigung vor die normative Frage pädagogisch abgeleiteter Erziehungsziele und Erziehungsverfahren. In ihrer empirischen Studie *Kindheit und Armut* (1929), in der sie Kinder und Jugendliche aus dem proletarischen Armutsmilieu und aus bürgerlichen Familien im Hinblick auf die alltägliche Lebensführung, das Sozial- und Erziehungsverhalten und die Entwicklung von Lebenssinn miteinander verglich, arbeitete sie die Grundzüge jenes Bewältigungsmodells heraus, wie wir es hier verhandeln: Das Streben nach subjektiver Handlungsfähigkeit (auch um den Preis der Abweichung von der sozialen Normalität) strukturiert die individuelle Befindlichkeit und soziale Orientierung der Kinder und Jugendlichen. Entsprechend spürt man durch das ganze Buch hindurch die implizite pädagogische Botschaft: Objektiv negativ eingeschätzte Lebenslage Armut und subjektive Armutsbewältigung dürfen nicht gleich gesetzt werden. Verallgemeinert: In pädagogischen und sozialen Beziehungen sei deshalb immer auch das Bewältigungserlebnis aufzuschließen. Erst so werde es möglich, die Haltung der Kinder und Jugendlichen gegenüber den Erziehern, die Einstellung gegenüber Erziehungs- und Hilfsangeboten und die Motivation, sich am Erziehungs- und Hilfeprozess zu beteiligen, einzuschätzen und darin eine erzieherische Balance zu finden:

> „Das Erlebnis der Armut ist [...] kein spezifisches. Jeder Mangel, der einen Menschen trifft, den der Betroffene auszugleichen sich bemüht, wird prinzipiell auf dieselbe Weise erlebt, wie der Mangel, der dadurch entsteht, dass die unumgänglich gewordenen Lebensbedürfnisse infolge materieller Notlage unbefriedigt bleiben [...] Der Umstand, dass das Armutserlebnis kein spezifisches ist, zeitigt in vielen Fällen praktisch recht unerquickliche Folgen. Der Arme beurteilt beispielsweise die ihm gebotene Hilfe, die objektiv betrachtet völlig ausreichend zu sein scheint, als eine ganz und gar unzureichende." (Hetzer 1929: 157)

Hetzer zeigt auf, dass das Armutserlebnis sich nicht auf das Erleiden der materiellen Not beschränkt, sondern dass sich im *Bewältigungserlebnis* dieser Notlage ganz unterschiedliche leibseelische und soziale Mängelgefühle – als gefühlte Selbstwerteinbußen und erfahrender Mangel an sozialer Anerkennung – entfalten. Auf diese Bewältigungsdimension gilt es pädagogisch genauso einzugehen wie auf die unmittelbaren Bezüge, um die materiellen Notlagen zu beheben. Es muss dort geholfen werden, „wo Mangel anderer Art erlebt wird", so Hetzer, dies kann „den Erfolg der gebotenen Hilfe um ein Vielfaches erhöhen" (ebd.).

Beispielhaft zeigt Hetzer auf, dass arme Kinder vergleichbare Konsum- und Erlebnisbedürfnisse entwickeln, wie die Kinder aus bürgerlichen Familien. Sie wehrte sich damit vehement gegen die damals immer noch in Erziehung und Fürsorge verbreitete Ansicht, dass mit der eingeschränkten materiellen Lage der Armen zwangsläufig verengte und beschränkte Bedürfnisse einhergehen müssen. Obwohl sie keine gesellschaftliche Kontextanalyse liefert, findet man in *Kindheit und Armut* eine Reihe von Indikatoren dafür, dass sie die Bedürfnisse und Lebenseinstellungen der Kinder als gesellschaftlich freigesetzte erkannt hat. Diese konsumgesellschaftliche Freisetzung in den 1920er Jahren, hatte die Kinder aller sozialer Schichten vor allem in den Großstädten erfasst. Deshalb waren die konsumtiven Wünsche ebenfalls bei armen Kindern ausgeprägt, auch wenn sie nicht erreicht werden konnten. Das vom Kindes- zum Jugendalter hin zunehmende Bewusstsein von diesem anomischen Zustand steigert, so Hetzer, vielmehr noch das Gefühl der „Unterbefriedigung", denn die Kinder und Jugendlichen setzen sich auch bewusst mit ihrer Armutslage auseinander.

> „Wir wollen hier nicht noch einmal alle Einzelheiten anführen, in denen [das arme Kind, L.B.] im Nachteil mit den Schwierigkeiten des praktischen Lebens fertig wird. (Es) übt sich von klein auf im Überwinden derartiger Schwierigkeiten [...] Alles muss das Kind zu einem Zeitpunkt tun, zu dem es die Lage, in der es sich befindet, nach allem vorher Gesagten noch gar nicht richtig zu überblicken vermag. Es versteht oft durchaus nicht, warum überhaupt und gerade auf diese Weise eingegriffen werden muss. Es lernt ganz ohne jegliches Verständnis für die Zusammenhänge in einer bestimmten Situation handeln und wiederholt geradezu mechanisch einmal eingeübte Verhaltensweisen so, wie sie ihm auszuüben vorgeschrieben wurden, wenn bestimmte Bedingungen sich einstellen. [...] Diese Gedankenlosigkeit dem eigenen Tun gegenüber, deren Wurzeln wir schon allenthalben aufdeckten, wird bestimmend für seine ganze Einstellung zu den Aufgaben, die das Leben ihm stellt. Allerdings konnten wir auch nachweisen, dass das Kind sich auch gedanklich mit seinem Armutszustand auseinandersetzt, nach dessen Ursachen fragt, Möglichkeiten der Abhilfe ausfindig zu machen sich bemüht." (Hetzer 1929: 167f.)

Impuls: Plädoyer für eine sozialpädagogisches Kindheitskonzept: Kindheit als Bewältigungslage in der Spannung von Ausgesetzt-Sein und Selbstbehauptung

Der gegenwärtige sozialwissenschaftliche Kindheitsdiskurs bewegt sich – so habe ich den Eindruck – in einem kontroversen Diskursfeld: Das Kind als „kompetenter Akteur" auf der einen und das

Kind als ein zu erziehendes auf der anderen Seite. Die Sozialpädagogik/Sozialarbeit hat es in ihrem Klientenspektrum aber meist mit sozial benachteiligten Kindern zu tun, deren Lage durch beide Begriffe nicht signifikant erreichbar ist. Sie sind zwar Akteure aber unter Bewältigungszwang, sie stehen in einem Erziehungsverhältnis, das sich aber oft als Vernachlässigung oder gar Gewaltverhältnis darstellt. Wir brauchen also einen *sozialpädagogischen Kindheitsbegriff*, der dem gerecht werden kann. Wenn ich im Folgenden den Versuch mache, einen solchen zu entwickeln, lasse ich mich von meinen Assoziationen zu den oben vorgestellten Kindheitsbefunden der 1920er Jahre leiten, um von daher den gegenwärtigen Kindheitsdiskurs sozialpädagogisch bewerten zu können. Aus dieser Kritik heraus soll dann für einen sozialpädagogischen Begriff *Kindheit in der Spannung von Ausgesetzt-Sein und Selbstbehauptung* plädiert werden.

Sozial benachteiligte Kinder sind auch heute oft auf sich selbst gestellt und gleichzeitig ausgesetzt haben wenig familiale Unterstützung und sind von manchen entwicklungsfördernden Erfahrungen ausgeschlossen: In einer Sekundäranalyse zur neueren empirischen Kindheitsforschung und zur Sozialberichterstattung über Kinder kommt Tanja Betz insgesamt zu dem Nachweis „klar unterscheidbarer milieutypischer Kindheitsmuster, die sich in den Bildungsbedingungen, in den kulturellen Praktiken und in dem Habitus der Kinder in den drei sozialen Settings Freizeit, Familie und Schule herausarbeiten lassen und die sozial ungleiche Formen von Bildung als eine Konstitutionsbedingung ungleicher Kindheit sichtbar machen. Kindheit ist sozial strukturiert" (Betz 2008: 384).

Allerdings: Bei solchen Defizitbefunden ist noch nicht thematisiert, wie Kinder diese Milieu-Hypotheken *bewältigen*. Zwar hat die sozialwissenschaftliche Kindheitsforschung in den 1990er Jahren das Kind als „kompetenten Akteur" entdeckt. Aber ob dies hinreicht, um den komplexen wie ambivalenten Rahmen zu erfassen in dem Kinder aufwachsen? So wurde das pädagogische Kindheitskonzept dahingehend kritisiert, dass es Kindheit in eine generationale Ordnung einpasse und dabei von der Grundmatrix einer Differenz von Kindern und Erwachsenen ausgehe, in der die Kinder lediglich als Noch-Nicht-Erwachsene von ihrem Erwachsenwerden und nicht von ihrem aktuellen und ihrem empirischen Kind-Sein her thematisiert würden. Kindheit werde so auf ein Entwicklungsalter verengt, die Erfahrungen der Kinder selbst blieben gesellschaftlich unberücksichtigt.

Die Gegen-Kritik – vor allem von Seiten der Pädagogik – entzündet sich vor allem am Begriff des „kompetenten Akteurs" und verwies darauf, dass gesellschaftliche Handlungsfähigkeit erst im Verlaufe der Entwicklung und Erziehung gewonnen werden müsse und dass die leibseelischen Entwicklungen und Reifungsprozesse bis zum Abschluss der Pubertät nicht durch Kompetenzsetzungen ohne Bezug außer Kraft gesetzt werden können. Es handle sich daher lediglich um einen ‚konzeptuellen' Kompetenzbegriff, der das Angewiesen-Sein des Kindes auf existenzielle familiale und gesellschaftliche Unterstützungs- und Förderungssysteme verwische. Auch der ‚kindliche Akteur' sei ein Entwurf Erwachsener und dies mache doch deutlich, dass Kindheit kein autonomes, sondern ein relationales Konstrukt darstelle. Außerdem decke der Verweis auf die Empirie der Kindheit das soziologische Argument vom Eigenleben der Kinder nur bedingt: Kinder erlebten sich gegenüber den „großen" Erwachsenen hierarchisch und dies reiche doch tief in ihre Lebenswelt hinein. So wie es Alfred Adler tiefenpsychisch gedeutet hat. Vor allem in ihren psychosozialen Entwicklungschancen sind sie signifikanter mit ihrer Umwelt verschmolzen als Jugendliche und Erwachsene in den späteren Entwicklungsphasen. Sie sind deshalb auf eine „unzerstörbare Umwelt" angewiesen. Dieser Begriff stammt von dem englischen Kinder- und Jugendpsychiaters Donald Winnicott (1988), dessen Konzepte nahe bei den individualpsychologischen Kindheitsanalysen liegen:

Eine überforderte und dadurch fragile familiale Umwelt, wie wir sie oft bei Fallbeispielen in der Familienhilfe antreffen, kann für das Kind – so Winnicott – als „zerstörbar" erscheinen. Dieses Gefühl des Verlusts einer unzerstörbaren Umwelt kann bei Kindern vor allem dann aufkommen, wenn Ängste und Verwirrungen im Hinblick auf Objektverluste (Bindungsverluste) entstehen. Sie werden belastet, weil sie nun selbst die Kontrolle übernehmen sollen, die für sie vorher in der unzerstörbaren Umwelt gegeben war. „In dieser diffusen Überforderung schlagen die Aggressivitätsantriebe auf das Kind zurück: sowohl als Ängste angesichts des Kontrollverlusts als auch als Erfahrung der schutzlosen Preisgabe des Selbst, da die Aggression von sich aus nicht mehr bewältigbar erscheint" (Winnicott zit. n. Davis/Wallbridge 1983: 127). Diese Entmutigung und die damit verbundene Hilflosigkeit drängen zur Überkompensation, die sich oft in zwanghaftem Verhalten ausdrückt. Nur so kann sich das vernachlässigte Kind in einer bedrohlichen, zerstörbaren (es weiß nicht mehr, ob es weiter geliebt wird) Umwelt behaupten. Es handelt sich hier um Formen der Selbstbehauptung und gleichzeitig der Suche nach Beziehung und Anerkennung. Hildegard Hetzer hat diesen ‚Bewältigungszwang' eindringlich beschrieben.

Diesem ambivalenten Bedingungszusammenhang *Kindheit zwischen Ausgesetzt-Sein und Bewältigungszwang* kann – zumindest für Sozialarbeit – das hier generierte Paradigma der *Selbstbehauptung* besser gerecht werden als der eindimensionale Akteursbegriff. Es trifft das Spannungsfeld, in dem vor allem sozial benachteiligte Kinder aufwachsen. Es verweist auf das familiale und soziale Umfeld, das Kindheit genauso konstituiert wie es die Kinder in ihren Lebensäußerungen tun.

Ein entsprechender sozialpolitisch-sozialpädagogischer Diskurs – Kindheit als *Bewältigungslage* – ist noch kaum entwickelt. Sicher zeigen uns die Beispiele der Kinderarmut und der Gewalt gegen Kinder, dass Kindheit nicht nur Entwicklungs- und Erziehungsphase ist, sondern dass Kinder schon früh riskante Bewältigungskonstellationen durchlaufen müssen. Das reicht aber nicht aus, um den theoretischen Rahmen entwickeln zu können, in dem die Sozialpädagogik die Vergesellschaftung von Kindheit heute thematisieren muss und für den Otto Rühle schon vor hundert Jahren den Grundriss erarbeitet hat. Er hatte erkannt, dass die industriekapitalistische Entwicklung zu Beginn des zwanzigsten Jahrhunderts die Sphären von Kindheit (und Jugend) in dem Maße erfasst, in dem die Sicherung der notwendigen qualifizierten Arbeitsvermögen für die Modernisierung des Kapitals möglichst früh im Lebenslauf zu beginnen hatte. Dass auf Kinder in unserer gegenwärtigen Gesellschaften nicht nur vom Konsummarkt her, sondern auch über das Bildungssystem ökonomisch zugegriffen wird, zeigen die neueren Bildungspläne zum Kindergarten. Kinder sind als kleine Träger von Humankapital erkannt. So wie vor hundert Jahren das Kind als eigene Persönlichkeit entdeckt wurde, in der schon der Mensch angelegt ist, wird jetzt Kindheit als Lebensphase gesehen, in der schon die Weichen für die zukünftigen arbeitsgesellschaftlichen Verwertungsprozesse gestellt werden können. Kinder sollen früh und zielgerecht Kompetenzen entwickeln, sogar das Kinderspiel als offener Aneignungsraum wird auf die Funktion einer Methode der Kompetenzentwicklung verengt. Sozialisationsperspektiven werden nun zu individuellen Akkumulationsentwürfen von Humankapital umdefiniert. Konfliktorientierte lebensaltertypische Bewältigungsmodelle haben hier wenig Platz.

9 Jugend in der Spannung zwischen Freisetzung und Bewältigung – Verkürzte Pubertät (Dehn, Franzen-Hellersberg, P. Lazarsfeld, Mannheim, Suhrkamp)

Die Modernisierung der Gesellschaft wurde in den 1920er Jahren vor allem mit dem „Fetisch" Jugend verbunden (vgl. Peukert 1987; Dudek 2002). Die Jugendlichen lernten die neuen Berufe und wuchsen in einen neuen Rhythmus von Ausbildung, Arbeit, Konsum und Freizeit hinein. Dies äußerte sich unübersehbar und massenhaft, folgt man den Zeitdiagnosen, in bislang nicht gekannten öffentlichen Verhaltens- und Konsumstilen der jungen Menschen. Das Selbstbewusstsein und die Selbstständigkeit der großstädtischen Proletariermädchen wurde z. B. von der Jugendkundlerin Liesbeth Franzen-Hellersberg in die folgende Charakteristik gefasst: „Das Mädchen hat sich einen eigenen Lebensstil geschaffen, der Ausdruck ihres Jugenderlebnisses ist" (1932: 64). Allerdings – folgt man einer neueren Rekonstruktion zeitgenössischer Materialien zur Situation der Arbeitermädchen in der Weimarer Republik – war ihr Jugenderlebnis als Freizeiterlebnis „männlich konnotiert". Es „stand den erwerbstätigen weiblichen Jugendlichen gleichsam nur leihweise zu" (Benninghaus 1999: 215).

Schon damals tauchte der Begriff der „individualisierten" Jugend auf, der Jugend, die aus ihren traditionellen sozialen Herkunftsmilieus heraus strebte. Die Jugendfrage, die seit der Jahrhundertwende den pädagogischen Diskurs beherrschte, hatte jetzt eine unübersehbare gesellschaftliche Dimension bekommen. Jugend wurde – empirisch wie ideologisch – als strategische Sozialgruppe einer sich stetig modernisierenden Gesellschaft erkannt. Sie blieb es wohl – zumindest ideologisch – fast während des gesamten 20. Jahrhunderts. Damit war die Kinder- und Jugendpädagogik sozialstrukturell herausgefordert, konnte sich nicht länger nur am inneren Entwicklungsmodell Jugend orientieren; eine gesellschaftszugewandte Sozialpädagogik der Kindheit und Jugend war gefragt. An dieser Frage schieden sich die sozialpädagogischen Geister der Zeit.

Die an der Jugendhilfe orientierten und der geisteswissenschaftlichen Pädagogik verpflichteten Sozialpädagogen wie z. B. Herman Nohl und Walter Hoffmann (1926) hatten zwar die Herausforderung erkannt: Der Begriff „Jugendkultur" als Zugangsbegriff des pädagogischen Verstehens dieser neuen Jugend wurde eingeführt. Sie versuchten, die pädagogischen Errungenschaften aus der Jugendbewegung – so vor allem die Erfahrung der Eigenständigkeit und Gemeinschaftlichkeit der Jugend – mit den modernen sozialen und kulturellen Differenzierungen des Jugendlebens zu verknüpfen, aber sie hielten letztlich am inneren Entwicklungsmodell des Jugendalters fest und versuchten von da aus die neuen sozialen und kulturellen Erscheinungsformen des Jugendverhaltens zu integrieren. Siegfried Bernfeld hat dieses jugendideologische Bild als Deutungsmuster der „männlichen Großstadtjugend" erkannt:

> „Nur wenn er weiß wofür, verzichtet der Jugendliche, nur dann, wenn er seinen Lebensstil versteht und bejaht. In der Jugendbewegung sammelt sich nun freilich ein Typus Jugendlicher, der diesen Austausch: Verzicht gegen Erhöhung des Lebenssinnes, vollziehen kann. Die Masse der Großstadtjugend aber kann diesen Austausch nicht vollziehen […]. Sie kann auf gegenwärtigen Genuss nicht verzichten, weil sie an seiner Stelle keinerlei Sinn erhält. Dadurch aber, daß dieser Typus der Jugendbewegung zum Idealtypus gestempelt wird, daß man seine Art zu leben als die Art jugendlichen Lebens hinstellt, wird die überwiegende Masse der Jugend deklassiert im Sinne der Wertung. Sie stellt eine rohere Masse dar, die von vornherein von den hohen Idealen abgeschnitten ist." (Bernfeld 1996: 231 f.)

Dagegen orientierten sich Sozialpädagogen wie Carl Mennicke und auch die empirischen Jugendkundler oder das sozialpädagogische Denken der Wiener Schulreform an der gesellschaftszugewandten Thematik der modernen Freisetzung der Jugend und ihrer damit verbundenen Bewältigungsprobleme. Hier entstand ein empirischer sozialpädagogischer Jugenddiskurs, der sich auf die

Probleme der berufstätigen, berufssuchenden und arbeitslosen Jugend und vor allem ihr jugendkulturelles Freizeitverhalten bezog, fokussiert in der neuen Großstadtjugend. Die ersten großen empirischen Jugenduntersuchungen wurden gemacht: Fragebogenerhebungen, Klassenzimmerbefragungen, Schulaufsatzanalysen, qualitative Interviews und Gruppendiskussionen (vgl. Benninghaus 1999). Es waren damals nicht primär professionelle SozialforscherInnen, wie wir sie heute kennen, sondern PädagogInnen, die meist in den neuen Mittel- und Berufsschulen arbeiteten. Es war für sie eine neue – damals nannte man sie „amerikanische" – Jugend, die in den Modernisierungsschüben der Nachkriegszeit freigesetzt wurde, sich aus ihren Herkunftsmilieus löste, konsum- und freizeitaktiv agierte und von der jugendbewegten Pädagogik nicht mehr verstanden werden konnte.

Die Disziplin dieser ForscherInnen war die „Jugendkunde", die sich pädagogisch ganzheitlich verstand, sich nicht in der psychologischen Entwicklungsthematik der Jugend erschöpfen, aber sich auch nicht nur an ihren sozialen Erscheinungsformen ausrichten wollte. In einer „Lebenskunde der Jugend" sollten beide Zugänge verbunden und pädagogisch gewichtet werden (vgl. Dudek 1990). Aber auch in diesen methodisch durchaus ernst zunehmenden empirischen Untersuchungen der Jugendkundler spürt man vielfach Spuren jener pädagogischen Befangenheit, die ihnen die Sicht auf die gesellschaftliche – und damit auch pädagogische – Tragweite der massenhaften Freisetzung der Jugend und der daraus folgenden Bewältigungsprobleme in der Weimarer Gesellschaft versperrte.

So finden wir immer wieder die typische Interpretation, dass hier eine Jugend heranwachse, die „sich selbst überlassen" sei. „Selbstüberlassenheit" wurde zum Inbegriff für den pädagogischen Argwohn, diese Jugend der 1920er Jahre habe keinen Bezug, keine Spannung zu Vorbildern eines gehaltvollen und sinnreichen Jugendlebens, ja zur Kultur überhaupt. Die neue Jugend sei vom „amerikanischen Bazillus" der Äußerlichkeit infiziert. Viele Jugendliche führten ein Leben, das so ganz anders war, als sich die Sozialpädagogen und Jugendkundler die Jugend vorstellten. „Sein [des Jugendlichen, LB] Buch ist das reale Leben oder die Phantasien von Kino [...] und Romanen. Da gibt er sich selbst die Erklärung" (Stockhaus 1926: 71). In dieser „Selbsterklärung" schien die

Jugend rücksichtslos gegenüber den pädagogischen Vorstellungen, die man an sie richtete. Und die jugendbewegten pädagogischen Figuren taugten kaum als Vorbilder für das moderne Leben in der neuen Konsumgesellschaft. Die SozialpädagogInnen und JugendkundlerInnen, die diese empirische Jugendforschung betrieben, haben die Spannung von Freisetzung und Bewältigung als Bewegungskontext dieser neuen Jugend immer wieder beschrieben, aber nur selten als Bewältigungslage erkannt, sondern vorschnell normativ-pädagogisch bewertet.

Entsprechend gab es damals Strömungen, die der Freisetzung und Verselbstständigung der Jugend mit dem Ruf nach der Stärkung der Familie begegnen wollten. Das kommt uns auch heute durchaus bekannt vor. Exemplarisches hierzu erfahren wir aus Günther Dehns Anmerkungen zu Ludwig Heitmanns (1921) dreibändiger Analyse des Großstadtlebens. Heitmann war damals einer der zentralen Protagonisten in der Debatte um die städtische Jugendarbeit. Dehn verwunderte, dass Heitmann – nach einer glänzenden Darstellung des Großstadtlebens – die Jugend als die erneuernde Kraft der Gesellschaft beschrieb. Sie sollte demnach die Familie wieder zum Kern des sozialen und erzieherischen Lebens machen. Dehn hielt Heitmann vor, dass

> „nun auf einmal zunächst ein Rezept kommt, das auch alle Sonntagsblätter ausgeben, und das man von allen Pastoren der inneren Mission hören kann. ‚Die Familie soll es machen!' Das sagt derselbe Mann, der den völligen Ruin alles lebendigen Lebens, also auch der Familie, durch die hereingebrochenen materiellen Gewalten so deutlich gesehen hat. Sollte man nicht denken, dass es für ihn nur eine religiöse Forderung hätte geben dürfen: ‚In Gottes Namen zerbrecht diese Mächte! Gewiss, Heitmann ist nicht naiv familiengläubig. Er weiß wohl, dass die normale bürgerliche Familie nichts weiter ist als der Ausdruck eines ebenso normalen egoistischen Individualismus. (…) Aber er fordert nicht auf, die Mauern zu zerstören, sondern will es nun doch mit einem Neubau innerhalb dieser Wälle versuchen. Ist das Familienleben auch heute zerstört, Heitmann ist dessen gewiss: Die Jugend wird ein neues schaffen." (Dehn 1922: 12)

Aber die Jugend – so Karl Mannheim in den 1920erJahren – war nicht mehr in den traditionellen Lebenskreisen gebunden, sondern trat – im Sog der ökonomischen sozialen und kulturellen Modernisierung – gleichsam neu und dem Althergebrachten gegenüber „rücksichtslos" – in die Gesellschaft ein. Mannheims soziologischer Generationenbegriff umschreibt dies mit der These, dass die moderne Jugend in einem bestimmten Entwicklungsprozess der gesellschaftlichen Arbeitsteilung jeweils neu freigesetzt und strukturiert wird. Der Begriff „Generation" meint – so Mannheim – einen gemeinsamen Erfahrungshorizont von Altersgruppen, ein ähnliches Zeitgefühl und Zeitverständnis, das darauf beruht, dass man nicht nur altersmäßig ähnlich in der Gesellschaft und ihrer aktuellen Geschichte, sondern vor allem auch über die gemeinsame Stellung in der modernen Arbeitsteilung – über Klassen und Schichten hinweg – miteinander verbunden bzw. ähnlich sozial ‚gelagert' ist. Darum spricht Mannheim von der Generationenlagerung (vgl. Mannheim 1965). Das Prinzip des arbeitsteiligen linearen Fortschritts lässt die jeweils junge Generation immer wieder dem Neuen näher und rücksichtsloser gegenüber dem Alten erscheinen. Der junge Mensch wird zum Symbol des Fortschritts. Dieses Generationsgefühl der ‚jungen Generation' schlägt in entsprechende Haltungen um, die gesellschaftliche Generationenkonflikte erzeugen, die Arbeitsteilung aber weiter vorantreiben: Die jungen Menschen sind die Protagonisten des Neuen, so wie sie sich gegen das Alte richten: seien es neue Ideen, seien es neue Konsumformen oder einfach nur andere, vom Alten abweichende Verhaltensformen. Diese Rücksichtslosigkeit ist nicht intentional, von den Jugendlichen nicht gewollt, sondern strukturell durch die Freisetzungsthematik bedingt. Denn die gesellschaftliche Dynamik, in die die Jugendlichen hineingeraten, nimmt selbst keine Rücksicht auf das Alte, sondern sucht in seiner Wachstumsorientierung das jeweils Neue und stößt das Alte als Verbrauchtes ab. Dennoch ist diese Jugend nicht unbefangen. Vor allem die proletarische Jugend – so der Bericht des Theologen und Jugendkundlers Günther Dehn – lebt in der Spannung zwischen gegenwartsfixierter Unbefangenheit und sozialem Misstrauen:

> „Die Jungen sind in hohem Maße gegenwartsfroh. Es gibt im Grunde niemand, der das technisch-rationale Zeitalter so wie sie, wenn auch selbstverständlich meist ganz unbewußt, bejaht. Die Welt der alten Werte […] gilt nichts. Man denkt geschichtslos. Die Geschichte fängt

im Grunde erst bei einem selbst an. Diese Welt, in der man steht, die Welt der Maschinen und Fabriken, der Warenhäuser und Büros, des Verkehrs und der Reklame, das ist die Welt, in der man zuhause ist, und die man instinktiv bejaht. Und ebenso die diese Arbeitssphäre ergänzende Erholungswelt, die Welt des Sports, des Kinos [...] Daneben läuft freilich immer ein leises Mißtrauen dieser ganzen Welt gegenüber. Sie gehört einem nun eben doch nicht. Andere sind die eigentlichen Besitzer. Man selbst wird als Proletarier nur für sie gebraucht von diesen anderen, die über einen zur Tagesordnung übergehen, wenn man nicht mehr nötig ist. Man fühlt sich eben doch nicht ganz eingegliedert [...] in die Gesellschaft, in das Leben der Gemeinschaft. Eine geheime Lebensunsicherheit steckt in der Seele. Man muß immer auf der Hut sein, weil man sich immer irgendwie bedroht fühlt." (Dehn 1932: 225)

Was Dehn hier darstellt, kommt uns doch bekannt vor, wenn wir heute von der *Bewältigungslage* Jugend (s. u.) reden, also davon dass sich schon früh soziale Schatten auf den Schonraum (Moratorium) Jugend legen. Dies umso mehr bei sozial benachteiligten Jugendlichen, die sowieso nur eine kurze Jugendzeit ausleben konnten. Dennoch ist es wieder ein ambivalentes Bewältigungsbild Jugend, indem das jugendliche Generationsgefühl der Unbefangenheit die soziale Befangenheit überspielt:

„Wir wissen alle, dass sowohl die moderne Arbeiterschaft als auch die Angestelltenschaft in einer schweren Berufskrisis in der Gegenwart sich befinden. Durch die fortschreitende Rationalisierung der Betriebe wird nicht nur die Leistung der Ungelernten, sondern auch die der Gelernten immer mehr vereinfacht und mechanisiert.[...] Man kann nun sagen, dass die Jugend im großen und ganzen von dieser Berufskrisis noch nichts spürt. Das gilt bestimmt von der gelernten Jugend. Ist es vielleicht auch nur die Lehre eines Teilhandwerks, in der man steht, die Aufgaben die sie stellt, füllen die Seele des Jugendlichen im allgemeinen doch aus und lassen keine Berufsverdrossenheit aufkommen" (ebd.: 232 f.). Ergreifend ist es nun zu sehen, daß auch die ungelernte Jugend mit ihrer Beschäftigung nicht eigentlich unzufrieden ist. Von Berufsfreudigkeit kann man hier ja wohl kaum reden, aber Arbeitsfreudigkeit pflegt vorhanden zu sein. Ich habe immer wieder auf viele Fragen an jugendliche Ungelernte, wie ihnen ihre Arbeit gefiele, die Antwort bekommen: Es ist schön, es

macht Spaß, seine Handgriffe an der Maschine zu tun, oder den ganzen Tag Apparate einzupacken, oder als Büroburschen ‚abzulegen', oder von Zimmer zu Zimmer zu eilen, oder gar als Radfahrer, am liebsten mit dem Motorrad [...] durch die Straßen der Stadt zu sausen und seine Aufträge zu erledigen." (ebd.: 232f.)
„Die Lebensnotwendigkeit, in jungen Jahren Geld verdienen zu müssen, wird von den Mädchen als selbstverständlich hingenommen, doch sind sie sich bewußt, beim Eintritt ins Berufsleben durchaus neuartigen Forderungen unter Verantwortung für die eigene Existenz genügen zu müssen. Daher macht sich bei ihnen oft eine bedrückte Stimmung, bei entsprechender Veranlagung sogar eine gewisse Lebensangst bemerkbar. Es gibt allerdings auch Mädchen, die die Gestaltung ihres Lebens mit erstaunlicher Sicherheit und Selbständigkeit in die Hand nehmen. Sie suchen das Berufsamt, eine Innung auf oder bewerben sich um eine Lohn- bzw. Arbeitsstelle, indem von Tür zu Tür gehen. Oft lassen sie sich von Gleichaltrigen empfehlen." (Kelchner 1932: 248) „Die häusliche Orientierung als tiefster Wesenszug der Mädchen verschließt sie natürlich nicht gegen die Genüsse, die ihnen die Großstadt bietet, als da sind: Kino, Theater, Konzerte, Tanzgelegenheiten. Während aber alle diese Vergnügungen Geld kosten und daher vielen Mädchen mehr oder weniger unzugänglich sind, steht ein anderes Vergnügen allen frei, nämlich das Schlendern durch die Straßen, zumal in Begleitung einer „Freundin" oder eines „Freundes". Diese Spaziergänge spielen im Leben der werktätigen Jugend eine große Rolle." (ebd.: 258)

Vor allem die neuen Tänze, wie sie von Amerika herüberkamen, erfassten nicht nur die bürgerliche, sondern auch – milieudifferent – die proletarische Jugend. Der Tanz als jugendliche ungebundene Lebensform begeisterte das Feuilleton:

„Daß der Tanz „demokratisch" ist, daß in ihm die Hunderttausende im Augenblick der Kunst am nächsten sind, all das sind Hinweise, immer wieder zusammenzufassen, in dem einen, nur zu Zweifel würdigen und doch unanfechtbaren Wort: tänzerische Generation. [...] Will man aus der Zeit heraus versuchen diesen neuen Tanz zu deuten: Er ist ein Zeichen für einen starken Vorgang: Für das Sich-Fangen, für die Entdeckung einer neuen Haltung bei einer ungeahnt revolutionierten Generation. Er ist Stilbild einer Jugend, die den unbehüteten Jahren ihres Aufwachsens nach revolutionär, zynisch und

> regellos sein muß und die nun mit erstaunlich geringen Kämpfen in eine bürgerlich gebliebene Welt hineinwächst. Aus irgendwelchen Gründen hält sie es nicht für angemessen, dieser Welt politisch oder durch ein neues Wirtschaftssystem, wie man sagt, ihren Stempel aufzudrücken. Sie macht gar keine Anstalten dazu, vielleicht hat sie einfach die Zeit nicht, auch ist sie arm. Man klagt über ihren Mangel an politischer Einsicht und zerbricht sich den Kopf, warum sie nicht wie einst Vortrupp und Nachwuchs der sogenannten Fortschrittsparteien ist. Und man übersieht, indem man sie so für fruchtlos und stumpf hält, was sie tut: Daß sie in diese ihr gewordene alte Welt zu ganz anderen Tänzen eintritt, ohne die Absicht auf Weltanschauungen loszutrümmern, was ihr so unnotwendig wie ruhestörend erschiene, sondern mit unbeachteten Besonderheiten des Leibes und der Seele: Neuem Tanz, neuem Pflichtsinn, neuer Freude" […] Das Gewöhnliche, tausend Rhythmen der Stadt und der sogenannte Takt der Arbeit, all das ins Positiveckenlose gekehrt, als Vergnügen maskiert, das ist der moderne Tanz. Demokratisierung des Vergnügens ist er, von großartiger Nüchternheit und darum ohne Gefahr maßlos zu genießen, niemals ein Laster, eine romantische Pflicht einer zugleich amerikanisierten und tänzerischen Generation." (Süskind 1925: 589 ff.)

Aber trotz Konsum, Tanz und Kino hatten vor allem die proletarischen Jugendlichen, die hauptsächliche Zielgruppe der Jugendhilfe, wenig Zeit, um ihre Jugend, so wie die meisten bürgerlichen Jugendlichen, auszuleben. Empirisch beschrieb das der ehemalige Mittelschullehrer und später in den USA als Sozialforscher berühmt gewordene Paul F. Lazarsfeld in seiner Studie zum Thema des Übergangs Jugendlicher in den Beruf. Sie bezog sich vor allem auf die proletarische Wiener Großstadtjugend im berufsschulreifen Alter. Die Studie war dem Problem geschuldet, dass mit Beginn der 1920er Jahre Berufsschulen eingerichtet wurden, aber man herzlich wenig über die Jugendlichen wusste, die nun in diese Schulen hineindrängten. Man musste also mehr über die Lebensbedingungen dieser Klientel wissen, um mit ihnen auch pädagogisch umgehen zu können. Er sah die jungen Proletarier nicht nur als Berufsanfänger, sondern eben auch als Jugendliche. Und hier ist vor allem der Befund bedeutsam, nach dem junge Menschen gerade aus den unteren Schichten ihre Jugend kaum ausleben und jugendkulturell experimentieren können. Die meisten der proletarischen Jugendlichen hatten wenig Zeit, ihre Pubertät als „Kulturpubertät" zu erfahren, sich entsprechend jugendkulturell zu entfalten. Er umschrieb dies mit dem Begriff der „verkürzten Pubertät":

> „Der sozial benachteiligte Jugendliche ist in Zeit und Raum außerordentlich beschränkt und ist in einem Alter in die Lebensformen der Erwachsenen versetz, in denen er ihnen der Entwicklung seiner Persönlichkeit nach nicht gewachsen ist; einer der Bereiche, in die er zu früh und dadurch unter besonders falschen Voraussetzungen kommt, ist die Berufsarbeit [...]. Die Pubertät des Proletariers ist relativ verkürzt und dadurch entgeht ihm ein Teil jener Quellen an Energien, Umwelterweiterungen und Zielsetzungen, die zu speisen die [...] Funktion der Pubertät in der freien Entwicklung ist." (P. Lazarsfeld 1931: 54)

Lisbeth Franzen-Hellersberg war damals eine der wenigen JugendkundlerInnen die diesen jugendlichen Lebenszusammenhang von Freisetzung, verkürzter Pubertät und Bewältigung in seiner inneren Dynamik begriffen, In ihrer Studie *zur jugendlichen Arbeiterin* erkannte sie die jugendlichen Verhaltensweisen als „Reaktionsformen" der Jugendlichen „auf den äußeren und inneren Druck ihres Lebens":

> „Hilft die Kulturpubertät einem Jugendlichen dazu, sein Ich zu finden, sich individuelle Aufgaben zu stellen, die Welt als einen Bereich zu erfassen, der mit individuellen Kräften erobert werden muss, so erkennt sich die Arbeiterin im Gegensatz dazu als Gattungswesen, nicht als Individuum. Sie sieht die Welt nicht als Aufgabe für sich, sondern höchstens als Mittel, um sich in ihr ausprobieren und sich darin als lebendig zu erfahren. Sie glaubt nicht, sie hofft nicht für die Zukunft, - sie hat und sie besitzt sich selbst als Weib, ohne Anspruch auf ein individuelles Schicksal. Der Kulturpubeszent lebt in der Zukunft, es werden in ihm ‚Idealkräfte erzeugt', die proletarische Arbeiterin aber lebt in der Gegenwart, nur in der Gegenwart. Sie löst ihre latenten Spannungen in Wirklichkeitserlebnissen [...]. Sie verzichtet auf Illusionen, wo sie sie nicht brauchen kann, kurz sie ist realistisch. Wirklichkeit haben für sie nur ihre eigenen Vitalkräfte und alles, was diesen Nahrung gibt." (Franzen-Hellersberg 1932: 65f.)

„Im Gegensatz zu dem kultivierten hat das proletarische Mädchen durch seine Lebensform weit weniger Gelegenheit, Nahrung für solche Stimmungen von Melancholie und für ihre Einsamkeitsbedürfnisse zu finden. Gründe, bedrückt und bekümmert zu sein, haben die proletarischen Mädchen weit mehr als kultivierte. Es werden Leistungsansprüche an sie gestellt, denen sie selten entsprechen können. Ihre Einnahme ist gering. Selten erhalten sie von ihrer Familie den verdienten Dank, noch seltener Anerkennung und Lob bei der Arbeit. Aber zum Aufschwingen pessimistischer Gefühle gehört Zeit, eine Ecke, wo man allein sein kann und über sich nachdenkt, Freundinnen, mit denen man zusammen ist und denen man sich offenbaren kann. Erlebt das proletarische Mädchen das Vorstadium der Pubertät, so spürt es zwar die Unruhe und innere Spannung. Da es jedoch keine Zeit hat, darüber nachzudenken, kommt es selten zu dem Schluss, dass die Ursache dieser Störungen in ihm selbst liegt." (ebd.: 61)

Letztlich bliebe das proletarische Mädchen ein „gestaltloses" Objekt im Wirtschaftskampf, und ihre Vitalkräfte „müssen dazu dienen, ihr das Leben lebenswert erscheinen zu lassen" (S. 86), sich selbst zu behaupten. „Gestaltlosigkeit" ist hier nicht als Gegenbild eines idealisierten Persönlichkeitskonzeptes gemeint, sondern es geht um die strukturellen Bedingungen des Aufwachsens und darum, dass die jugendlichen Arbeiterinnen bisher nicht einmal die Zeit und den sozialen Raum hatten, um selbstbestimmt ihre Vitalkräfte in eine eigenen jugendlichen Gesellungsform bringen zu können.

In diesem Paradigma der verkürzten Pubertät wurde damals aber auch für die Jugend insgesamt diskutiert, dass sie immer weniger Raum für ihr Jugenderleben in der Gesellschaft habe:

„Für die Jugend ist heute überall auffallend wenig Platz. In den Fabriken, Warenhäusern, Börsen, Banken und Büros ist sie im Wege. Der Aufenthalt dort ist außerdem zu anstrengend für sie und nicht sehr von wert. Dort kann sich auch niemand mit ihr abgeben. Im Elternhaus – es ist nur selten noch mehr als eine Unterkunft für die Mitglieder der Familie. Wenn es noch so reich ist, keinesfalls spielt sich dort mehr das eigentliche Leben ab; bestenfalls verwöhnt es; meistens wird es der Ort sein, wo die Erwachsenen ausspannen und sich gehen lassen. Und alles das sind Umstände, die kaum für die Lebensbildung junger Menschen förderlich sind, weder Struktur geben, noch einen Fond schaffen. [...] Im Wesentlichen bleibt [...] die Lebensbildung der Jugend der Schule vorbehalten. In Folge der Zeitverhältnisse spielt sich das Leben der Jugend heute in der Hauptsache unter Jugend ab, sie ist mehr als zu irgendeiner Zeit untereinander verbunden, bildet für sich beinah so etwas wie einen geschlossenen Lebenskreis. Und da vorzüglich die Schule der Ort ist, an dem sich ihr Leben abspielt – die Jungen gehen in die Schule wie die Alten in die Fabriken und Büros, die Schule ist ihr Werkstättenhaus; einzig die Schule bindet das Leben der Jugend organisatorisch –, verlegt sie auch mehr und mehr ihre vitalsten Interessen in die Schule. Hier stoßen ihre Interessen mit den herrschenden Bildungsinteressen der Gesellschaft zusammen." (Suhrkamp 1930: 340)

Impuls: Das sozialpädagogische Prinzip der „Ermöglichung von Jugend" – Jugend als Bewältigungslage

Die Tendenz zur „verkürzten Pubertät" ist auch heute wieder zu beobachten. Allerdings nun in einem anderen, eher paradoxen Zusammenhang. Denn Jugend als Bildungs- und Ausbildungszeit hat sich inzwischen deutlich verlängert, Jugend als unbefangene Zeit des Experimentierens steht aber deutlich unter Druck. Bildungskonkurrenz, offene und riskante Übergangsphasen und frühe Belastung mit psychosozialen Problemen stehen dahinter. Das betrifft nicht nur sozial benachteiligte, sondern auch Jugendliche aus der Mittelschicht und besonders die Jugendliche mit Migrationshintergrund. Jugend muss also auch heute wieder *ermöglicht* werden. Das schlage ich auch als *das* Leitthema besonders für die Offene Jugendarbeit vor, in der sich viele sozial benachteiligte Jugendliche finden. Sozialpädagogisch geht es dabei allgemein um die Erweiterung von Spielräumen des geschützten Experimentierens, der Vermittlung von Erfahrungen der Wirksamkeit, um offene Milieubildung und die Schaffung von Anerkennungskulturen in den Projekten der Jugendhilfe und Jugendarbeit. Jugendlichen sollen aber auch Beziehungen und Räume angeboten werden, damit sie sich zurücknehmen, vom Stress der Pubertät und der wechselnden Anforderungs- und Aufforderungskulturen, in die die Bildungs- und Konsumgesellschaft die Jugendlichen immer wieder hineinzieht, entspannen können.

Die in sich widersprüchliche Struktur der Jugendphase in den fortgeschrittenen Industriegesellschaften setzt auch eine *bedürftige* Jugend frei. Diese Befindlichkeitskonstellation, in der einem das, zu dem man sich gedrängt fühlt und das man anstrebt, gleichzeitig immer verwehrt wird, hat ihr jugendtypisches Gesicht. Die frühe soziokulturelle Selbstständigkeit Jugendlicher wird durch bildungs- und arbeitsgesellschaftliche Bewältigungszwänge immer wieder blockiert. Diese Blockierung zu mindern, Aneignungs- und Anerkennungsräume zu erweitern, ist Aufgabe einer Jugendarbeit, die sich nicht nur als Ort der Resozialisierung und des sozialen Lernens, sondern vor allem als „Lebensort" begreift (vgl. Böhnisch/Rudolph/Wolf 1998).

Dabei geht es auch um die Bewältigungsprobleme der Bildungsextensivierung wie -intensivierung, die Jugendlichen wenig Zeit zum Experimentieren mit und Ausleben von Jugend lässt. Die drei wichtigsten Medien der Ermöglichung, die die Jugendarbeit dabei hat, sind Räume, Beziehungen und Projekte. Geradeüber eigenbestimmte räumliche Aneignungsprozesse können sich Jugendliche – im Kontrast zu den eher an Status und Positionen orientierten Erwachsenen – experimentell entfalten und identitätshaltige Erfahrungen machen.

Aber nicht nur in den Bereichen der offenen Jugendarbeit, auch in den stationären Erziehungshilfen gilt das Recht auf Jugend und damit die Aufforderung Jugend zu ermöglichen. Das bedeutet, dass die soziokulturellen Möglichkeiten der Jugendlichen – Anschluss an die Gleichaltrigenkultur, Selbstständigkeit auch in und gegenüber der Einrichtung – nicht einfach der Passung an die Einrichtung unterworfen und entsprechend beschränkt werden, sondern dass sich die Einrichtung auch dementsprechend öffnen kann. Manche Protestformen der Jugendlichen die schon immer in der Heimerziehung als innere „Revolten" galten, sind auch darauf zurückzuführen, dass die Betroffenheiten und jugendkulturellen Bedürfnisse der Jugendlichen an den Mauern der Einrichtung abprallen, auf die Jugendlichen zurückfallen und dann als gewaltförmige Aggressionen abgespalten werden.

Nicht nur das Moratorium, der gesellschaftliche Schutzraum Jugend, ist heute porös geworden. Es wird inzwischen von einer Entgrenzung der Jugend gesprochen: Jugend sei in der sozialen Wirklichkeit nicht mehr auf die Lebensphase zwischen 12 und 18 Jahren beschränkt, sondern verlängere sich für viele weit über das 20. Lebensjahr hinaus. Doch nicht nur zeitlich zeigen sich diese Entgrenzungen: Die Abgrenzungen der Jugend von anderen Lebensphasen sowie der Eigenart des Jugendraums gegenüber anderen Funktionsbereichen der Erwachsenengesellschaft gelingt kaum mehr. Unter diesen Bedingungen ist das unbefangene Experimentieren, welches die jugendkulturelle Lebensphase kennzeichnet(e), für viele zum biografisch-sozialen Risiko geworden. Damit wird die Jugendfrage auch zur sozialen Frage, Jugendpolitik gerät in die Zonen der Sozialpolitik. Dies wird aber von der institutionellen Jugendpolitik immer noch abgewehrt und so ist es kein Wunder, dass sich seit den 1990er Jahren in Deutschland die Jugendfrage zunehmend auf den Schauplatz der Kriminalpolitik verschoben hat. Es wird heute immer noch öffentlich mehr über die Risikogruppe Jugend, als über das gesellschaftliche Potenzial der jungen Generation gesprochen. So ist es nicht verwunderlich, dass die Mehrheit der Jugendlichen früh beginnt, sich schon in der Jugendzeit strategisch auf das Erwachsenenalter vorzubereiten, sich dahin durchzulavieren. Im Vordergrund steht das Interesse am eigenen Durchkommen und nicht so sehr die experimentelle Reibung an der Erwachsenengesellschaft.

Das Modell der ambivalenten Dynamik von Freisetzung und Bewältigung, das die erwähnten Jugendstudien der 1920er Jahren zumindest implizit und in Grundzügen ausmachten, das man aus ihnen herauslesen kann, ist auch heute noch (oder wieder) in der Sozialpädagogik/Sozialarbeit zu gebrauchen. Gegenwärtig und auf absehbare Zeit sind Jugendliche im postmodernen Vergesellschaftungsprozess auf eine Art und Weise freigesetzt, in der sie früh soziokulturell selbstständig werden; gleichzeitig spüren sie den gesellschaftlichen Druck, sich zurückzunehmen, die Dynamik der Adoleszenz zu unterdrücken. Dehn hat damals schon in Ansätzen diese ambivalente Spannung zwischen jugendkultureller Unbefangenheit und frühen Bewältigungszwängen bei den proletarischen Jugendlichen beschrieben. Sie macht die Jugendphase damals wie heute verletzlich, zumal sie heute verdeckt und durch die modernen Bildungsinstitutionen überformt ist. Aus dem Jugendmoratorium ist für viele – weit in die Mittelschichten hinein – die *Bewältigungslage* Jugend geworden. Jugendliche scheinen nicht mehr neu in die Kultur einzutreten, sie reibt sich immer weniger an der Erwachsenengesellschaft, sondern sucht früh, sich in ihr zu verbergen, in ihr unterzukommen. Dies aber bringt sie unter Druck. Sie müssen einen eigenartigen Spagat versuchen: Solange wie möglich in der Familie bleiben, aus der man sich eigentlich ablösen soll, gleichzeitig jugendkulturell experimentieren können und sich dennoch so elastisch wie möglich in die Gesellschaft einfädeln, an der man sich nicht mehr richtig reiben kann. Viele übernehmen früh das Mithalte- und Flexibilisierungsmodell, das die Ökonomie der wachsenden Gesellschaft vorgibt. Die Bereitschaft zum Neuen und die jugendkulturelle Unbefangenheit spielen sie dann nicht mehr im Bereich des Politischen, sondern in der Anwendung neuer Technologien aus, mit denen sie unbefangener und spektakulärer umgehen können als die Erwachsenen

Heute gilt es, angesichts dieser Entwicklung ein neues gesellschaftliches Modell von Jugend öffentlich zu diskutieren. Denn der gesellschaftliche Jugendbegriff des 20. Jahrhunderts, nach dem Jugend als Lebensphase aus der Arbeitsgesellschaft herausgenommen ist, um sich in einem Moratorium entwickeln und qualifizieren zu können, um dann mit einem so gewonnenen Status sicher in die Gesellschaft eingegliedert zu werden, funktioniert nicht mehr. Ein neues gesellschaftliches Modell von Jugend muss sich deshalb auf die Spannungen beziehen können, in die eine entgrenzte Jugendphase heute gekommen ist. Da Jugendliche inzwischen früh soziokulturell selbstständig sind, brauchen sie die Zuerkennung gesellschaftlicher Verbindlichkeit für ihre sozialen Resultate. Da sie aber gleichzeitig schon der Konkurrenzgesellschaft ausgesetzt sind, müssen sie weiter gesellschaftlichen Schutz genießen können. Denn die Bewältigungslage Jugend ist ambivalent und risikoreich geworden. In ihr sind inzwischen *Bewältigungsfallen* versteckt, in die nicht nur sozial benachteiligte Jugendliche hineintappen können (vgl. dazu ausf. Böhnisch/Schröer 2013).

10 Jugend und Schule (Suhrkamp, Furtmüller, Kawerau)

Der damalige Reformpädagoge und spätere Verleger Peter Suhrkamp sah die Schule in einem Dilemma. Herausgelöst aus ihrem traditionellen sozialen Milieus komme ihr in der industriekapitalistischen Gesellschaft allein die Aufgabe zu, die gesellschaftlichen Ansprüche gegenüber der Jugend und die Ansprüche der Jugend an die Gesellschaft zu regulieren. Ihre soziale Verankerung sei entsprechend schwach, ihre pädagogische Aufgabe ‚stieg' gleichzeitig ‚ungeheuer'.

Zudem sei die Bildung in der Unsicherheit der Zeit zum einzig kalkulierbaren Faktor im Auf- und Abstiegskampf geworden. Indem man ein Bildungszertifikat erlangte, war der soziale Aufstieg gesichert. In der Schule werde damit der Konkurrenzkampf ausgetragen, der die Gesellschaft in der industriekapitalistischen Moderne beherrsche. Doch diese – wie wir heute sagen würden – Selektionsfunktion für die kapitalistische Arbeitsgesellschaft überdecke die pädagogischen Aufgaben, die der Schule ebenfalls durch die sozialstrukturellen und soziokulturellen Veränderungen im Familienleben und in der gesellschaftlichen Ordnung übertragen wurden.

> „Die rasche Kapitalisierung und Industrialisierung verwandelte mit einem Schlage das Lebensfeld. [...] Die alten Kulturkreise drohten im Kampf mit der vordringenden, zunächst rein materialistischen Demokratie zu unterliegen, ihre großen erzieherischen Werte konnten als Werte im Lebenskampf die Konkurrenz der materialistischen Anschauungen nicht aushalten. Als die Demokratisierungsidee der Zeit selbst in die Familie eindrang, auch hier die Lebenskultur und die geistige Atmosphäre lädierte, war damit das alte, natürliche Korrelat zur Schule in der Erziehung der Jugend so gut wie ganz fortgefallen. Die Schule, die ihre Eigenart auf dies Korrelat gegründet hatte, verlor damit bei der Jugend an Position, aber ihre Bedeutung für die Gesell-

schaft stieg ungeheuer. (...) In der allgemeinen Unsicherheit wurde die Schulbildung als Wertmesser aufgestellt. Die Bildung wurde kontrollierbar gemacht. Und die Summe von Wissen, die Summe der durch die Schule in Examen und Diplomen bestätigten Kenntnisse wurde der Ausweis an gewissen Stationen auf dem Wege nach oben. ‚Bildung' wurde der Wimpel im Mast des demokratischen Kapitalismus. Seitdem geht der Weg nach oben in der Regel nur über die Schulen. Die Ansprüche an die Schulen wuchsen rapid. Die Konkurrenz unter den Schülern tat ein übriges, die „Leistungen" und „Forderungen" ins Absurde zu steigern. Unter diesen Umständen bestand natürlich keine Möglichkeit, dass die Schule die weitere Aufgabe an der Jugend, ihre Erziehung für das Leben, die ihr nach Ausfall der Standes-, Berufs- und Familienkultur in der Erziehung auf wesentlich breiterer Basis zufiel, übernahm." (Suhrkamp 1930: 335f.)

Die Schule war für ihn voll in den Sog der industriekapitalistischen Dynamik geraten. „Die Situation der Schule als Institution der Gesellschaft ist so überspannt wie die gegenwärtige Situation dieser Gesellschaft." (Suhrkamp 1930: 338) Das kapitalistisch-industrielle System sei so weit fortgeschritten, dass es sich selbst und vor allem die Menschen gefährde. Die Menschen würden aus ihrem Gleichgewicht geworfen. Er plädierte nun dafür, dass sich die Schule den Menschen zuzuwenden, ein Gegengewicht zu bilden habe, damit der Mensch zu sich kommen, zu sich selbst finden und lernen könnte, gemeinschaftlich zu arbeiten. Jenseits des konkurrenten Erwerbslebens müsse die Schule ein Lebensraum sein. Die Schule habe nicht eine „Arena" der Lehrer zu sein, sondern eine „Arena" der Jugendemanzipation zu werden, in der politische und soziale Belange der Jugend thematisiert werden sollten (Suhrkamp 1930: 342). Suhrkamp wollte die Schule zu einem Ort machen, in dem die Schüler lernen könnten, selbstbewusste Akteure in der alltäglichen sozialen Praxis zu werden. Schließlich war er trotz aller Hoffnungen, die er mit den Schulreformprojekten verband, skeptisch, ob die Schule in diesem Sinn zu einem Gegengewicht in der Gesellschaft werden könne.

„Man ist geneigt, in Frage zu stellen, ob die Schule die Vorbereitung der Jugend für das Leben übernehmen kann. Aber ihr bleibt keine

Wahl, nachdem die Gesellschaft notgedrungen das Leben der Jugendlichen nach der Schule abschiebt. Das Leben, auf das vorbereitet werden soll, ist ein besonderes, mit besonderen Ansprüchen; es fehlen alle Erfahrungen darüber, von welcher Art eine Vorbereitung darauf sein muß. Auf den ersten Blick erscheint jedenfalls die Aufgabe so, daß man sagen möchte: Die Schule muß ihren bisherigen Charakter aufgeben, ihre Inselexistenz und die Bildung als Primat.

Damit ist die Schule zum Gegenstand einer Diskussion geworden. An ihr beteiligen sich die Gesellschaft, die Eltern, die Lehrer und die Schüler. Das ist die gegenwärtige Situation der Schule: Sie wird von allen Seiten in Frage gestellt. Gleichzeitig muß sie den neuen Aufgaben, die sie sich nicht gewählt hat, sondern die zugefallen sind, schlecht und recht erfüllen. Und was sie dafür tut, wird sofort in die Diskussion einbezogen und vielfach Anlaß zu heftigen Angriffen.

Denn selbstverständlich wird die Frage, ob die Struktur der Schule verändert werden soll, in allen Lagern – von der Gesellschaft, den Lehrern, den Schülern und den Eltern mit ja und mit nein beantwortet. Nicht nur, weil es selbstverständlich in jedem Lager mindestens zwei Parteien, Konservative und Fortschrittler, gibt, sondern vielfach antworten dieselben Personen mit ja und mit nein, weil alle das Fragwürdige im Leben der Gegenwart empfinden. Und selbst jenen, denen die Gegenwart zusagt, ist zumindest zweifelhaft, ob sie für die Jugend das Richtige ist. [...] Die Schulerziehung zog sehr bald schon die besondere psychische Veranlagung der Jugend bei ihrer Arbeit in Betracht; Jugendpsychologie ist sogar ein äußerst wichtiger und spezieller Zweig der pädagogischen Wissenschaft; sie nimmt in der Berufsbildung der Lehrer neben der wissenschaftlichen Fachbildung den größten Raum ein. Im Verhältnis dazu werden die sozialen und ökonomischen Verhältnisse, in denen die Schüler leben schon viel weniger in Betracht gezogen; meist erst, wenn durch besondere Vorfälle die Aufmerksamkeit darauf gelenkt wird. Wie wenig die Schule die äußeren Verhältnisse ihrer Schüler als ihren Bereich ansieht, beweist, daß die Jugendpflege ein Gebiet der sozialen Fürsorge und nicht der Schule ist, und daß zu den Studienfächern der angehenden Lehrer Soziologie und Nationalökonomie nicht gehören. In der Pädagogik wird nur immer wieder darauf verwiesen, daß der Lehrer sich mir den häuslichen Verhältnissen seiner Schüler bekannt machen muß. Praktisch sind die Besuche von Lehrern bei den Eltern ihrer Schüler im Grunde ergebnislos. Das Erlebnis des Lehrers, seine Erschütterung nach einem solchen Besuch ist für die Schulpraxis kaum ergiebig. Wichtiger wäre ein genaues Studium der sozialen und wirtschaftlichen Struktur der Gegenwart, speziell der Verhältnisse am Schulort, und vor allem unverhohlene Kenntnis der Schäden, die aus falschen Verhältnissen entstehen. Viele geistige und psychische Störungen Jugendlicher sind durch psychologische Methoden nur vorübergehend zu bessern. Nur eine Änderung der Verhältnisse könnte sie endgültig heilen. Lehrer können allerdings schwerlich die Verhältnisse ändern, aber durch Schulen könnten Einsichten verbreitet und Änderungen vorbereitet werden [...]. Ein Recht der Jugend spielte in der Erziehung noch kaum jemals eine Rolle. Die Jugend war das Objekt im Unterricht und also rechtlos; sie hatte sich eines eigenen Willens zu begeben. Diese Basis der alten Schule wird heute auch vielfach festgehalten, das Schulleben verrät jedoch eine merkwürdige Lockerung in diesem Verhältnis. In der Jugend dämmert das Bewußtsein von einem Recht, das sie hat, und dadurch ist heute weitgehend die Haltung in der Schule bestimmt. [...] Einer Erörterung der Rechte der Schuljugend geht man in den Schulen nach Möglichkeit noch aus dem Weg. Die Ungelöstheit dieser Frage ist aber der Grund für sehr viele Schwierigkeiten im Schulleben; die Lehrer ahnen allerdings diese Zusammenhänge meist noch nicht. Obgleich jeder Lehrer weiß, daß das Ehrgefühl der Jugend sehr empfindlich ist, und daß das allgemeine Rechtsempfinden in der Jugend sehr entwickelt ist. Es liegt also nah, daß die Rechtlosigkeit der Jugend in der Schule, daß ihre unwürdige Situation zu inneren Komplikationen führt. Von den Lehrern wurden psychologische Methoden angewandt, um diese inneren Schwierigkeiten beim Schüler zu überwinden. Der einfachere Weg wäre eine natürliche Regelung der Rechtssituation. Ein geordnetes von Schülern und Lehrern anerkanntes Rechtsverhältnis würde nicht nur die Schularbeit reibungsloser gestalten, sondern aller Wahrscheinlichkeit nach auch erziehlicher und produktiver, weil es die innere Freiheit mehren würde." (Suhrkamp 1930: 340 f.)

Seit dieser Zeit bis heute sind zahlreiche Bücher über reformpädagogische Schulkonzepte und Schulmodelle erschienen und das wird wahrscheinlich auch in Zukunft so weitergehen. Dass in den 1920er Jahren mit der Wiener Schulreform (s.o.) eine ganze Großstadt mit ihren Massenschulen zu einem reformpädagogischen Terrain wurde, in dem die Verbindung von Schule und Lebenswelt praktisch – zumindest in großen Ansätzen – gelang, wird dabei meist nicht zur Kenntnis genommen. Die Skepsis, ob solche Kon-

‚zepte in die Massenschule übertragbar sind, wirkt weiter. Deshalb ein Einblick in diese damalige Praxis:

> „Als äußerer Hebel diente dabei zunächst die Berufung auf Psychologie und Jugendkunde. In den Pflichtschulen wurde der alte Katalog durch den Schülerbeschreibungsbogen ersetzt, der [...] ein Bild der sich allmählich entwickelnden Gesamtpersönlichkeit des Schülers zu geben bemüht sein soll. In seiner Anlage verbesserungsfähig, hat dieser Schülerbeschreibungsbogen doch eine ungeheure Wirkung geübt; weder in seinem eigenen theoretischen Standpunkt noch in den konkreten Einsichten in die Natur einzelner Kinder, die ihm zu danken sind, liegt der Kern seiner Bedeutung, sondern darin, daß er die Lehrer gewöhnte, dem Kinde zunächst nicht in der Haltung des Urteilenden und Wertenden, sondern des Beobachtenden und um Verstehen Bemühten entgegenzutreten. Auch der Einfluß der Jugendkunde bestand nicht in der Eröffnung neuer, unerhörter Erkenntnisse über die Natur des Kindes, sondern mehr in ihrer anderen Wertung. Gekannt hatte man die Sonderart des Kindes auch früher, nur hatte man sie gewissermaßen mit negativen Vorzeichen versehen. [...] Der Unterricht knüpft unmittelbar an die konkrete Umgebung des Kindes in Schule, Haus und Straße an, mit besonderer Vorliebe und besonderem Erfolg an die bei den gemeinsamen Lehrspaziergängen und Lehrausflügen gemachten Wahrnehmungen. So kommt das Kind nicht vorwiegend in die Rolle des passiven Aufnehmens und mechanischen Reproduzierens, sondern es berichtet und nimmt zustimmend, widersprechend, kritisierend Stellung, es kann für seine eigenen Meinungen, Einfälle, Vorschläge immer Gehör und Beachtung finden. Es bedient sich dabei der ihm vom Hause her vertrauten Redeweise, die die Schule nicht mehr mit einem Schlag durch „richtiges" Deutsch ersetzen will, sondern die sie allmählich und planmäßig in die Umgangssprache der Gebildeten überzuleiten bemüht ist. Dadurch ändert die Schule für das Kind völlig ihren Charakter; war sie früher ein Ort des Zwanges und unkindlichen Ernstes, so wird sie jetzt mehr und mehr zu der Stätte, die den mannigfaltigen Interessen des Kindes, seinem Betätigungsdrang und seinem Geselligkeitstrieb die beste Erfüllung bietet. Diese neue Erscheinung der „Schulfreudigkeit" der Wiener Kinder ist so in die Augen springend, daß sie auch von den Gegnern der Schulerneuerung nicht geleugnet wird.
> Ganz von selbst ist damit eine gänzlich veränderte innere Haltung des Lehrers zu den Schülern gegeben. [...] So wird dem Lehrer durch

die neue Situation zwangsläufig die große Rolle des Ermutigers zugewiesen. [...] Je weiter die innere Umstellung des Lehrers fortschreitet, desto bewußter baut er seine ganze Arbeit auf den Gemeinschaftsgedanken auf. Hat man früher die Ordnung der Schule dadurch sicherstellen wollen, daß man die Schüler an die Regeln einer papiernen „Schulordnung" band, so geht der moderne Lehrer den längeren aber wirksameren Weg, die Klasse das Bedürfnis nach Ordnung selbst erleben und so allmählich die notwendigen Ordnungsregeln als Gesetz entstehen zu lassen, die die Gemeinschaft gibt. So gewöhnt die Klasse sich von Anfang an, ihre Angelegenheiten selbst zu besorgen, und je weiter sie heranwächst, umso mehr kann auch bei der eigentlichen Unterrichtsarbeit das, was früher notwendigerweise dem Lehrer allein vorbehalten schien, von der Klassengemeinschaft übernommen werden. Die Festlegung eines Arbeitsplanes auf kürzere oder längere Zeit."(Furtmüller 1929: 201 ff.)

Der Autor dieser konzeptionellen Darstellung, Carl Furtmüller, war einer der zentralen Persönlichkeiten der Wiener Schulreform. Um wertschätzende Beziehungen zwischen Lehrenden und Lernenden aufbauen zu können, muss die Schule, seiner Meinung nach, nicht nur zu einer „Arbeitsgemeinschaft", sondern auch zu einer „Erholungsgemeinschaft" werden. Zugrunde liegt diesem Ansinnen die Annahme Furtmüllers, dass grundsätzlich jedem Menschen die Möglichkeit der Entfaltung zu einer „sittlichen Persönlichkeit" zuzusprechen ist. [...] Erziehung zu Autoritätshörigkeit und Gehorsam würden hierdurch durch die „Macht der Gemeinschaft und der Einordnung" abgelöst und bedingen Unterrichtsformen wie das „freie Klassengespräch" sowie die Festlegung der nachfolgenden Unterrichtsziele durch die „Klassengemeinschaft" (ebd.: 365). Furtmüller hatte die Vision einer „lebendigen Schulgemeinde".

Dieses reformpädagogische Modell der gesellschaftlich erweiterten Schulgemeinde hatte in Deutschland auch Siegfried Kawerau – wie damals manch andere – im Blick. Aber er gehörte ähnlich wie (jedoch früher als) Peter Suhrkamp zu den wenigen Schulreformern, die ihr Konzept soziologisch-sozialpädagogisch einbetteten. Seine „Soziologische Pädagogik" liest sich auch in weiten Teilen wie eine Sozialpädagogik als kritische Schulpädagogik.

Kawerau, der den entschiedenen Schulreformern um Paul

Oestreich angehörte und u. a. Herausgeber des damals verbreiteten *Weißbuch(s) der Schulreform* (1920) war, versuchte eine soziologische Grundlegung einer „neue(n) Erziehung aus der Struktur der werdenden Gesellschaft" (Kawerau 1921: 103 ff.) zu entwickeln. Die Einheits- und Produktionsschule als Institutionalisierung öffentlicher Pädagogik war für ihn das ökologische Zentrum, auf das sich Familien, regionale Arbeits- und Produktionsstätten, aber auch politische Organisationen gleichermaßen beziehen sollten. Die *Schulgemeinde* sollte so zur Lebensgemeinschaft werden, in der Erfahrungen gemacht und Rollen eingeübt werden könnten, die sonst von vornherein durch die ökonomische Funktionalisierung ausgeschlossen seien.

Dies aber sei nur in einer Gesellschaft möglich, in der die Widersprüchlichkeit von Pädagogik und Ökonomie – oder wie wir heute sagen: Von Sozialisations- und Produktionslogik – aufgehoben ist. Deshalb brauche es die Autonomie der freien Schulgemeinden, um die allseitige Persönlichkeitsbildung und Sozialerziehung der Kinder und Jugendlichen gewährleisten zu können. Die Schule dürfe nicht dem Sog des Kapitalismus unterworfen werden, der sie immer nur einseitig instrumentalisiere:

> „Was galt ihm [dem Kapitalismus, L.B.] die Entwicklung aller Fähigkeiten im Jugendlichen, die Heranreifung zum Vollmenschen – das konnte er gar nicht gebrauchen, ihm lag nur an der entwickelten Spezialität zur Nutzbarmachung in irgend einem Betrieb. (…) Hier in der Welt des Kapitalismus hat ja nichts seinen Eigenwert. (…) Ob Natur, ob Tier, ob Mensch – überall nur die eine Frage: Wie nütze ich's am besten, wie verwandle ich alles in Kapital." (Kawerau 1921: 95)

Kawerau propagierte die Abkehr von der kapitalistischen Produktions- und Profitperspektive hin zur reproduktiven Grundlegung gesellschaftlicher Arbeit. Der Kapitalismus treibe die traditionelle patriarchalische Familie in die Krise, überfordere sie, setze damit aber gleichzeitig die Notwendigkeit der Schulgemeinde als neuen Träger reproduktiver gesellschaftlicher Verantwortung und Phantasie frei:

> „Die neue Schule [muß] ein neues Recht des Körpers, ein neues Recht der Frau und der Gemeinschaft der beiden Geschlechter, […]

ein neues Recht der Jugend zur Darstellung bringen. Sie sei eine Erziehung zur Gemeinschaft durch die Gemeinschaft. Sie ersetze die Leistung der Familie durch höhere Leistung der Schulgemeinde, ohne doch die Tätigkeit der Familie auszuschalten: man mute der Familie nur das zu, was sie wirklich noch zu vollbringen imstande ist." (Kawerau 1921: 115)

Impulse: Humanisierung der Bildung – Sozialpädagogik als kritische Schulpädagogik – „Innere Bildungslandschaften"

Durch diese historischen Stellungnahmen zur Thematik ‚Jugend und Schule' ziehen sich verschiedene Aspekte, die man in der Summe als das ‚sozialpädagogisches Problem', wenn nicht gar – in der Begrifflichkeit Mennickes – als die „sozialpädagogische Verlegenheit der Schule" bezeichnen könnte. Sie kommen uns heute – nun in weiter modernisierten Kontexten – durchaus bekannt vor. Zum einen besetzt die Schule den alltäglichen Jugendraum, kann in aber nicht lebensweltlich gestalten. Zum zweiten ist sie zentrale Agentur der Sozialisation Jugendlicher, Strukturgeberin des Moratoriums, ist aber nicht in der Lage, diesen Sozialisationsraum von sozialen Belastungen freizuhalten. Und drittens schließlich hat sich das Verhältnis von Familie und Schule fast wieder verkehrt. Während seit damals evident war, dass die Schule in der modernen arbeitsteiligen Gesellschaft einen Großteil der Erziehungs- und Bildungsaufgaben über nimmt, die Familie also entlastet, scheint sie heute die Familie wieder neu zu belasten. Denn heute kehrt ein Typus sozialer Ungleichheit wieder, den gerade auch die Schule stützt: Es kommt wieder nicht nur darauf an, ob und wie ich durch meine Familie gehalten und unterstützt werde, damit ich Brüche und Übergänge bewältigen kann, sondern auch ob die Bewältigungsstrategien für ein Vorwärtskommen in der Schule passförmig sind.

Die Familie soll der zentrale Ort bleiben oder wieder werden, an dem sich die Motivationen und sozialen Kompetenzen entwickeln sollen die die Schule voraussetzt. Von Überforderung der Familie ist scheinbar nur noch in der Jugendhilfe die Rede. Familiensoziologisch ist aber unstritten, dass die Familie zwar ein wichtiger

Ort der Persönlichkeitsbildung ist, dass sie aber kein gesellschaftliches Lernen ersetzen kann, weil ihre Bindungs- und Kommunikationsstrukturen von Intimität geprägt sind, während in der Schul- und Arbeitswelt rationale Regeln und Verfahren samt ihrer Widersprüchlichkeit vorherrschen, die gesellschaftlich erfahren und erlernt werden müssen. Erinnern wir uns: Die Wiener Schulreform hatte ja vor allem auch das Ziel, Erziehung und Bildung aus der Abhängigkeit von der familialen Herkunft zu lösen, um so soziale Ungleichheit abzubauen. Jetzt kehrt diese familiale Abhängigkeit wieder zurück.

Gleichzeitig droht sich das bisher als interdependent betrachtete Verhältnis von persönlichkeitsbezogener Bildung, verwertungsorientiertem Wissen und politisch-gesellschaftlicher Beteiligung aufzulösen. Es wird von einem „Bruch zwischen Bildung und Wissen" (Wimmer 2002) gesprochen. Wissen wird dadurch immer mehr aus seinem subjektbezogenem Bildungsrahmen herausgelöst. Die neokapitalistisch gepolte Gesellschaft hat nicht mehr die Bildsamkeit des Menschen, sondern seine Fähigkeit, Träger und Optimierer von Humankapital in Form der Ressource Wissen zu sein, im Blickpunkt. Der *abstract worker*, der sich mit seinem Wissen sozial ungebunden anzubieten hat, schiebt sich als Leitbild in den Vordergrund: „Subjekttheoretisch wird hierbei der bildungstheoretische Topos der Selbstvervollkommnung des Subjekts als teleologischer Bezugspunkt des Bildungsbegriffs von der Figur des funktional unspezifischen, flexiblen Subjekts abgelöst, das auf Grund bestimmter Schlüsselkompetenzen in unterschiedlichen Kontexten agieren kann." (Höhne 2003, S. 99) Das Wissen wird so aus der sozialen Gebundenheit des Einzelnen gelöst, wirkt aber in seiner vom Menschen nicht mehr verfügbaren Macht auf diesen zurück. Indem Wissen ohne Rücksicht auf lebensweltliche Bedingungen abverlangt wird, kann der Prozess der Persönlichkeitsentwicklung neu gepolt werden. „Vorstellungen von Kompetenz greifen auf die ‚ganze Person' zu. Ein Effekt ist, dass sich die Grenzen von privat/öffentlich bzw. Lebenswelt/System verschieben, um nicht zu sagen: systematisch aufgelöst werden." (Höhne 2003:105) Die traditionelle Entkoppelung von Sozialisations- und Produktions-(Verwertungs-)logik löst sich auf. Es geht um das, was der Markt braucht, um zu funktionieren. Humankapital muss punktgenau zur Verfügung stehen. Es geht deshalb auch nicht um

Entwicklung des Menschen in diesem Prozess. Wie er zu dem jeweiligen Punkt der Entwicklung seines Humankapitalvermögens gekommen ist, bleibt seiner Selbstorganisationsfähigkeit und Selbstverantwortung überlassen. Eigensinnige Entwicklung wird gerade noch den Kindern zugebilligt, ab der Jugend geht es schon um die Akkumulation von Humankapital.

Auf die Soziale Arbeit kommt mit dieser Entwicklung ein gravierendes Orientierungsproblem zu. Sie hat ja vom sozialstaatlich gestützten Bildungsprinzip gelebt, nach dem die Humankapitalentwicklung an die Humanität des Menschen und seine personale und soziale Entwicklung gebunden war. So konnte sie auch die sozialen Räume und pädagogischen Umwege reklamieren, die für diese humane Entwicklung gebraucht und von ihr gefüllt wurden: das Jugendmoratorium, die biografischen Umwege in den Übergängen in die Arbeitswelt, die Experimentierräume sekundärer Integration. Jetzt ist die Frage, ob sie sich noch in dieser sozialpolitischen Struktur halten kann, oder ob sie/die Soziale Arbeit eben auch auf den Markt gedrängt wird, wenn die sozialanthropologische Seite von der ökonomisch-gesellschaftlichen Humankapitalperspektive abgekappt wird.

Insofern ist die alte wie neue Forderung, die lebensweltlichen Bezüge von Kindern und Jugendlichen in die Schule hereinzuholen bzw. die Schule entsprechend zu öffnen, auch unter diesen neuen Gesichtspunkten nicht leichter geworden. Man versucht es heute – zumindest konzeptionell – mit dem Modell der *Bildungslandschaften*, die eine – auch soziale – Erweiterung der Schule in den kommunalen Bereich hinein versprechen. Ihre zentrale Begründung bezieht sich auf die damit erhofften Möglichkeiten, formelle wie informelle Lernwelten aufeinander zu beziehen. So können trotz der Unterschiedlichkeit der Lernorte in deren Zielen, Konzeptionen und Zugängen in dieser Vernetzung Lerngemeinschaften entstehen. Dabei geht es vor allem um die Kooperationen zwischen Schule, Jugendhilfe, sozialen und kulturellen Einrichtungen sowie betrieblichen Ausbildungsstätten. In den inzwischen zahlreichen Modellen bleibt aber die Schule weiterhin der Lernmittelpunkt, allerdings nun mit der Maßgabe, sich gegenüber ihrer kommunalen Umwelt so zu öffnen, dass auch Rückwirkungen auf die schulische Struktur akzeptiert werden.

Allerdings hapert es bei diesen Modellen meist daran, dass die Koordination der unterschiedlichen Bildungsorte meist nur formal und damit *äußerlich* gedacht ist und keine Stelle mit eigenständigem pädagogisches Gewicht sichtbar ist, das auf das kommunale Netzwerk ausstrahlen und entsprechende verbindende Impulse setzen könnte. Man redet zwar von „Schnittstellen" der einzelnen Lernfelder, hat aber kaum eine entsprechende operative Vorstellung. Hier lohnt es sich wiederum, auf die Wiener Schulreform zurückzuschauen, die mit ihren über die Kommune verteilten Beratungsstellen – vor allem die der *Erzieher*beratung – die unterschiedlichen pädagogischen Berufe unter dem Dach einer gemeinsam geteilten pädagogischen (individualpsychologischen) Konzeption zusammen brachte: „Zum Spezifikum von individualpsychologischen Erziehungsberatungsstellen gehört, dass sie die enge Zusammenarbeit mit Lehrern und Schulbehörden ins Zentrum stellen. [...] Den Beratungen dort wohnten Vertreter des Lehrkörpers, Ärzte, Lehrer, Fürsorger und Studenten bei, wobei die Beratung meist nur einmal erfolgte und des Weiteren dem Erzieher überlassen wurde." (Bruder-Bezzel 1999: 121f.)

Hier sind die pädagogisch Handelnden selbst die ‚Schnittstellen' und lassen damit gleichsam ‚innere' Bildungslandschaften entstehen. Und weiter: Warum sollte man sich nicht wieder – so meine Assoziation – auch von Kaweraus Konzept einer *in die Kommune hineinreichenden Schulgemeinde* zumindest vom Grundgedanken her neu inspirieren lassen, denn dies ermöglicht es ja erst den LehrerInnen, kommunal zu agieren und vor allem: dafür legitimiert zu sein. Er hat schon damals die zunehmende Entkoppelung von Sozialisationslogik und Produktionslogik erkannt und die sich gesellschaftlich öffnende Schule als Gegenwelt definiert, in der dieser Spaltung praktisch begegnet werden kann. Im Begriff der Schulgemeinde sah er ein integratives Gebilde, das von selbst – so würden wir heute sagen – in eine „Bildungslandschaft" hineinwachsen könnte.

11 Frauenbilder – „relationale Emanzipation" (Schmidt-Beil, Frost, Busse-Wilson, Witte, Weber, Franzen-Hellersberg, Lüdy)

Die moderne Soziale Arbeit sieht viele ihrer historischen Wurzeln in der bürgerlichen Frauenbewegung. In der Tat sind gerade die den 1920er Jahren bedeutende Pionierinnen der Sozialarbeit aus der Frauenbewegung hervorgegangen und haben ihr professionelles Gesicht als Sorgearbeit (care) und Ort feministischer Gesellschaftskritik bis heute geprägt. Schaut man in die entsprechende Diskursliteratur der damaligen Zeit, so erfährt man viel über unterschiedliche emanzipatorische Ansätze in der Spannbreite zwischen radikalem antipatriarchalem Zugang („Geschlechterkampf") und verständigungsbereiter Gleichstellung („Kameradschaft") der Geschlechter. Über das Frauenbild und das Frausein der Klientinnen der Sozialen Arbeit, die auch damals meist aus den unteren Schichten mit oft noch rigiden traditionalen Geschlechterrollen stammten und an Familienhaushalt und Zuverdienst gebunden waren, erfahren wir allerdings wenig. Mehr hingegen in den Beschreibungen frauenbewegter Sozialwissenschaftlerinnen zum Lebenszusammenhang proletarischer Mädchen und Frauen, wie wir sie oben kennengelernt haben (vgl. Kap. 9). Diese werden aber oft aus der Warte des eigenen bürgerlichen Frauenbildes betrachtet, entsprechend mitleidsvoll angenommen und bezüglich ihrer emanzipatorischen Anlagen nicht gerade hoch bewertet.

Im zweiten Drittel des 20. Jahrhunderts wurde diese Verbindung zur Frauenbewegung von sozialpädagogischen Wissenschaftlerinnen und auch Praktikerinnen wieder gesucht. In dieser Rezeption wurde nicht selten der feministische Anspruch auf die Klientinnen der Sozialarbeit übertragen. Einerseits dort mit Erfolg, wo Frauen lernten, sich im häuslichen Gewaltverhältnis zur Wehr zu setzen und ihre eigenen Interessen gegen den Zwang der Familienrolle zu begreifen. Andererseits aber mit erheblichen Irritationen, als in der sozialpädagogischen Praxis deutlich wurde, dass viele der Klientinnen den feministischen Aufforderungen nicht folgen konnten oder gar wollten und auch viele aus der Generation der jeweils „neuen Mädchen" mit dem feministischen Erbe wenig anfangen konnten. Heute wird deutlich, dass das Frauenbild in der Sozialen Arbeit einer pluralen Verständigung bedarf, die an der sozialen Wirklichkeit der Klientinnen anknüpft und diese erst einmal akzeptiert, auch wenn es dadurch zum Konflikt mit dem eigenen feministischen Frauenbild kommt. Vielleicht wäre dafür der Begriff der *relationalen Emanzipation* denkbar. Zumindest können wir mit diesem Begriff die Diskussionen um das Frauenbild der 1920er Jahre strukturieren und dann fragen, welche Assoziationen sich daraus für eine heutige Verständigung über das sozialpädagogische Klientinnen-Bild ergeben könnten.

Im Jahr 1931 erschien in Deutschland das damals wohl thematisch umfangreichste Handbuch zur Lebenslage der Frau *Die Kultur der Frau - eine Lebenssymphonie der Frau des 20. Jahrhunderts*, herausgegeben von der Psychologin und Publizistin Ada Schmidt-Beil. Sie rechnete sich der „dritten Generation" der Frauenbewegung zu (vgl. Lion u. a. 1923), die damals nach einer pragmatischen Umsetzung der Ideen der Frauenemanzipation in allen Bereichen der Gesellschaft strebte. In ihrem Buch versammelte sie die Crème der arrivierten Frauen der Weimarer Zeit, die in Wissenschaft, Kultur und Politik, Bildungs- und Sozialwesen, Verwaltung und Wirtschaft reüssiert und sich einen entsprechenden Namen gemacht hatten. Das Werk war von dem Gedanken getragen, die Frau, nicht nur wie sie sich in der modernen Gesellschaft ihren eigenen Platz erkämpft hatte, darzustellen, sondern vor allem auch zu zeigen, wie Frauen die Gesellschaft privat *und* öffentlich durchwirkten und mit einer eigenen Sinnhaftigkeit mitgestalteten:

> „Das vorliegende Werk will einen Aufriss geben von der Form, in welcher die heutige Frauenwelt auf diesem neuen Wege zu schreiten versucht, auch wird zugleich versucht, die kulturelle Bedeutung des Frauenschaffens für die Allgemeinheit zum Ausdruck zu bringen. Klar hebt sich bei diesen Ausführungen heraus, dass die frühere Kampfesfront der Frau gegen den Mann nicht mehr aufrechterhalten zu

> werden braucht. Das bedeutet allerdings nicht, dass die Frau in ihren Bestrebungen nachlassen darf. (…) Sie wird durch eine erweiterte Entfaltung ihrer Bewusstseinsinhalte auch im Manne einen Entwicklungsprozess anregen, welcher beiden Geschlechtern zu einer neuen Lebensgestaltung in Richtung einer schöpferischen Synthese verhelfen wird. Das bedeutet für die Praxis des täglichen Lebens eine Befreiung, einen Wegfall von überflüssig gewordenen Grenzen, die im Sinne einer Lebenserfüllung immer eine Behinderung darstellen."
> (Schmidt-Beil 1931: VII/VIII)

Dass sich die Lebenslage der modernen Frau, so wie sie in Partnerschaft, Familie, Beruf und Öffentlichkeit in vielen Beiträgen des Handbuchs fast durchgängig beschrieben wird, so entwickeln konnte war demnach nicht nur auf den Erfolg der Frauenbewegung, sondern genauso auf die zunehmende Integration der Frau in den ökonomisch-politischen Modernisierungsprozess zurückzuführen. Die fordistische Konsumgesellschaft mit ihrem zunehmend arbeitsteilig verfeinerten Verfahren der Massenproduktion hatte zwei Entwicklungen ausgelöst, die sich direkt auf die Frau und ihre ökonomisch-gesellschaftliche Stellung auswirkten: die breite konsumwirtschaftliche Erfassung und Umstrukturierung des familialen Haushalts und die Ausschöpfung des weiblichen Humankapitals für die neuen Wissens- und Dienstleistungsberufe, welche die alte Industriestruktur zunehmend überlagerten. Während die erste Welle der industriellen Modernisierung in den letzten zwanzig Jahren des 19. Jahrhunderts die sozialpolitische wirksame Freisetzung und sozialstaatliche Absicherung der Arbeiterschaft hervorgebracht hat, beförderte nun die zweite – fordistische – Modernisierungswelle der zwanziger Jahre die gesellschaftliche Freisetzung der Frau:

> „Die sachliche Leistung, welche die Frau in der heutigen Kultur erfüllen muss, hat sie (…) in ihren persönlichen Beziehungen freier von sentimentalen Regungen gemacht. Während die Frau früher vorwiegend aus Gefühl bestand, ist dieses Gefühl nunmehr einer gestaltenden Formung durch eigenerlebte Leistung unterworfen worden." (ebd.: 627)

Dieser Zusammenhang von Sachlichkeit und Gefühl verbleibt nicht mehr länger im Privaten, sondern wird öffentlich und damit als gesellschaftliches Prinzip von den Frauen eingefordert. Das, was auch heute noch im sozialpolitischen Frauendiskurs thematisiert wird, die Durchdringung der rationalistischen Verfahrenspolitik des ‚männlichen Staates', der sich schnell den ökonomischen Sachzwängen unterordnet, durch eine Ethik der Fürsorge (Care), die sich aus der Privatheit heraushebt und so gesellschaftlich wirksam wird, war damals erklärtes Ziel der politisch-gesellschaftlich integrierten und entsprechend verantwortungsbewussten Frauen.

Der moderne Kapitalismus der Massenproduktion und des Massenkonsums hatte aber auch den Haushalt modernisiert und damit die Familiensphäre strukturell verändert. Die moderne Haushaltsführung verlangte Fähigkeiten, die nicht mehr wie bisher den Frauen über Tradition und Erziehung weitergegeben, sondern – vor allem im städtischen Bereich – an unterschiedlichen Bildungseinrichtungen und in Kursangeboten den Frauen als Kompetenzen vermittelt wurden. Nicht nur, weil die technische Modernisierung durch die Haushaltsgeräte und die Haushaltsplanung entsprechende Kompetenzen verlangte, sondern weil der Haushalt im Konsumkapitalismus zu einer wichtigen ökonomischen Einheit geworden war, welche Familie und Gesellschaft verband:

> „Heute ist der Haushalt keine abgeschnürte Zelle mehr. Hineingebaut in die große Volkswirtschaft, ist er ein kleines, aber wichtiges Glied des großen Ganzen. Deshalb steht auch die Hausfrau selbst nicht mehr abseits vom Rhythmus der Zeit. Denn sie erlebt die Verbindung von realen und ideellen Gütern, das Hineinspielen des volks- und weltwirtschaftlichen Geschehens in ihren kleinen Einzelbereich, aber auch den Einfluss wirtschaftlichen Auf- und Niedergangs, der den Lebensstandard der Familie weitgehend beeinflusst." (Jecker 1931: 568)

Dennoch blieb die Frau als Hausfrau im Schatten der damaligen Frauenbewegung und damit auch im Hintergrund des Frauendiskurses. Denn diese Frauenbewegung wurde

> „im Wesentlichen getragen von unverheirateten Frauen. Ihre realen Ziele beziehen sich zu wenig auf die Umgestaltung der traditionellen Lebensweise der Frau. Die Gründe sind wechselseitiger Natur. 1. Die verheiratete Frau ist ihrer natürlichen Lebensweise nach isolierter,

> unwilliger, sich zu organisieren, daher in Minderzahl in der Frauenbewegung vertreten. 2. Von vornherein sind die Hauptziele der Frauenbewegung für die Verheirateten von realem Wert nur insofern als sie ihr außerhäusliches Leben, d. h. nicht eigentlich ihr Leben als Hausfrau betreffen. [...] Auf der einen Seite stehen: der völlig unrationelle Haushalt und die Kinder. Die daraus erwachsenen Pflichten tragen das Zeichen einer ganz bestimmten Wertung. Die Verminderung diese Pflichtenkreises [...] trugen und tragen das Odium, das jeder Pflichtverringerung zugunsten von Bequemlichkeit und Genuß anhaftet [...] Auf der anderen Seite stehen die Frauen, ihrer Erziehung und inneren Stimme nach zur geistig sachlichen Arbeit berufen oder ihrer Selbständigkeit nach und ihrem Wirkungsdrang folgend ins Berufsleben eingetreten. [...] Beide Pflichtenkomplexe verhalten sich zueinander, heute mehr denn je, wie zwei auseinanderstrebende Kräfte." (Schottlaender-Stern 1925: 13ff.)

Wo man sich doch mit dem Haushalt befasste, war es der gehobene bürgerliche Haushalt, der – nun technisch modernisiert und rationalisiert – nicht länger das Gefängnis der Frau sein sollte. Man erhoffte sich im Gegenteil neue Möglichkeiten, dass Frauen so entlastet am modernen Leben partizipieren und sich kulturell – vor allem im außerhäuslichen Bereich – entfalten konnten. So ist das Kapitel über den Haushalt in dem oben genannten Buch auch dementsprechend programmatisch mit *Die moderne Lebenshaltung der Frau* überschrieben. Er galt nun als gesellschaftlicher Mikrokosmos, in dem sich vielfältige Funktionen abbilden und von den Frauen gestaltet werden könnten. Die neu entstandene Hauswirtschafts- und Ernährungswissenschaft sah die Frau als Unternehmerin, deren Arbeit nicht mehr entfremdet und untergeordnet war. Die Arbeitswissenschaftlerin Irene Witte, die damals die „amerikanische Küche" nach Deutschland brachte, fasste dies entsprechend in einem unternehmerischen Tätigkeitsbild zusammen, das heute in der TV-Werbung für Haushaltsgeräte (Vorwerk) gleichsam wieder auflebt:

> „Will sie Herrscherin über ihre Arbeit, Vollmensch mit vielseitigen Interessen und nicht Nur-Hausfrau sein, so muss sie dem Problem Arbeit ganz anders als bisher gegenüber stehen. Denn die Führung eines Haushaltes verlangt weit mehr als die routinemäßige Erledigung der täglichen Arbeit. Das Heim erfordert mehr als das. Es ist, genau

betrachtet, ein Restaurant, eine Schlafstätte, eine Schule, ein Krankenhaus, eine Turnanstalt, ein Spielplatz und eine Fabrik." (Witte 1931: 64)

Die doppelte Selbstständigkeit der Frau, so wie sie sich im fordistischen Konsumkapitalismus zu entwickeln begann, wurde auch als sozialpolitisches Ziel formuliert. Was heute von feministischen Wissenschaftlerinnen als sozialpolitisches Programm für die Selbstständigkeit der Frau in der Partner- und Familienbeziehung gefordert wird, nämlich so selbstständig und frei zu sein, dass sie jederzeit die Beziehung verlassen und die Bindung an den Haushalt aufgeben könnte, ohne in ihrer materiellen und sozialen Existenz gefährdet zu sein (exit-option), das forderte damals schon die „open-door-Bewegung". Dabei ging es damals wie heute schon um die Begründung, dass angesichts der modernen Entstrukturierung der Familie mit der Tendenz zum Aushandlungshaushalt dieser nur gut funktionieren könne, wenn der Frau ihre Selbstständigkeit und Freiheit gesetzlich garantiert sei und der Mann somit in eine partnerschaftliche Haltung gezwungen werde. Die „open-door-Bewegung" war damit die entsprechende sozialpolitische Konsequenz aus der ökonomischen Vergesellschaftung und öffentlichen Selbstständigkeit der Frau. Ihr musste auch eine als soziales Recht garantierte private Selbstständigkeit entsprechen. „Jede Frau soll unabhängig von Ehe- oder Wochenbett das Recht haben, zu allem selbst zu entscheiden, ob sie bezahlte Arbeit übernehmen will oder nicht und es soll sichergestellt werden, dass keine Gesetzgebung oder Regelung sie dieses Rechts berauben darf." (Lüders 1931: 377). So hieß es in dem Aufruf, der zur Vorbereitung des internationalen Zusammenschlusses der „open-door-Bewegung" im Frühling 1929 verbreitet wurde. Sicher waren die Forderungen der damaligen Bewegung noch vor allem bezogen auf die Bekämpfung der Arbeitsbeschränkungen für Frauen und auf die Gleichberechtigung in der Berufs- und Arbeitsplatzwahl. Dennoch war der Aspekt der selbständigen Entscheidung der Frau immer mitgedacht.

Die Freisetzung eines neuen Frauentypus im Zuge der konsumkapitalistischen Modernisierung hatte damals aber vor allem das Erziehungs- und Bildungswesen in Verlegenheit gebracht. Die traditionelle Mädchenerziehung war immer noch geschlechtstypisch auf die Familiengebundenheit der Frau ausgerichtet, auf eine eigene weibliche Moral ohne echte Anerkennung geschlechtsübergreifender, öffentlicher weiblicher Lebensformen. So nahm sich auch das pädagogische Bild der jungen Frau aus, wie es im deutschen Schulwesen verbreitet war. In dem Maße, in dem nun die Mädchen und jungen Frauen in ihrer jugendlichen Gegenwartsorientierung die Aufforderung der modernen Zeit annahmen, wurden sie für die Pädagoginnen „gestaltlos", damit erzieherisch schwer erreichbar und galten nicht selten als gefährdet. Dieses Unverständnis und diese Verlegenheit von Lehrerinnen und Erzieherinnen gegenüber den Mädchen, die ohne Rücksicht auf traditionelle Rollenvorgaben mit neuen Lebensformen experimentierten, hat Elisabeth Busse-Wilson als „moralische(s) Dilemma in der modernen Mädchenerziehung" beschrieben:

> „Der Kernpunkt im Emanzipationskampf des weiblichen Geschlechts war die Eroberung des ‚ungeteilten' Geistes. Die liberalen wie die konservativen Vertreter der modernen Mädchenbildung haben bei der Durchbrechung des männlichen Bildungsmonopols etwas sehr Entscheidendes indessen nicht bemerkt, nämlich, daß sie mit der Freiheit des Geistes auch die Freiheit des Lebens verteidigten. (…) Die alte Mädchenerziehung war in Dingen der Natur feige und unsicher, die moderne aber ist eine Ungeheuerlichkeit. Auf der einen Seite entkleidet sie durch die Erziehung zur objektiven Wissenschaftlichkeit unwillkürlich die ‚Welt des Geschlechtlichen' von dem Schreckhaften und Furchterregenden, das sie auf der anderen Seite aber gleichzeitig wieder nährt. Sie schlägt das ganze Buch des Lebens vor der weiblichen Jugend auf und ist nachher erschrocken, wenn ihre Zöglinge aus diesem Buch lernen. (…) Denn die Jugend hat auch gleichzeitig einen unbeirrbaren Sinn für das Tatsächliche. Sie merkte bald, dass diejenigen, welche Führung und Geltung beanspruchen, sich in Wahrheit als höchst unkompetent erwiesen, und so musste diese Jugend immer mehr der bestehenden moralischen Leitung entgleiten. Diese Jugend sezessionierte nicht aus Anarchismus und Leichtsinn, sondern weil sie Sachkenntnis erwartete und Gesetze verlangte, die nicht aus der Konvention kommen, sondern aus dem Wesen der Geschlechtlichkeit selbst. Statt dessen aber nahm sie wahr, dass die Diskussion der älteren Frauengeneration (z. B. in den an die Frauenbewegung angeschlossenen Vereinen) über Eheprobleme und verwandte Gebiete etwas rührend Hilfloses haben

und stark an die Vorstellungen des kleinen Moritz vom außerehelichen Leben der Menschen erinnern." (Busse-Wilson 1931: 589f.)

Die Frauenbewegung habe zwar, so Busse-Wilson, um die geschlechtliche Emanzipation der Frau in der Familie, für die kameradschaftliche Partnerschaft gekämpft und die Prostitution verdammt, sie sei aber nie so weit gekommen, die freie Bestimmung der Frau über ihr Geschlecht als Vollendung und Vervollkommnung weiblicher Selbstständigkeit zu fordern. Diese Forderung habe nun aber der Vergesellschaftungsprozess selbst freigesetzt. Indem sich die Bildungszeit der Mädchen angesichts der gesellschaftlichen und beruflichen Erwartungen an die moderne Frau verlängert hätten und Berufsausbildung, Studium und berufliche Einmündungszeit das Lebensalter vieler Frauen zwischen zwanzig und dreißig bestimmten, habe sich das Heiratsalter weit über die Grenzen der Jugend hinausgeschoben. Ob und wie Mädchen nun sexuelle Erfahrungen machten, sei nicht mehr an frühe Ehe und Partnerschaft gebunden, sondern werde von vielen modernen jungen Frauen in eigene Regie übernommen und mit dem Streben nach beruflicher Selbstständigkeit und ungebundener Lebensweise abgestimmt. Dadurch erst erlangten sie die eigentliche Selbstständigkeit, die Unabhängigkeit vom Mann.

> Diese Lebensform der modernen jungen Frau sei nicht amoralisch, sondern im Gegenteil „voll produktiver Moralität. Die andere Seite gerade jener Erfahrung ist, dass sie als erste Frauengeneration ein Verhältnis zum männlichen Geschlecht gewann, eines, das abgesehen von persönlichen Liebesbindungen durch sachliche Interessengemeinschaft begründet ist. Dass in der Berufsausbildung begriffene studierende oder berufstätige Mädchen fühlt sich dabei nicht mehr in die Rolle des Nur-Geschlechtswesens gedrängt. Es hat so den Mann, der für die Generationen vorher immer nur ein Bräutigam und Gatte, Vater oder ‚Onkel' war, überhaupt erst als ‚Mensch' entdeckt. Das ist ein ungeheurer menschheitlicher Gewinn. Denn auf dem Umwege über dieses übergeschlechtliche Erleben des Mannes hat die Frau nun auch ein anderes Verhältnis zu ihrem eigenen Geschlecht gewonnen." (Busse-Wilson 1931: 595)

Busse-Wilson beschrieb die unterschiedliche weibliche Praxis, die sich in der Auseinandersetzung mit den Bildungs- und Berufsanforderungen, der Herauslösung aus traditionellen Milieus, dem Verhältnis zum Mann und im Umgang mit der von ihren Müttern nicht gekannten Selbstständigkeit herausbildet. Der Aufsatz enthält die Aufforderung an die Pädagogik, sich in eine produktive Spannung zu diesen neuen Lebensformen zu begeben und von da aus Fragen der Moral zu thematisieren:

> „Infolge der affektlosen Sachlichkeit, zu der Schule und Beruf sie erzogen, sehen sie jetzt, dass die moralischen Maßstäbe, die man ihnen mitgegeben hatte, nicht mehr standhalten, dass zwischen gelebtem Leben und gelehrter Sittlichkeit eine große Kluft besteht." (ebd.: 591)

Der neue Strom der Individualisierung, der die überkommenen Sozial- und Geschlechtergrenzen überspülte und den jungen Frauen neue Lebensformen eröffnete, zeichnete sich schon früher ab. In der damaligen Analyse der Publizistin Lucia Dora Frost, welche auf den sozialen und beruflichen Aufstieg der Frauen in diesem Prozess der Modernisierung schon vor dem Ersten Weltkrieg hinwies, kam ein entsprechender Generationenkonflikt zum Ausdruck, mit dem sich die Frauenbewegung bis heute auseinandersetzen muss:

> „Die Frauen und Töchter der Aufgestiegenen sind es, die der neuen weiblichen Generation das Gepräge geben werden. Die Merkmale dieses Typus sind, wenn man ihm wohl will: unverbraucht, mit starkem Appetit auf das Leben, optimistisch und geistig unerstarrt. [...] Die Schatten sind Unsicherheit in allem Höherem, viel guter Wille, wenig Geschmack und die Entschlossenheit, sich dergleichen sehr schnell anzueignen, wenig Begabung für das geistige und sinnliche Detail, statt dessen Bewunderung der ‚Großzügigkeit', schwankende Stellung nach oben gegen Tradition und Autorität, und die Maskierungen, die man als Snobismus bezeichnet [...]. Damit muß die neue Generation in einen Gegensatz zur Rechtlerei treten, die auf größere Belastung des weiblichen Geschlechts ausgeht, um ihren ausschweifenden Traum von gleichem Recht und gleicher Moral verwirklicht zu sehen. Darum ist es falsch zu glauben, die neue weibliche Generation werde die unerfüllten Träume der alten verwirklichen,

oder vielleicht die Träume eines kleinen Teils der alten Generation, der Frauenrechtlerinnen. Diese klagen heute über mangelnde Dankbarkeit der Jugend für das von ihnen Erkämpfte, über Undank sogar." (Frost 1914: 135-138)

Dieser strukturelle Generationsvorteil der jungen Frauen als jeweils neue Generationen wurde dann in den Freisetzungsprozessen der Weimarer Zeit besonders augenfällig. Mit dem endgültigen Einzug der fordistischen Wirtschaftsweise in Deutschland und der sozial durchschlagenden Wirkung seiner ökonomischen Zauberformel des Kreislaufs von Massenproduktion und Massenkonsum trat vor allem die junge Generation in die Sphären neuer Lebens- und Arbeitsweisen ein. Diese Prozesse der Freisetzung der jungen Generation und der ökonomischen Aufwertung des Privathaushaltes und damit der Hausfrauenrolle drängten auf eine Neuformierung des Geschlechterverhältnisses vor allem in den mittleren Sozialschichten. Dies wurde politisch flankiert und gestützt durch die beginnende Demokratisierung der Gesellschaft und den sozialstaatlichen Geschlechterkompromiss, der auf die tendenzielle Gleichstellung von Männern und Frauen abzielte. Auch wenn die männliche Hegemonie in Gesellschaft und Familie nicht aufgelöst werden konnte, so gab es für die Frauen doch breite Einstiege ins Bildungswesen und feminine „Vorposten" in politischen und administrativen Bereichen. Frausein wurde in allen Gesellschaftssphären öffentlich, vor allem aber in der neuen Welt der Freizeit und des Konsums. Zum ersten Mal mussten sich die (jungen) Männer auch öffentlich nach den Frauen richten. Das Geschlechterverhältnis – zumindest in der lebensweltlichen Praxis – erfuhr jene Tendenz zur Gleichstellung, die in den damaligen Bildern von der „Kameradschaftsehe", dem „fairen Sportsmann" und dem selbstbewussten und männerironischen „kunstseidenen Mädchen" (so ein Romantitel der damaligen Zeit) zum Ausdruck kam. In dem bereits vorgestellten Handbuch „Die Kultur der Frau" wurde Anfang der 1930er Jahre nicht nur der kulturelle und soziale Aufstieg der modernen Frau dokumentiert, sondern auch Bilanz zum Stand des Geschlechterverhältnisses gezogen:

„Es hat sich auch im Praktischen eine Annäherung der Geschlechter vollzogen, bei welcher der Nimbus der idealen Vollkommenheitsvorstellung, die einer vom anderen hatte, als Produkt anerzogener Vorstellungen, einem gesunden Realitätsempfinden Platz gemacht hat. Die sachliche Leistung, welche die Frau in der heutigen Kultur erfüllen muss, hat sie ferner in ihren persönlichen Beziehungen freier von sentimentalen Regungen gemacht. Während die Frau früher vorwiegend aus Gefühl bestand, ist dieses Gefühl nun mehr einer gestaltenden Formung durch eigen erlebte Leistungen unterworfen worden. Der Mann dagegen hat seine überbetonte logisch-intellektuelle Einstellung mit mehr seelischen Komponenten durchziehen gelernt, so dass in beiden Geschlechtern zwei veränderte Typen Menschen sich allmählich vor dem neuen Bild des Lebens sich in der Gegenwart abheben. [...] Der kämpferische Standpunkt der Frauen dem Manne gegenüber, der notwendig zur Kennzeichnung und Behauptung der beschriebenen Richtung war, ist der Tendenz gewichen, mit dem Manne zu schreiten in der Gemeinschaft gemeinsamer Lebensinteressen." (Schmidt-Beil 1931: 627)

Was hier eine Vertreterin der „dritten Generation" der bürgerlichen Frauenbewegung als *relationale Emanzipation* – so würde ich es deuten – propagierte, war denen, die am Programm des antipatriarchalischen Kampfes der zweiten Generation festhielten, mehr als suspekt:

„Vielleicht ist dasjenige, was am stärksten gerade diese junge Frauengeneration von der älteren trennt, das veränderte Verhältnis zum Mann" (Wex 1929: 362). Und Gertrud Bäumer, zur Zeit dieses Zitats 57 Jahre alt, befürchtete, dass die Mädchen in den damals schon gemischtgeschlechtlichen Jugendverbänden, „um der – wirklichen oder scheinbaren Harmonie willen – genügsam werden und bewußt oder unbewußt auf sich selbst verzichten und wieder Anhängsel werden." (Bäumer 1930: 196)

Es war der Argwohn dass die jungen Frauen ihre Emanzipation an „modernen" aber darin männlichen Maßstäben ausrichteten und damit Gefahr liefen in eine Beziehung der „harmonischen Ungleichheit" – wie das heute heißt – hinein zu rutschen. „Diese Kritik richtete sich [deshalb] auch gegen neue ökonomische und geistige Abhängigkeiten vom Mann – dem Arbeitgeber – durch die Errungenschaft der Frauen-Erwerbstätigkeit sowie gegen den Schein der Gleichberechtigung von Studentinnen, die sich deshalb nicht als

Frauen organisieren wollten, wie auch gegen die sexualreformerischen Behauptungen der Abhängigkeit weiblicher Jugendlicher von sexueller Befriedigung im engeren Sinn." (Stoehr 1986: 393)

Diese Befürchtungen sind auch verständlich, wenn man sieht, dass bis in die damalige sozialwissenschaftliche Mädchen- und Frauenforschung hinein die Perspektive der Komplementarität – gerade im Blick auf die proletarischen jungen Frauen – vorherrschte:

> „Das Postulat der Komplementarität manifestiert sich in einem festgefügten Deutungsmuster, mit dem die Autorinnen dieser Phase (der 1920er und 1930er Jahre, LB) an das Frauenbewußtsein herangehen. Sie suchen und finden Aufopferungsbereitschaft. Weibliche, insbesondere mütterliche Erwerbsarbeit aus Not, aus Vorsorge- und Fürsorgeaspekten wird akzeptiert – solange sie zwingend existentiell erforderlich ist. Sie muss den Familienfunktionen von Frauen entsprechen und darf keinen eigenständig begründeten anderen Motiven entspringen, Nur so könne die Frau ihrem Wesen gerecht werden und sich emanzipieren. Diese Optik führt dazu, daß im Rahmen der Untersuchungen ein Aspekt des Frauenbewußtseins überbetont, ein anderer kaum wahrgenommen wird. Weibliche Erwerbstätigkeit gehorcht nicht nur Zwängen, Frauen sind nicht nur Opfer, viele wollen den gesellschaftlichen Wandel, der ihnen größeren Handlungsspielraum bietet für sich nutzen." (Milz 1994: 58)

Die relationale Emanzipation der proletarischen Mädchen und jungen Frauen bewegte sich also weder entlang der Programmlinie der Frauenbewegung noch im Korsett der Komplementarität, sondern lief vor allem über die neue Jugend-, Berufs- und Konsumkultur.

Die Pädagogik kann darum – so folgerte Lisbeth Franzen-Hellersberg – auch nicht von einem vorgefassten emanzipatorischen Frauenbildbild ausgehen, sondern hat gerade die eigenen Reaktionsformen in ihrer „Vitalität" dadurch zu würdigen, dass sie die inhärente Bewältigungsleistung der Mädchen und Frauen anerkennt:

> „Diese Erkenntnis zwingt zu der Konsequenz, dass die ‚Vitalform' eine andere Art von Würdigung, wissenschaftlicher Beachtung, aber

> auch von moralischer Anerkennung verdient hätte.[...] Ist die Vitalform eine natürliche und echte Reaktion auf die Lebensarmut der proletarischen Schicht, so handelt es sich bei der sozialpädagogischen Führung an erster Stelle darum, den vitalen Typ nicht abzubiegen.[...] Durch ständige Kritik wird jedenfalls die Anzahl der Unsicheren, der Problematischen, der Empfindsamen vermehrt und deren Gefährdung eher besiegelt als verhindert." (Franzen-Hellersberg 1932: 88f.)

Schwer tat sich auch die feministische Sozialforschung mit dem emanzipatorischen Frauenbild, wenn es um die Mütter aus den proletarischen Milieus ging, aus denen sich großenteils die Klientel der Sozialen Arbeit rekrutierte. In der von Alice Salomon und Marie Baum herausgegebenen Forschungsreihe zum Gesamtthema „Bestand und Erschütterung der Familie in der Gegenwart" (1930–32), in der in verschiedenen Studien die Lebenszusammenhänge von Frauen in sozial belasteten Familien untersucht wurden, wird in zahlreichen Monographien drastisch beschrieben, in welchen Überforderungs- und Ausbeutungsverhältnissen Mütter ausgesetzt sind. Bezeichnend ist dabei, dass in diesem Zusammenhang vor allem gefragt und bewertet wird, ob unter diesen Bedingungen die Frauen imstande sind, die Familien zusammenzuhalten oder nicht. Das wird z.B. bei der Studie von Elisabeth Lüdy über die Lage von „erwerbstätigen Müttern in vaterlosen Familien" (1932) – das bis heute klassische Klientel der Familienfürsorge – deutlich. Ich greife vier Fallbeschreibungen (von 184) heraus:

> *„Die Mutter, früher Verkäuferin, hat zum Teil ihrer Schwächlichkeit wegen, die durch die schlechte wirtschaftliche Lage wiederum ungünstig beeinflusst wird, in den letzten Jahren nur vorübergehend eine Arbeit gefunden. Nachdem sie 1926/27 arbeitslos geworden ist, dann Aushilfsarbeiten hatte, arbeitet sie seit einem ¼ Jahr bei einer Arbeitszeit von 8-5 Uhr (dazu zwei Stunden Weg) 92,-RM im Monat. [...] Die Arbeitszeit der Mutter ist für die Durchführung der häuslichen Arbeiten besonders ungünstig. Sie kann sich darum auch – abgesehen vom Sonntag, der wiederum von häuslichen Arbeiten ausgefüllt ist – kaum den Kindern widmen. [...] Der innere Einfluß der Mutter auf die Kinder ist anscheinend gering. Der Familienzusammenhang scheint gelockert."* (Fall 18)

"Die Mutter ist seit dem Tode des Mannes in dessen Firma als Lageristin beschäftigt und verdient bei achtstündiger Arbeitszeit 8 bis ½ 5 Uhr (zuzüglich Hin- und Rückweg von zwei Stunden 117 RM im Monat. [...] Der sehr ordentliche Haushalt wird von der Mutter nach der Arbeitszeit, Sonnabend nachmittags und Sonntags besorgt. Abends kocht sie das Essen vor, dass sich die Kinder dann am nächsten Mittag wärmen. Die Mutter hat höchstens sechs Stunden Nachtruhe und ist körperlich zart und Elend. Die Kinder [...] sind durch die wirtschaftliche Not abgestumpft, so daß die innere Kraft zur Gestaltung eines Familienlebens fehlt, und der Familienzusammenhang trotz aller Aufopferung der Mutter gelockert ist." (Fall 55)

"Die Mutter, sehr arbeitsam und ordentlich, etwas beschränkt, ist seit zwölf Jahren erwerbstätig. Seit sechs Jahren arbeitet sie als Reinemachefrau in einem Familienbetrieb. Volltagsarbeit 5-8Uhr und nachmittags 3-6Uhr überstieg ihre Kräfte und sie ging daher 1925 zur Halbtagsarbeit über, durch die sie monatlich 41,- RM verdient. Ihr Gesundheitszustand hat sich seitdem erheblich gebessert.[Die zum Teil schon erwachsenen Söhne geben zus. 65 RM ab, LB].Den Haushalt hält die Mutter mit Hilfe der Kinder in Ordnung. Zur Erziehung der Kinder reichten ihre geistigen und physischen Kräfte nicht aus. Die Kinder sind im Waisenhaus erzogen und von dort in den Beruf gebracht worden. Trotzdem ist eine Familienverbundenheit festzustellen." (Fall 171)

"Die Mutter wurde aus der chemischen Fabrik, in der sie acht Jahre lang gearbeitet hat, wegen dauernder Krankheit. Sie ist durch die Arbeit völlig verbraucht und verdient nur noch durch gelegentliche Aufwartungen etwa 20 RM im Monat [hinzu kommen ihre Kriegshinterbliebenen- und Invalidenrente, L.B.]. Der Haushalt ist wenig gepflegt. Die Mutter hat ihre Gesundheit zerstört und zur frühzeitigen Invalidität geführt. Sie hat die Erziehung der Kinder gefährdet und deren Entwicklung beeinträchtigt." (Fall 172)

Die Mütter werden meist als Opfer beschrieben, die alles erleiden und erdulden und sich nicht zur Wehr setzen können, aber dennoch oft krampfhaft versuchen, die Familie zusammenzuhalten. Elisabeth Lüdy kommt zu der aus feministischer Sicht resignativen Bilanz:

> „Der gleiche Lebensstoff [wird]von der Schöpferkraft der Frau einmal zu hoher Blüte gebracht, ein anderes Mal zum Ausgang der Zerstörung."

Dies ist auch in den Familien-Monografien des ersten Bandes der Reihe (Salomon 1930) (noch stärker) zu spüren, wenn Frauen Gewaltverhältnissen ausgesetzt sind. Die weiblichen Kompetenzen der Sorge und Empathie schlagen auf diese Frauen selbst zurück, wenn sie sich trotz erlittener Gewalt weiter um ihre gewalttätigen Männer sorgen, Ein Problem, das heute noch genauso dort akut ist, wo sich männliche häusliche Gewalt gegen Frauen aufbaut und verfestigt. Aus den damaligen Schilderungen erhält man den Eindruck, dass in den Frauen keine Anzeichen von Widerstandskraft zu finden sind, höchstens Überlebenswillen. Ich habe den Eindruck, dass schon hier die Ambivalenz des feministischen Blicks in der Sozialen Arbeit aufscheint: Auf der einen Seite eignet er sich für die Skandalisierung der Lage der Frauen, gleichzeitig kann er den Zugang zu den verschütteten Stärken erschweren, weil dies weit außerhalb der emanzipatorischen Standards liegt. Die Frauen werden so schnell zu Defizitwesen gemacht.

Impuls: Akzeptanz der Pluralität weiblicher Lebensformen – „relationale Emanzipation"

Die emanzipatorischen Grundprinzipien der damaligen Frauenbewegung – Gleichstellung, Selbstbestimmung der Frau und Gleichbewertung ihrer Tätigkeiten bilden auch heute die Grundlinien der Sozialen Arbeit mit Mädchen und Frauen. Aber auch die feministische Verlegenheit in Bezug auf die Einschätzung des Frauenbildes und des Frauseins gerade sozial benachteiligter Klientinnen scheint mir geblieben. Das beginnt oft schon im Studium der Sozialen Arbeit, wenn das Gros der weiblichen Dozentinnen eine mehr oder minder feministische Anspruchshaltung vertritt, die schwer in das Klientenmilieu der Unterschicht integrierbar ist. Als ich vor zwei Jahren an einer österreichischen Universität ein Seminar „Sozialisation und Sozialpädagogik" im Master-Studiengang abhielt und die Genderthematik in den Mittelpunkt stellte, hieß es bei den StudentInnen unisono: Gender sind wir durch, das haben wird doch schon alles gehabt. Es stellte sich dann heraus, dass sie den konstruktivistischen Ansatz intensiv kennengelernt, und deshalb immer nur die eine Seite, die soziale Konstruktion von Geschlecht im Kopf hatten. Deshalb waren sie gleich misstrauisch, als ich mit der Wirklichkeit weiblicher Bewältigungsmuster in kritischen Lebenssituationen und mit dem Problem kam, dass Klientinnen nicht selten ihre traditionale weibliche Rolle als Orientierungssicherheit empfanden, die man ihnen nicht so einfach weg- oder schlechtreden darf, also erst einmal so akzeptieren muss, wenn man Zugang zu ihnen finden will. Sonst wertet man sie doch von vorherein ab. Am Ende begriffen sie dann, dass es hier nicht um eine biologistischen Rückfall geht, sondern um eine psychosoziale Wirklichkeit, die zwar theoretisch dekonstruierbar, in der empirischen Praxis aber als gewordene Tatsache existiert, mit der man leibhaftig konfrontiert wird. Und das man das dann auch in eine kritische Spannung zur konstruktivistischen Perspektive setzen muss.

In den 1970er und 1980er Jahren hatte sich in Westdeutschland – vor allem in den Kreisen akademisch gebildeter und gewerkschaftlich (später auch kirchlich) organisierter Frauen – eine emanzipatorische Bewegung gebildet, die – zumindest öffentlich-symbolisch – wieder den antipatriarchalen Geschlechterkampf suchte. Dieser Sog der *feministischen* Prägung des Geschlechterdiskurses hat auch die Sozialarbeit seit dem ausgehenden zwanzigsten Jahrhundert erfasst. Mit dem nachhaltigen Ergebnis, dass man in der Zunft fachlich (oft auf Männerseite meist widerwillig) erkannt hat, dass berufliches Handeln in der Sozialen Arbeit unprofessionell ist, wenn es nicht geschlechtsreflexiv angelegt ist. Allerdings ist dabei bis heute in der Sozialen Arbeit immer wieder neu die Frage zu stellen, ob die tradierte feministische Sicht auf Mädchen und Frauen, wenn an ihr starr festgehalten wird, noch der jeweiligen psychosozialen Wirklichkeit der Frauen entspricht. Gerade die Sozialarbeit braucht ein realistisches Bild davon, wie ihre Klientinnen ihr Frausein und ihre Geschlechterrolle – auch in Abhängigkeitsverhältnissen – begreifen, will sie Zugang zu ihnen finden. Deshalb ist es für gegenwärtiges und zukünftiges geschlechtssensibles sozialpädagogisches Denken wichtig, sich an die Pluralität des Frauenbildes im damaligen Emanzipationsdiskurs des beginnenden 20. Jahrhunderts und der 1920er Jahre zu erinnern. Fast hundert Jahre später ist das von Dora Frost geschildert Generationenproblem, nun in der Diskursgestalt der „neuen Mädchen", wieder aufgetreten: „Mit der Flexibilisierung und Entstandardisierung von Lebensläufen (gewinnen) Fragen der biografischen Gestaltung des eigenen Lebens, der Lebensplanung, und der Lebensführung an Bedeutung. Mit diesen Anforderungen sind Frauen in ganz besonderem Maße konfrontiert, da es für sie kein institutionalisiertes Lebenslaufmodell mehr gibt und sie mit ihrem biografischen Handeln zur Konstruktion neuer Lebenslaufmodelle für Frauen beitragen." (Oechsle 2000: 54)

Es sind die Mädchen und jungen Frauen, die sich fast wie damals – eigene Frauenbilder jenseits feministischer Vorhaltungen suchen. Mädchen wollen heute nicht mehr als Defizitwesen angesprochen werden; sie sind heute explizit selbstbewusster, fühlen sich in ihren Ansprüchen gegenüber Jungen gleichberechtigt. Vor allem darin wird deutlich, wie problematisch ein eindimensional feministisches Frauenbild in der Jugendarbeit sein kann. Erst recht in der Sozialen Arbeit mit Frauen. Denn hier hat man es – gleichsam umgekehrt – mit Klientinnen zu tun, die sich an scheinbar traditionelle Frauenbilder zu klammern scheinen und sich erst einmal bedroht fühlen, wenn sie in der pädagogischen Beziehung das Gefühl bekommen, man wolle sie ihnen nehmen. Sie wollen aber erst einmal in ihrem Frau-Sein anerkannt und nicht gleich negativ damit konfrontiert werden. Es gehört zum Grundpostulat akzeptierender Sozialarbeit, dass man die Klientinnen, so wie sie sind respektiert. Der feministische Frauendiskurs hat oft genug – zumindest implizit – die Hausfrauenrolle diskriminiert. Und gerade da kann man sich ein Beispiel am Frauendiskurs der 1920er Jahre nehmen, in dem die Anerkennung der Pluralität der Frauenrolle und des Frau-Seins auch in emanzipatorischer Perspektive hervorgehoben wird.

Natürlich hat der feministische Ansatz Recht, wenn beklagt wird, dass Frauen dann erst recht zu Klientinnen gemacht werden, wenn von ihnen Eigenschaften wie Emotionalität, Ausgleich und Fürsorge erwartet werden. Denn es gilt, dass in der Beratung zusammen mit den Frauen Strategien gegen die Festlegung von Frauen auf defizitäre Rollenstereotype entwickelt werden. Dabei wird aber oft übersehen, dass Frauen sich in solche Zuschreibungen und entsprechende Selbstbilder einfügen, weil sie dazu strukturell gezwungen werden und weil sie darin zugleich subjektive Problemlösungen suchen, um irgendwie doch Handlungsfähigkeit erreichen, auch wenn sie damit objektiv in eine noch schlechtere Position als vorher geraten sind. Dies alles macht den Beratungsprozess zu einem komplexen Bedingungsgefüge. Wenn sich der Beratungsprozess an den Frauen orientieren soll, dann muss auch immer bedacht werden, dass Frauen selbst Lösungen in den Beratungsprozess mitbringen, die den Lösungsperspektiven der Sozialarbeiterin zuwiderlaufen können. Auch hier wird deutlich, dass die Sozialarbeiterin nicht mit einem vorgefassten Frauenbild agieren darf, sondern ihre Parteilichkeit auf die Bewältigungslage der Klientinnen zielen muss: Erst einmal ‚Akzeptieren' von Abhängigkeiten, Anerkennung des bisherigen Widerstands aber auch der Suche nach (wenn auch gescheiterten) Lösungen, Annehmen der Sprache der Frau als Ausdruck ihrer Bewältigungslage. Wenn ich von vornherein davon ausgehe, dass das Frau-Sein der Klientin nicht meinem feministischen Frauenbild, dass ich als Sozialarbeiterin habe, entspricht, laufe ich Gefahr, dass ich sie von vornherein zum Defizitwesen mache.

12 Männerbilder – der „bedürftige Mann" (Gurlitt, Blüher, Rühle, Jahoda)

Der Frauenbewegung entsprechende Männerdiskurse aus dieser Zeit sind auf den ersten Blick nicht aufzufinden. Erst im zweiten Zugang stoßen wir auf Diskursspuren, aus den sich ein ambivalentes Männerbild herauslesen lässt. Wenn ich diese im Folgenden pointiere, gehe ich selektiv und die Intentionen der damaligen Autoren oft überschreitend vor. Aber der Kern ihrer oft durch Männerpathos verdeckten Aussagen, ihr Hinweis auf das Ausgeliefert-Sein des Mannes bei gleichzeitigem Dominanzstreben, kann uns Anregungen für die Zeichnung eines ambivalenten Männerbildes geben, mit dem wir auch heute – natürlich genderwissenschaftlich entwickelt und sozialempirisch fundiert – Zugang zum Mann als Klienten finden können.

Wir finden ihn nicht unbedingt im damaligen Bild des „modernen Mannes" wie ihn die bürgerlichen Kreise der Frauenbewegung in ihrem Milieu erfuhren, sich wünschten und entsprechend verallgemeinerten. Es war der neue Typ des Mannes, der angesichts der sozialen und kulturellen Emanzipation der Frau sich in eine Kultur des Entgegenkommens fügte und in ihr zu seiner eigenen Veränderung kommen sollte. Der Männerdiskurs wurde also von Frauen geführt.

> „Eines erleben wir heute bestimmt: Neben die moderne Frau ist der moderne Mann getreten, der eine veränderte Einstellung zum anderen Geschlecht entweder selbstverständlich aus sich heraus entwickelt oder aus der Erfahrung seines Lebens gewinnt. […] Es hat sich auch praktisch eine Annäherung der Geschlechter vollzogen. […] Während die Frau früher vorwiegend aus Gefühl bestand, ist dieses Gefühl nunmehr einer gestaltenden Formung durch eigen erlebte Leistung unterworfen worden. Der Mann dagegen hat seine überbetonte logisch-intellektuale Einstellung mit mehr seelischen Kompo-

nenten durchziehen gelernt, so daß in beiden Geschlechtern sich zwei veränderte Typen Menschen allmählich von dem neuen Bild des Lebens in der Gegenwart abheben. [Dabei] darf nicht verkannt werden, daß die vielfachen Leistungen der Frauen von heute einerseits im Manne bedeutende Unsicherheitsgefühle erzeugen können, welche in ihm ein Gefühl der Bedrohung seiner männlich gefestigten Person hervorzurufen vermögen, und daß andererseits ihm diese Selbstständigkeit der Frau alle jene Unbequemlichkeiten schafft, welche immer mit der Tatsache erwachteren Lebens verknüpft sind. [...] Das eigen- und neuartige unserer Zeit bleibt jedenfalls, daß der moderne Mann, wenn er erst einmal den Gegensatz der Typen erlebt und begriffen hat, die Frau alten Stiles nicht mehr will." (Schmidt-Beil 1931: 626 ff.)

Verblüffend ist, wie sich diese Grundfigur des modernen entgegenkommenden aber zugleich verunsicherten Mannes in den deutschen Männerstudien der letzten zwanzig Jahre wiederfindet. Zu dieser weiblichen Darstellung passt eine in der Grundtendenz zwar komplementäre – fast zeitgleiche – männliche Stellungnahme, die aber in ihrem Tenor ins Gegenteil umschlägt: Der destruierte Mann im Bannkreis der Frauenbewegung, der keine eigene Kraft hat, sich aus sich heraus zu verändern:

„Es stellte sich heraus, daß der Mann in seinen Methoden der Behauptung durch Arbeit genauso scheitern muß, wie er mit seinen Methoden der Behauptung durch Kampf gescheitert ist. [...] Dieses Schicksal der Männerwelt wird aber von unserer Zeit noch nicht als unvermeidbar begriffen. Vor allem versucht ihm der Mann durch Aktionen der Abwehr zu begegnen. Er erklärt der sozialistischen und feministischen Bewegung den Krieg.[...] Mit großer Rührigkeit sind konservative Tendenzen am Werk, die im Zusammenhange mit der wirtschaftlichen und politischen Reaktion das von der Frau verkörperte Neue aufhalten wollen, um das vom Mann verkörperte Alte vor dem völligen Untergange zu retten. Der liberale Mann ist mehr oder weniger geneigt, zu resignieren; er ist müde, um der Frau den Weg zu vertreten, und zu ratlos, um selbst eine Initiative zu entwickeln. So gibt er sich frauen- und zukunftsfreundlich, ohne zu erfassen, auf welches Ziel die Lösung des Problems überhaupt hinaus will." (Rühle 1932: 7 f.)

Rühle vermisste damals einen kritischen Männerdiskurs. Aber die Weimarer Zeit hat kein entsprechendes Männerbild hervorgebracht (vgl. Schmale 2003). Es herrschte vielmehr das Bild des der neuen Technik und Konsumgesellschaft angepassten Mannes vor allem bei den jungen Männern vor: „geistfremd und leibgläubig, technisch gewandt und erfolgsstrebig" (Frankenberger 1929: 421). Kleine Ansätze zu eigenen, von Männern geführten kritischen Männerdiskursen finden wir deshalb eher früher, in der Zeit von der Jahrhundertwende bis zum ersten Weltkrieg. Im damaligen Deutschland hatte sich im Schatten einer tönernen patriarchalisch-militaristischen und gleichzeitig hochtechnisierten Gesellschaft eine antikapitalistische Kulturkritik entwickelt, in der das Bild des destruierten Mannes als „Untertan" und „Maschinenmann" Symbolcharakter bekam. Der in der industriellen wie militaristischen Zurichtungsform aufgegangene Mann war darin kein Gestalter mehr, sondern ein der Maschine Unterworfener, von ihr Entseelter. Der Expressionismus karikierte den von den Maschinen abhängigen wie degenerierten, zur Maschine gewordenen Maschinenmann. Intellektuelle – vor allem auch Pädagogen – setzten in ihrer Hoffnung auf eine neue, die Seelenlosigkeit des Industriekapitalismus überwindende Gesellschaft nicht mehr auf den Arbeiter, sondern auf die Jugend (s.o.). In der Jugend hoffte man auch, die (von der industriellen Vereinnahmung) gereinigten Formen von Männlichkeit und Mann-Sein zu entdecken, jene neue „Mannhaftigkeit", welche das korrumpierte Männerbild des alten Patriarchats ablösen sollte. Es war nicht nur eine literarisch und publizistisch beschworene Krise des Mannes in der Maschinenwelt. Denn in der sozialen Wirklichkeit begannen damals schon die patriarchalischen Familienmilieus – vor allem in den bürgerlichen Kreisen und aufkommenden Mittelschichten – zu erodieren, Frauen traten als eigenständige Persönlichkeiten hervor und Gruppen in der männlichen bürgerlichen Jugend begannen, sich als eigene soziale Gruppe zu begreifen, die sich aus der Fremdbestimmung durch ihre Väter lösen wollten.

So kam es nicht von ungefähr, dass gerade in der Jugendbewegung – neben dem Ausleben von Jugendkultur – auch die Suche nach einem Junge- und Mann-Sein jenseits der patriarchalischen Gesellschaft um sich griff. In der Ablehnung der Väter symbolisierte sich die Ablehnung der alten Autoritäten; der von der Jugendbewegung angeprangerte „äußerliche" Rationalismus und Materialismus der Gesellschaft machte sich an der Erfahrung mit den Vätern fest, die sich im Äußeren zu genügen und zu erschöpfen schienen. Diesem seelenlosen Außen, dem „falschen Schein", wurde die „innere Form" entgegengesetzt. Entsprechend wurde auch innere Männlichkeit und Mannhaftigkeit gesucht. In Beziehungswünschen und Verkehrsformen der jugendbewegten Gruppen äußerte sich dies als Suche nach einer anderen Väterlichkeit und nach einem Weg zum eigenen Geschlecht in der inneren Verbindung mit anderen. Beides war eine Suche nach dem „Innen", aus dem sich das neue Mann-Sein entwickeln sollte:

> „Gesunde Männlichkeit ist Väterlichkeit: Väterlichkeit, die sich wahrhaftig nicht nur in der Art zeigt, wie der Mann, dem es vergönnt ist, eigene Kinder zu zeugen, diese seine Kinder betreut, sondern Väterlichkeit als eine aus dem tiefsten Wesen des Mannes geborene und all seine Lebensbeziehungen durchdringende Art: Die Art der Menschen (…), die nicht durch Gewalt herrschen, sondern durch Stärke helfen wollen." (Stählin 1923: 50)

Hier ist bereits das Motto einer gesellschaftlichen Väterlichkeit geprägt, das Walter Hollstein fünfundsechzig Jahre später seinem Männerbuch (1988) geben wird: „Nicht Herrscher aber kräftig". Die Suche nach dem *eigenen Geschlecht* durchzog die Jugendbewegung, auch wenn sie es immer wieder zu verdrängen versuchte; das Homosexualitätstabu saß tief in der Gesellschaft, und wer dagegen verstieß, hatte Strafe und Ächtung zu befürchten. Die zeitgenössischen Denunziationen der Jugendbewegung als Schwulenbund und die verqueren Versuche aus der Jugendbewegung, sich dagegen zu wehren (vgl. dazu Geuter 1994) sprechen in diesem Zusammenhang eine beredte Sprache: Dieses Rechtfertigungssyndrom verdeckte schließlich auch immer wieder den entwicklungspsychologischen Kern und Antrieb in der Zuwendung der Jungen zum gleichen Geschlecht, „die Sehnsucht nach dem Freund", die in „körperlichen Vorgänge(n) der Bewegung und Berührung" erlebt und symbolisiert werden könne (Geuter 1994: 121). Das, was Jungen bis heute in ihrem Aufwachsen schwerer gemacht wird als den Mädchen, die Entdeckung ihrer eigenen Körperlichkeit, konnte in den Jugendbünden stattfinden: Die eigene körperliche

Geschlechtlichkeit durch „Spiegelung am Freund" (Geuter) erfahren zu können.

Die Jugendbewegung hat die Männergesellschaft nicht direkt erschüttert, sie hat aber Intellektuelle – zu ihrer Zeit und später – dazu inspiriert, eine Kritik der überkommenen patriarchalen Industriegesellschaft zu formulieren und nach einer Pädagogik des neuen Mannes zu suchen. Die Jugendbewegung war nicht unbedingt eine Jungmännerbewegung. Ihre Mitglieder verstanden sich als Jugend und orientierten sich an ihrer Jugendlichkeit, die sie aber immer wieder der gesellschaftlich herrschenden Männlichkeit und Väterlichkeit entgegensetzten. Es war also ein impliziter Männlichkeitsdiskurs, der sich in der Jugendbewegung entwickelte.

Karl Blüher, der erste Chronist des Wandervogels, stellte diesen Zusammenhang von jugendbewegter Jungenkultur und gesellschaftlichem Männerdiskurs her. In seinem Werk *Die Rolle der Erotik in der männlichen Gesellschaft* (1919) versuchte er vor allem, das Homosexualitätstabu, das die jugendbewegten Gruppen so sehr unter Druck gesetzt hatte, gesellschaftlich aufzuklären und damit implizit eine antikapitalistische Theorie des Mannseins zu entwickeln, indem er das Homosexualitätstabu nicht nur als kulturelles, sondern vor allem auch als ökonomisch-gesellschaftliches Prinzip erkannte.

Blüher versuchte zu zeigen, dass die Entwicklung und Ausdifferenzierung der Gesellschaft in der Geschichte zwar ein Werk des Mannes war, gleichzeitig aber auch zu Lasten des Mannes vor sich ging. Denn dieser Prozess der gesellschaftlichen Externalisierung und Arbeitsteilung verlangte vom Mann die Herausbildung eines ebenso externalisierten, nach außen gedrängten und nach innen verschlossenen Charakters. Eine innere männliche Gefühlswelt konnte sich so nicht entfalten, männliche Gefühle von Bindung und Zuneigung – bei Blüher vor allem im Sinne der erotischen Zuneigung zum eigenen Geschlecht – durften sich nicht ausbilden, denn sie hatten in dieser konkurrenten und darin externalisierten Männergesellschaft nichts zu suchen, mussten unterdrückt und sublimiert werden. Die industriekapitalistische Moderne hatte sich mit der geschlechtshierarchischen Arbeitsteilung auf die Heterosexualität eingespielt, sie war konstitutiv für seine soziale Reproduktion. Nicht nur Verkehrsformen gleichgeschlechtlichen Umgangs miteinander, sondern Empathie für den anderen Mann überhaupt mussten damit zwangsläufig die den Kapitalismus tragende Kultur der Konkurrenz und gegenseitigen Verdrängung stören. So sei in der neueren Geschichte eine Spirale der zunehmenden Austrocknung der Homoerotik und damit der männlichen Gefühlswelt überhaupt entstanden: Homoerotik werde gesellschaftlich tabuisiert, um den industriellen Entwicklungsformen der Externalisierung und Konkurrenz freien Lauf geben zu können.

Auch Ludwig Gurlitt wollte in seiner „Erziehung zur Mannhaftigkeit" (1906) das „Innen" des Mannes wieder aufschließen und daraus – nicht im falschen äußerlichen Schein – männliche Tatkraft erwachsen sehen. Im Gegensatz zu Hans Blüher, der mit einem dekonstruktivistischen Modell der männlichen Gesellschaft arbeitete, bezog sich Gurlitt im zeitgenössischen kulturkritischen Pathos auf die Männerkultur des deutschen Kaiserreichs. Sein Begriff der „Mannhaftigkeit" war ein Suchbegriff, mit dem er der Pädagogik – vor allem der in der Schule – zeigen wollte, dass eine Reform von Schule und Gesellschaft nur über die Erneuerung des Mannes gelingen könne. Die gesellschaftliche Entwicklung der damaligen Jahrhundertwende habe den Mann gleichsam in die ‚Zange genommen' und doppelt korrumpiert, entmannt: Auf der einen Seite wirke noch unvermindert das starre hierarchische Autoritäts- und Unterwerfungsprinzip einer undemokratischen und entsprechend bürokratischen Gesellschaft fort, gleichzeitig habe sich aber schon die kapitalistische Wirtschaftsdynamik dieses verfüg- und ausbeutbaren Mannes bemächtigt. Die damalige Schule war für ihn dabei der zentrale gesellschaftliche Ort der Domestizierung des Mannes und der Aushöhlung seines in ihm angelegten besonderen männlichen Gestaltungswillens.

Gurlitts Buch ist eine diffuse wie ambivalente und verquere Suche nach dem Innen, eine Kritik an der äußeren gesellschaftlichen Zurichtung und Verfügbarkeit des Mannes, der doch „von Natur aus" zur Tat und nicht zur Unterordnung, zur Gestaltung und nicht zur Selbstverleugnung bestimmt sei. Es ist nicht mehr der Mann des patriarchalischen Milieus, der wie selbstverständlich überlieferte Macht demonstriert, sondern der den gesellschaftlichen Mächten ausgelieferte Mann, dem die Pädagogik – schon über die Jungenerziehung – zu neuem Selbstbewusstsein verhelfen muss. Auch hier zeigt sich wieder der an seiner Verstrickung in die industriekapitalistische Wirtschaft gebrochene Mann, dazu noch in seiner Ratlosigkeit der Frauenbewegung gegenüber. Otto Rühle sah hier zwar, vor allem auch bei Blüher, den Versuch, über die Neuformierung des traditionellen Männerbundes die Männermacht noch zu retten. Aber trotzdem: Was die männertheoretische und -pädagogische Kulturkritik der vorletzten Jahrhundertwende angestoßen hat, ist die Erkenntnis, dass Männer in einer ambivalenten Weise mit der industriekapitalistischen Gesellschaft verstrickt und im Verlauf des gesellschaftlichen Wandels besonderen Bewältigungsproblemen ausgesetzt sind. Sie alle thematisierten – zumindest implizit – den *bedürftigen* Mann, dem das Innen verwehrt ist.

Kommen wir aber wieder zu der Zeit der 1920er Jahre, die den Mann und seine Männlichkeit weiter und intensiver im Außen von Leistungskonkurrenz und technischem Fortschritt aufgehen sah. Günther Dehn beschrieb dies bei jungen Männern aus dem proletarischen Großstadtmilieu, wo sich dieses Männerbild vor allem über das dominante Interesse an Sport und Technik ausdrückte:

> „Das entspricht unserer Zeit, die auf Leistung ausgeht [...] Die Sportnachrichten in den Zeitungen werden zuerst gelesen. Die großen Boxmeister, die Helden der Radrennbahn, die Läufer, die Vertreter der Leichtathletik sind alle wohlbekannt und an ihren Erfolgen und Mißerfolgen nimmt man leidenschaftlichen Anteil. Auch die persönliche Teilnahme am Sport ist sehr groß. Daß man ihn ganz unter dem Gesichtspunkt des Rekords betreibt, ist selbstverständlich [...] Die proletarische Jugend betreibt, soweit sie ungelernt ist, in erster Linie Fußball und Radfahren." (Dehn 1932: 234)

Und dann die extreme Maskulinität meist erwerbsloser junger Männer, um die sich die damalige Fürsorge vor allem dann vergeblich bemüht, wenn sie sich in devianten Cliquen – oft entlaufene Fürsorgezöglinge – zusammengeschlossen und gleichsam als „sechster Stand" (Schön in Mennicke 1930: 89) verselbstständigt haben. Solche Cliquen

> „sind auf den Führer, den sogenannten Cliquenbullen bedingungslos eingeschworen. [...] Prügeleien, alkoholische Exzesse und grobe Sexualität (junge Mädchen werden als ‚Cliquenkühe' mitgeführt) sind

selbstverständlich. Es soll in Berlin 600 solcher Cliquen geben" (Dehn 1932: 237). Sie haben „einen geradezu fanatischen Haß gegen die Gesellschaft und ihre Einrichtungen […]. Aus diesem Haß entspringen dann auch ihre asozialen Handlungen und ihre Bemühungen, eine eigene Gesellschaft in der Gesellschaft darzustellen, die sich gegen alles Besehende in der ihnen unbequemen und verhaßten Gesellschaftsordnung wendet" (Schön in Mennicke 1930: 89).

Ähnliche Abspaltungstendenzen, wenn auch nicht lange nicht gewaltförmig, wurden bei dem Millionenheer der arbeitslosen Männer gegen Ende der 1920er Jahre aus der Sicht der Erwerbslosenfürsorge beschrieben. Die Hilflosigkeit im „Gewaltverhältnis" der Arbeitslosigkeit lege die Männer in ihren Aktivitäten lahm. „Die verdrängte Aktivität sucht sich entweder in bestimmten Formen des Massenbewußtseins ihren Weg, oder sie mündet in persönlichen Fatalismus." (Hirsch 1930: 124)

Auch in der berühmt gewordenen österreichischen Studie „Die Arbeitslosen von Marienthal" (Jahoda/Lazarsfeld/Zeisel 1933), in der gezeigt wird, wie die plötzlich hereinbrechende Arbeitslosigkeit ein ganzes Dorf paralysierte, sind es die Männer, die völlig hilflos sind und in dieser Hilflosigkeit meist fatalistisch reagieren oder gar gewalttätig werden. Diese Bedürftigkeit, arbeiten zu wollen und gleichzeitig zu erleben, wie es ihnen verwehrt ist, wird in dieser Studie deutlich Mit dem Verlust der Arbeit hatten sie auch ihre Identität verloren und waren nicht einmal mehr in der Lage, ihre Zeit und ihren Alltag als Arbeitslose irgendwie zu überblicken, geschweige denn zu organisieren. Das wird in den Zeitverwendungsbögen, die für diese Studie entwickelt wurden, deutlich:

Für die Männer hat die Stundeneinteilung längst ihren Sinn verloren. Aufstehen – Mittagessen – Schlafengehen sind die Orientierungspunkte am Tag, die übriggeblieben sind. Zwischendurch vergeht die Zeit, ohne daß man recht weiß, was geschehen ist. […] Der Arbeitslose ist einfach nicht mehr imstande, über alles, was er im Laufe des Tages getan hat, Rechenschaft zu geben. Die bei den Männern am häufigsten auftretende Form der Zeitverwendung ist das Nichtstun. […] Das alles gilt nur für die Männer, denn die Frauen sind nur verdienstlos, nicht aber arbeitslos im strengsten Wortsinne geworden. Sie haben den Haushalt zu führen, der Ihren Tag ausfüllt. Ihre Arbeit ist in einem festen Sinnzusammenhang." (Jahoda/Lazarsfeld/Zeisel 1975: 84 ff.)

In der damals in Deutschland groß angelegten Familienstudie (182 Familienmonographien 1930) in der von Alice Salomon und Marie Baum herausgegebenen Forschungsreihe zur Lage der Familien wird das überkommene patriarchale System dafür verantwortlich gemacht, dass Männer vor allem in Krisenzeiten ihre Bewältigungsprobleme gewalttätig auf ihre Frauen abspalten, wie die familiale Autorität mancher Väter „in Herrschsucht ausartete, wieviel Unterdrückung und traurige Lebensnot von Frauen und Kindern [...] dabei getragen werden mußte" (Salomon 1930: 15). Dies bleibe meist verborgen, da die Gesellschaft weiter am Idealbild der Familie festhalte. Mit der sich in den 1920er Jahren durchsetzenden Individualisierung bekomme die Familie ein anderes Gesicht. In diesem Sinne spiegelt die Studie in den meisten der Monographien ein Männer- bzw. Väterbild, das durch eine Kultur der elterlichen Verständigung gekennzeichnet ist, gleichwohl die Männer die Kontakte und Freiheiten im außerfamilialen und öffentlichen Leben für sich beanspruchen.

Der Individualisierungsprozess wird aber auch für Auflösungstendenzen von Familien verantwortlich gemacht. Hier findet sich auch die männliche Klientel der Sozialarbeit. In der Männerstudie dieser Reihe ging es in diesem Zusammenhang um Väter, die die Familie verlassen hatten, weil sie nicht mehr imstande waren, die Ernährer-Rolle zu spielen Sie wurden zu „heimlosen Männern", die – so die These – (vgl. Schaidnagel 1932), durch diese Tendenzen der Auflösung der Familie in die Heimlosigkeit getrieben würden. Gescheiterte und verlassene Männer, die meist nicht einmal mehr in der Lage waren, Männlichkeit zu demonstrieren, weil sie von dem „sozialpsychologischen Bedürfnis nach einem Heim", nach „seelisch umschließender Umgebung", gebannt wurden. Eine Bedürftigkeitskonstellation par excellence, die der Begriff „heimlos" meines Erachtens besser ausdrückt, als der Begriff „obdachlos" oder gar die neuere Bezeichnung „wohnungssuchend". Die Fürsorge, so der Autor der Studie „Heimlose Männer", Ventur Schaidnagel, Leiter des AWO-Männerheims in Köln-Deutz, könne ihnen Heimstatt bieten, denn auch ein Zusammenleben kollektiver Art „mit Zugehörigen des gleichen Geschlechts" könne ähnliche Wirkungen der Zugehörigkeit erzeugen wie die Familie. Er spielt dabei auf die historische Sozialfigur der Männerbünde an. Der Einfluss von Hans Blühers Männerbild (s.o.) ist für mich unverkennbar.

Impuls: Die Orientierung am „bedürftigen Mann"

Sicher sind diese verstreuten und in sich selbst oft unsicheren Arbeiten zur Männerthematik zu Beginn des 20. Jahrhunderts keine Vorlagen für den heutigen Männerdiskurs, so wie das bei den Arbeiten zu den früheren Frauenbewegungen der Fall ist. Aber sie gaben uns doch Impulse dahingehend, dass man die lange tabuisierte Seite des Mannes, seine Verfügbarkeit und Zurichtung in der industriekapitalistischen Gesellschaft thematisieren und zum tradierten Bild der patriarchalen (inzwischen hegemonialen) Männlichkeit in Spannung setzen muss. In der neueren, international vergleichenden Männerforschung wird inzwischen auf den wachsenden Einfluss verwiesen, den die globale kapitalistische Ökonomie auf die Freisetzung und Formung von Männlichkeiten hat. In den 1990er Jahren war ja in der Männerforschung die der Frauenforschung geschuldete Scheu verbreitet, auch Männer als Opfer der Verhältnisse zu thematisieren. Nun scheint man sich darin einig zu sein, dass eine Abkehr von einem einseitigen direkten Hierarchiemodell männlicher Dominanz notwendig ist und genauso die Frage gestellt werden muss, wie Männer in die ökonomischen Machtstrukturen verstrickt sind.

Männer stellen zwar Machtverhältnisse her, sind ihnen aber gleichzeitig unterworfen. Sie sind eben die Geschlechtergruppe, die den Bedingungen kapitalistischer Verwertung ohne echte Rückzugsmöglichkeit (wie sie die Frau in der gesellschaftlich sanktionierten Zone der Mutterschaft hat) ausgesetzt ist. Das Konzept der hegemonialen Männlichkeit (vgl. Connell 1999) kann also im Grunde nur die Seite der Dominanz von Männlichkeit, nicht aber die Seite der *männlichen Verfügbarkeit und Verletzlichkeit*, der abhängigen Verstrickung des Mannes in den industriekapitalistischen Verwertungsprozess aufschließen. Damit gerät das Hegemonialkonzept in Gefahr, selbst zum *Verdeckungszusammenhang* zu werden, in dem dann Leiden von Männern nicht mehr thematisiert werden können. Hegemoniale Männlichkeit konstituiere sich vielmehr – in den industriekapitalistischen Gesellschaften – in der *Dialektik von männlicher Dominanz und Verfügbarkeit*. Gerade in kritischen Lebenskonstellationen – wie z. B. Trennung, Arbeitslosigkeit, Konkurrenzdruck – wird männliche Hilflosigkeit sichtbar, auch wenn die betroffenen Männer auf dezidiert maskuline Bewältigungsmuster zurückgreifen –Gefühlsabwehr und Rationalisierung, Kontroll- und Abwertungsstrategien.

Über die Erkenntnis und das Aufschließen dieser männlichen Bedürftigkeit erhalten wir in der Sozialarbeit Zugang zu männlichen Klienten, die z. B. als Täter in häusliche Gewalt verstrickt sind oder als junge Väter unter der mangelnden Vereinbarkeit von Familie und Beruf leiden oder als junge Erwachsene im Übergang zum Beruf scheitern. Vieles an männlichem Bewältigungsverhalten – vor allem in Krisensituationen – ist nach außen abgespaltene innere Hilflosigkeit. Da in unserer Gesellschaft Hilflosigkeit nicht als positives soziales und kulturelles Gut anerkannt ist, vielmehr als Schwäche gilt, gleichsam als soziale Impotenz, ist sie in der männlichen Gesellschaft ein Tabu. Es gibt keine Räume, in denen Männer ihre Hilflosigkeit ausdrücken können. Alles muss erklärt, rationalisiert werden können. Wenn – wie bei kritischen Lebensereignissen – die Außenwelt zusammenbricht, bisherige soziale Beziehungen nicht mehr greifbar sind, wird die Unfähigkeit, der Mangel mit seiner eigenen Hilflosigkeit umzugehen, sie sich einzugestehen und auszudrücken für den Mann zum psychosozialen Bumerang. Nicht umsonst sind Männer gewaltgefährdeter, weil sie dazu getrieben werden, ihre Hilflosigkeit außen zu bekämpfen, auf andere, Schwächere zu projizieren. Viele Männer sind in einer riskanten Zwangslage und spüren dies. Auf der einen Seite nimmt die Intensivierung der Arbeit zu, werden sie dadurch noch mehr nach außen gezogen, gleichzeitig bietet die Arbeit nicht mehr die Sicherheit und Selbstverständlichkeit, mit der das Mann-Sein bei den meisten bisher im Außen aufgehen konnte. Das Gespenst des rollenlosen Mannes geht in der Männerwelt genauso um wie der damit verbundene Drang, sich wenigstens als maskulin zu inszenieren, wenn schon die männliche Dominanz, die patriarchale Dividende nicht mehr arbeitsgesellschaftlich abgesichert ist. Nun rächt sich, dass Männer über Generationen hinweg keine Erfahrungen mit dem Problem der Vereinbarkeit von Familie und Beruf haben, keine alternativen Rollenvorgaben, an denen sie sich neben und außerhalb der Arbeit sozial orientieren könnten.

So kommt es, dass in vielen der externalisierten Verhaltensweisen von Männern, vor allem dann, wenn sie sich antisozial äußern, die *Bedürftigkeiten* nicht vermutet oder gesehen werden, die dahinter stecken. Dieses nach Außen-gedrängt-Sein, Nicht-innehalten-Können führt auch dazu, dass Männer es schwer haben, Empathie zu zeigen, das heißt sich in die Gefühle anderer hineinversetzen zu können. Der Mangel an Empathie stärkt natürlich das Konkurrenzverhalten, das von Männern traditionell in der Arbeitswelt erwartet wird und schwächt so ihre Sensibilität für Fürsorglichkeit. Männer können schlecht damit umgehen, wenn jemand Probleme hat. Wenn Männer arbeitslos werden, dann fühlen sie sich vor allem deswegen entwertet, weil sie die Angst überfällt, dass sie nicht mehr funktionieren und dass sie nun überhaupt nichts mehr wert sind. In Wiedereingliederungsprojekten mit langzeitarbeitslosen Männern wird deshalb darauf geachtet, dass sie Gelegenheiten bekommen, zu zeigen, dass sie auch Fähigkeiten und Kompetenzen außerhalb der Arbeit – im kulturellen und sozialen Bereich – haben, dass sie diese Fähigkeiten entwickeln können, dass dies aber erst gelingt, wenn sie zu sich kommen, Selbstbezug im Innen erfahren können. Bis in die Zonen der Gewalttätigkeit zieht sich diese Sehnsucht nach dem Innen und das Verlangen nach Anerkennung dieser Sehnsucht, die aber verwehrt ist. Wieder der bedürftige Mann.

13 Männliche Sexualität, Macht und Pädagogik (Lazarsfeld, Hirschfeld)

Die verdeckte männliche Hilflosigkeit und Bedürftigkeit ist auch ein Thema in Sophie Lazarsfelds Arbeiten zur Sexualberatung, die sie aus ihrer eigenen Praxis heraus entwickelte, Sie sind bis heute nicht nur für die Genderforschung, sondern auch für eine geschlechterbewusste sozialpädagogische Beratung interessant. Es ging ihr um die Emanzipation der Frau, die sie aber nicht nur über die Aufhebung der geschlechtshierarchischen Arbeitsteilung, sondern – damit untrennbar verbunden – auch über ihre sexuelle Selbstbestimmung erreichen wollte. Sie entwickelte ein individualpsychologisch inspiriertes Plausibilitätsmodell, das an die schon damals in der Sexualforschung diskutierte These anknüpfte, dass sich gerade im Sexualerleben die unsichere männliche Identität spiegele, die im Berufs- und Alltagsleben von vielen Männern demonstrativ überspielt werde. Zusammen mit anderen versuchte sie, dieses männliche Dilemma sowohl tiefenpsychologisch zu erklären als auch gesellschaftlich-politisch zu deuten und in diesem Zusammenhang zu fragen, warum Jungen und Männer seit Urdenken so drängend und hartnäckig in der Abwertung des Weiblichen und der Idolisierung der männlichen Potenz sind. In ihrem Modell wird die Geschichte des Patriarchats zu einer einzigen Kompensation der männlichen Ohnmacht dem unbeherrschbaren Penis gegenüber und der damit verbundenen männlichen Minderwertigkeitsangst. Sie, die Männer könnten diese nur überwinden, indem sie sie auf die Frauen abspalten, die Frau zum Minderwertigkeitsobjekt machen und sie entsprechend gesellschaftlich einstufen und behandeln. Für Sofie Lazarsfeld war es deshalb in der Mädchen- und Frauenberatung wichtig – vgl. ihren damaligen (1931) Bestseller „Wie die Frau den Mann erlebt" –, den Frauen das Gefühl ihrer „eigentlichen" sexuellen Überlegenheit so zu vermitteln, dass die Frau souverän gegenüber dem Mann werden, das „männliche Minderwertigkeitsproblem" erkennen kann:

„Das männliche Minderwertigkeitsgefühl. Wo aber wäre dieses Minderwertigkeitsgefühl beim Mann verankert? Hat er nicht überall das Vorrecht, gilt er nicht auf allen Gebieten als der Hervorragendere? Es bleibt kein Raum unseres Kulturlebens, wo eine Minderwertigkeit des Mannes gesucht werden könnte, überall hat er das Primat der männlichen Persönlichkeit errichtet. Wo könnte er sich minderwertig fühlen? Aber er hat noch mehr erreicht. Dort sogar, wo die Natur selbst die Gleichwertigkeit beider Geschlechter deutlich ausspricht, im Sexualleben, hat er es vermocht, den Naturgesetzen entgegen, seine eigene Geschlechtsrolle zur beherrschenden zu erhöhen, diejenige der Frau aber zur zweitrangigen, gleichsam zu einem Anhängsel, einem Füllsel des männlichen Geschlechtslebens zu degradieren. Es müssen gewaltige Kräfte im Spiel gewesen sein, die eine solche Vergewaltigung der Natur ermöglicht haben.

Hier müssen wir uns der Triebkraft des Geltungsstrebens erinnern, das uns einerseits zu den größten Taten befähigt, uns aber dabei der richtigen Erkenntnis seiner Auswirkung beraubt, wenn wir es zur eigenen Persönlichkeitserhöhung mißbrauchen. Wir müssen auch daran denken, daß der Wunsch nach Überkompensierung eines Minderwertigkeitsgefühls desto üppiger in die Halme schießt, je unfruchtbarer der Boden ist, dem er entspringt, kurz, daß der Drang, unsere Überlegenheit zu beweisen, desto heißer wird, je weniger wir selbst an uns glauben und daß wir für diese Überbetonungen gerne gerade jene Gebiete wählen, auf denen wir uns besonders unsicher fühlen.

Und hier werden wir stutzig und besinnen uns darauf, daß es gerade die physiologisch-sexuelle Überlegenheit ist, mit welcher der Mann so besonders gern paradiert. Sollte es vielleicht gerade auf diesem Gebiet etwas geben, wobei er sich unsicher fühlt? Höchst unwahrscheinlich, denn man ist doch gewohnt, den Mann gerade im physiologischen Sinn auf sexuellem Gebiet der Frau gegenüber für sehr bevorzugt zu halten. Er ist frei von allen Begleiterscheinungen der sexuellen Funktionen, unter denen die Frau zu leiden hat. Menstruation, Beschwerden der Schwangerschaft, Gefahren der Entbindung, das alles trifft nur sie, nicht ihn. Dieses Befreitsein von allen unangenehmen Begleiterscheinungen des sexuellen Genusses scheint doch deutlich für eine entscheidende Bevorzugung des Mannes zu

sprechen. […] Aber bei näherem Zusehen zeigt es sich, daß die Sachlage hier nicht ganz so ist, wie sie aussieht. […]
Überblicken wir zuerst nochmals die Vorteile des Mannes beim sexuellen Genuß: Unbehindert von physiologischen Beschwerden, unbeschwert von der Sorge um die Folgen der Empfängnis, kann er ohne unangenehme Begleiterscheinungen genießen soviel er will, nichts behindert ihn daran. Wirklich nichts? Hier stockt man schon. Denn gerade die körperliche Beschaffenheit des Mannes legt ihm Schranken auf, nur ihm, nicht aber der Frau. Seine Fähigkeit zum Sexualgenuß ist ja an die Erfüllung bestimmter physiologischer Bedingungen geknüpft, die ihre ist es nicht. Seine Funktionsmöglichkeit ist an das Steifwerden des männlichen Gliedes gebunden und daher beschränkt, die ihre ist unbeschränkt. So ist er nur unter gewissen Voraussetzungen physiologisch aktionsfähig und in der Wiederholung begrenzt, die Frau hingegen ist es physiologisch jederzeit und unbegrenzt. […]
Damit liegt zweifellos eine Begünstigung der Frau vor. Eine große Bevorzugung, wir geben es zu, aber doch bei weitem nicht so entscheidend, wie der Mann, als der Benachteiligte, sie einschätzt. Denn alles, was uns fehlt, erscheint uns immer besonders begehrenswert, wir empfinden den Mangel stets intensiver, als der Besitz uns beglückt. Und so hat sich auch in der männlichen Psyche eine starke Überbewertung dieser Unterscheidung festgesetzt und damit sogleich ein Zwang zur Überkompensation. Aus dem Bewußtsein des Mannes von der physiologischen Überlegenheit der Frau im sexuellen Genuß hat sich bei ihm ein ganzer Angstkomplex entwickelt, dessen Ausstrahlung sich bis in die letzte Verästelung nicht nur unseres Sexual-, sondern des gesamten Kulturlebens fühlbar machen. Es ist die Angst vor dem Versagen, vor der sexuellen Niederlage.
Als individuelle Erscheinung ist diese Angst des Mannes vor zeitweiliger oder dauernder Impotenz zur Genüge bekannt. Die gesamte psychotherapeutische Literatur ist voll von solchen Fällen. Auch die Frauen wissen Trauriges genug aus der Praxis zu erzählen. Aber durchaus nicht nur der einzelne Mann, sondern die männliche Psyche in ihrer Gesamtheit lebt unter dem Druck der gleichen Angst und man kann das männliche Weltbild gar nicht verstehen, wenn man diesen Faktor übersieht, diese Urangst des männlichen Geschlechts, die zur „Ur-Sache" so vieler Schäden unseres Geschlechtslebens geworden ist und die gesamte Sexualatmosphäre vergiftet hat. Denn so steht nicht nur der einzelne Mann gegenüber der einzelnen Frau,

sondern das männliche Geschlecht als Ganzes steht dem weiblichen in dieser Haltung der Minderwertigkeit gegenüber. [...] Bedrückt von dem Gefühl seiner sexuellen Unsicherheit, getrieben von dem Wunsche, zu überkompensieren, hat der Mann die Frau herabgedrückt, sie in die Vorstellung von ihrer zweitklassigen sexuellen Rolle gejagt. [...]
Wir sehen also, daß der Mann durch die größere physiologisch-sexuelle Tüchtigkeit der Frau sich in ein Gefühl der Angst vor Minderwertigkeit und in unzweckmäßige Überkompensation verlocken ließ, die ihn zum Herabsetzungsprinzip gegenüber der weiblichen Sexualität und so zu einer Schädigung des Geschlechtslebens überhaupt geführt hat. Abgesehen davon, daß er die Tragweite seiner geringeren Leistungsfähigkeit bei weitem überschätzt und dadurch die von ihm anhängige Frau gleichfalls zu einer Höchstbewertung dieses Problems gedrängt hat, dir ihr ursprünglich gar nicht liegt, gibt es für ihn ganz andere produktive Möglichkeiten des Kräfteausgleichs, die, anstatt zu stören, das Geschlechtsleben bereichern würden.
Gelingt es, den Mann aus dieser Haltung zu lösen, dann wird viel kostbare Energie frei, die er bisher sinnlos an diesen Kampf gewendet hat und noch immer weiter verschwendet. Dann tritt auch – und das zeigt uns täglich die Praxis – automatisch eine seelische Befreiung der Frau und damit eine Bereicherung ihres Gefühlsvermögens ein. Denn die Höherbetonung der männlichen Potenz hat durch die jeder Überkompensation innewohnende Durchschlagskraft auch die Frauen (entgegen ihrem besseren Wissen) zu Mitspielern beim Tanz um den steinernen Phallus zu machen gewußt und so beide Geschlechter um die freie Entfaltung ihrer Liebeskräfte betrogen." (Lazarsfeld 1929: 76 ff.)

Die gesellschaftliche Emanzipation der Frau und die Entzauberung des Phallus gingen für Lazarsfeld ineinander über. Die Forderung der zeitgenössischen Frauenbewegung nach der Selbstständigkeit der Frau über Bildung und Arbeit, die auch sie betonte, setzte sie zur sexuellen Selbstbestimmung der Frau in eine emanzipatorische Spannung, die auch heute noch trägt. Das Wissen, wie Macht, Abhängigkeit und Sexualität zusammenspielen, bildet inzwischen eine Grundlage der Frauenhausarbeit, sollte aber auch zum sozialpädagogischen Grundwissen überhaupt gehören. Für Sofie Lazarsfeld war es deshalb wichtig, den Mädchen und Frauen in der Sexualberatung das Gefühl ihrer eigentlichen sexuellen Autonomie so zu vermitteln, dass sie souverän gegenüber den Jungen und Männern sein können.

Sophie Lazarsfeld hat ihr Modell der sexuellen Unterlegenheit des Mannes zu einer Zeit entwickelt, zu der die kulturanthropologischen Studien zum Geschlechterverhältnis früher Stammesvölker medial Furore machten. Wieweit sie davon beeinflusst war ist schwer zu rekonstruieren, aber es ist anzunehmen, dass diese Erkenntnisse ihr bekannt waren, zumal der polnisch-englische Sozial- und Kulturanthropologe Bronislaw Malinowski der Wiener Psychoanalyse in den 1920er Jahren nahestand und entsprechende Bezüge veröffentlichte. Es waren vor allem sein Forschungen zum Geschlechtsleben polynesischer Stammesvölker (dtsch. 1930), die die Mythen der Überlegenheit/Unterlegenheit im Verhältnis von Männern und Frauen berührten. Hier ging es um die von Sophie Lazarsfeld reklamierte originäre Überlegenheit der Frau, nun in der *Muttermacht*: Die männliche Irritation, die von der Muttermacht ausging und bis heute noch – wenn auch verdeckt – ausgeht, reicht danach weit in die Menschheitsgeschichte zurück. Schon in der Mythologie der Stammesgesellschaften stand die Naturmacht der gebärenden Frau im Mittelpunkt der Bildung von Mythen und Gegenmythen. Man muss sich die frühen Stammesgesellschaften als familienverwandte Dorfgruppen vorstellen, in denen Frauen auf Grund ihrer Muttermacht eine starke Stellung einnahmen. Die Frau war durch die Fähigkeit, Leben zu gebären, die Stammeserhalterin, die Hüterin des Stammes, sie hatte Macht von Natur aus. Die Männer, so körperlich stark sie auch waren und den Stamm äußerlich erhielten, waren daran nicht beteiligt. Malinowski, solche Stammesgesellschaften noch in Neuguinea vorfand, berichtete, dass es in der Vorstellung der Eingeborenen eine „Wechselbeziehung zwischen mystischen und physiologischen Vorgängen im Verlauf der Schwangerschaft" gab: Die Geisterwelt ist danach voll von ungeborenen Kindern und die Geister überbringen das Kind der Frau.

> „Häufig kommt es vor, dass eine Frau ihrem Mann erzählt, wer ihr das Kind gebracht hat, und die Überlieferung bewahrt dann die Geschichte von diesem Geisterpaten. Das Geisterkind wird vom Überbringer auf den Kopf der Frau gelegt. Blut aus ihrem Körper strömt in den Kopf, und auf diesem Blutstrom rutscht das Kind allmählich

nach unten, bis es sich im Schoß festsetzt. Das Blut hilft den Körper des Kindes aufbauen – es ernährt ihn. Aus diesem Grunde versiegt bei einer Schwangeren der Monatsfluss. Die Frau sieht, dass ihre Menstruation aufgehört hat. Sie wartet einen, zwei, drei Monde, dann weiß sie gewiss, dass sie schwanger ist. Wesen und Art dieses ungeborenen Kindes, dieses Geisterbabys, ist im überlieferten Volksglauben durchaus nicht klar umrissen". So entstand die Überzeugung, dass die Mutter und damit die Frau durch die Gebärfähigkeit über eine natürliche Macht mit übernatürlicher Verankerung verfügt. Dies „liefert auch eine gute theoretische Grundlage für das Mutterrecht, denn alle Vorgänge, die der Beschaffung des neuen Lebens dienen, verteilen sich auf die Geisterwelt und den weiblichen Organismus. Für irgendeine Art physiologischer Vaterschaft bleibt gar kein Raum übrig." (1930: 125f.)

Dafür wird die Frau verehrt, dafür wird sie aber auch gefürchtet. Naturmythische Verehrung der Frau und Mutter und naturmythische Scheu, Angst, ja Furcht vor ihr liegen dicht nebeneinander. Die Naturvölker hatten nicht das medizinische Wissen, das wir heute haben. Sie konnten den Zeugungsvorgang durch den Mann nicht bestimmen. Also wird auch überliefert, dass Männer immer wieder versuchten, es den Frauen gleich zu tun, selbst gebären zu können. Es ist ihnen nicht gelungen. Die männliche Macht über die Frau konnte also nur von außen und nicht von innen entstehen. Dies geschah, indem sich die Probleme der Erhaltung des Stammes auch nach außen verlagerten. Die kleinen Gesellschaften wuchsen, mussten verteidigt werden. Der Austausch mit anderen Stämmen musste reguliert, Ordnungssysteme geschaffen, Versorgung und Verteilung von Gütern organisiert werden. Die Frauen waren weiter ans Haus gebunden, die Männer schufen nun diese Außenwelt. Das Entscheidende dabei war, dass sie sich über diese neuen Außenstrukturen zusammenschlossen, sich stärker aufeinander als auf ihre Frauen bezogen. So wurden sie ihrer eigenen Macht gewahr, erweiterten sie und setzten sie von der Macht der Frauen ab. Sie musste sich als die stärkere, wirkliche Macht erweisen und es war das Bestreben der Männer, diese soziale Macht über die Naturmacht der Frauen zu stellen. Denn die blieb ihnen weiter unerklärlich. So ist es gekommen, dass das Machtstreben der Männer in der Geschichte immer wieder geschürt und getrieben wird von der naturmythischen Angst vor der Frau. Und dass beides, die Unterdrückung und Abwertung der Frau und die Unterwerfung der Natur das männliche Schaffen angetrieben haben. Aber es blieb immer durch die Frau verwundbar. Dennoch fühlten sich und fühlen sich Männer bis heute hingezogen zu Frauen und auch immer wieder abhängig von ihnen, obwohl sie sich doch immer wieder dabei ertappen, dass sie doch gerne über ihnen stehen möchten.

Eine besondere Phase männlicher sexueller Hilflosigkeit und ihrer maskulinen Überkompensation ist in diesem Zusammenhang bis heute die Pubertät. 1930 erschien die „Sexualerziehung" von Magnus Hirschfeld und Ewald Böhm, „kein Aufklärungsbuch der üblichen Art", wie es im Cover hieß. Der berühmte Sexualwissenschaftler und sein Co-Autor beschrieben das komplexe Dilemma von Jugendlichen in der Pubertät mittels eines individualpsychologischen Zugangs:

> „Es gibt seit einigen Jahren eine neue Lehre, die ganz besonderen Wert und Nachdruck auf dieses Minderwertigkeitsgefühl der Jugendlichen legt, das ist die Individualpsychologie […]. Wir glauben […], daß gerade die sexuelle Not eine starke Wurzel des Minderwertigkeitsgefühls im allgemeinen ist. […] Folge dieser Minderwertigkeitsempfindungen ist eine Erscheinung, die in der modernen Psychologie Überkompensation genannt wird" Damit soll „ein Schwächlichkeitsgefühl" verdeckt werden. Vor allem die aggressive Ausdrucksform gehört zu dieser Überkompensation, „die im allgemeinen der Ausdruck eines Schwächegefühls ist, nicht etwa seines Gegenteils, wie manche Leute glauben möchten." (Hirschfeld Böhm 1930: 127 ff.)

Auch in der Fürsorgeerziehung mit ihren Beschränkungen wurde das „Problem Sexualität" nicht nur unter dem Gesichtspunkt der Zulassung von Gelegenheiten für ältere Jugendliche diskutiert, sondern vor allem auch unter dem Aspekt, welche Bewältigungsprobleme es besonders für die männlichen Jugendlichen in der Gruppe und im Heimalltag mit sich bringt. Angesichts der dort scheinbar gängigen Potenzdemonstrationen der Jungen erkannte man auch hier die dahinter liegende Bewältigungsdynamik von Selbstwert und Anerkennung, die in der beschränkten Situation der Zwangserziehung besonders hervortrat: „Gar nicht so selten entspringen die sexuellen Erlebnisse unserer Jungen viel weniger eigener Triebhaftigkeit als vielmehr dem Wunsch, sich selbst und anderen ihre Männlichkeit [...] zu beweisen." (Herrmann 1929: 441)

Impuls: Die sexualpädagogische Verlegenheit der Zweiten Moderne – Plädoyer für eine bewältigungstheoretische Fundierung der Sexualpädagogik

Auf den ersten Blick scheint Sophie Lazarsfelds Bild vom sexuellen Dilemma des Mannes nichts Besonderes für den heutigen Sexualdiskurs und die Sexualpädagogik herzugeben. Passt es doch eher in den feministisch geprägten Sexualdiskurs der 1990er und beginnenden 2000er Jahre, in dem die penetrationsfixierte männliche Sexualität der weiblichen Gefühlssexualität gegenüber gestellt wurde. Wendet man sich aber die innere Argumentationsstruktur zu, erkennt man eine paradigmatische Linie, an der entlang das weitergeführt oder vielleicht sogar theoretisch aufgelöst werden kann, was den gegenwärtigen „postmodernen" Sexualdiskurs so schwierig macht, ja irgendwie blockiert. Denn hinter der Aufklärung der männermächtig versteckten und erstickten eigentlichen sexuellen Überlegenheit der Frau entdeckt man den *bedürftigen* Mann, der seine Unterlegenheit kompensieren muss. Und diese Bedürftigkeit hält an, weil sie auch heute neu freigesetzt wird,

Uwe Sielert, der in der deutschen Sozialpädagogik wohl führende Sexualpädagoge, bringt die postmoderne Herausforderung an die männliche (und weibliche) Sexualität auf das zwiespältige Motto: „Inszeniere dich und deine Sexualität selbst" und gleichzeitig: Ich kann ... und bin zur Selbstbestimmung genötigt." (Sielert 2005: 4) Menschliche Sexualität wird freigesetzt, aus den traditionellen Tabu- und Scham-Milieus entlassen, aber in dieser Freiheit auf einen Markt des Sexualkonsums geschickt, der sie eher wieder vereinnahmt statt Selbstbestimmung zu fördern. Man könnte hier in Anlehnung an Mennickes Satz von der sozialpädagogischen Verlegenheit der industriekapitalistischen Moderne – durchaus von einer *sexualpädagogischen Verlegenheit der Zweiten Moderne* – sprechen.

„Der entscheidende Wandel besteht darin, dass Sexualität von etwas Verbotenem zu etwas Gebotenem wurde. „dass trotz aller Freisetzung und Entzauberung, trotz aller Aufforderung zur Selbstinszenierung gesellschaftliche Kontrollmechanismen existieren, die das vermeintlich befreite Individuum per Konsum und Lebensstilanimation wieder in spezifische Verhaltensmuster integriert. Das gilt auch für das Liebes-, Beziehungs- und Lusterleben." Überall mediale und konsumtive Vermarktung von Intimität. „Die öffentliche Inszenierung von Intimität hat mit dem real existierenden Eigensinn höchstens in der Weise zu tun, dass sie ihn verstellt. Ein kollektiver Lernprozess, der Eigensinn in Form von Rezepten und Schemata zu vermitteln vorgibt, ist ein Widerspruch in sich selbst." (ebd.) Beklagt wird also, dass die Freisetzung und Enttabuisierung von Sexualität eben nicht zur Selbstbestimmung führt, die sie verheißt. Vielmehr wird deutlich, dass die dadurch entstehende Bedürftigkeit weiter und vielleicht subtiler verdeckt ist.

Um dies heute thematisieren zu können, müssen wir uns aus der kulturanthropologischen Enge von Lazarsfelds Modell lösen und in die Zone der ökonomisch induzierten männlichen Bedürftigkeit hinein erweitern. Dies führt uns unweigerlich in den Bereich der Pornografie. Die männliche Pornografie war schon immer eine Projektionsfläche dieser Bedürftigkeit. Heute, in der Stresskultur des Unbedingt-mithalten-Müssens, ist sie eingepuppt in jene scheinbar geschlechtsneutrale Erfolgskultur, die Männer und Frauen gleichermaßen erfasst hat und die auch weiter mit alten Geschlechterstereotypen, nun aber in neuer Erfolgssymbolik arbeitet. Insofern hat die Industrialisierung der Pornografie auch das lebbar, weil öffentlich konsumierbar gemacht, was früher vom öffentlichen Leben getrennt und an der Grenze von Verantwortung und Verantwortungslosigkeit angesiedelt war.

Die Internetpornografie hat diesen Trend intensiviert und verbreitet. Schon im alltäglichen Arbeitsleben wird der Großteil der funktionellen Computertätigkeiten von Frauen durchgeführt, während die Männer den Hauptanteil der Computerspieler stellen. In der Internetpornografie sind es erst recht die Männer, welche die Nutzerszene beherrschen und auch entsprechend bedient werden. Mit dem *digitalen*, das heißt sozial entbetteten Medium des Netzes und der Möglichkeit, in ihm interaktiv pornografisch zu agieren – im Kontrast zum Passivkonsum der Pornovideos –

sind die Grenzen zwischen Verantwortung und Verantwortungslosigkeit nicht nur einfach weiter hinausgeschoben worden, sondern haben eine qualitative Veränderung erfahren. Nun existieren zwei Welten nebeneinander und sind gleichzeitig in der Virtualität vereinbar. Scham und Schamlosigkeit sind hier keine Gegensätze mehr, die alte feministische Pornografiekritik, welche die Pornografie auf der Ebene der sozial eingebetteten Beziehungen skandalisierte und damit den fließenden Übergang zur Vergewaltigung schuf, greift nicht mehr. Das virtuelle Netz und seine Abstraktionen entziehen sich der herkömmlichen Pornografiekritik. Denn in der Internetpornografie wirken dieselben Muster digitaler – sozial abstrakter, entbetteter – Vergesellschaftung, wie wir sie im neuen Kapitalismus antreffen: Das Internet ist ein Medium, das geradezu zur Externalisierung zwingt. Es kennt keine Grenzen, nur ‚links'; der Einzelne wähnt sich in der Mitte des Universums. Es ist eine unendliche Szene von Millionen Egozentrierter, die untereinander ohne sozial-emotional riskante Empathie und antisoziales Abspaltungsrisiko in Kontakt kommen und sich lösen können, die andere nach ihren Wünschen nutzen, manipulieren und gebrauchen können; mit dem grundlegenden Unterschied, dass die Begriffe „nutzen", „gebrauchen", „manipulieren" ihre soziale Bindung und damit jeden sozialethischen Sinn verloren haben. Ein neuer Typus Angestellter, der sich am Computer ab und zu ein Pornospiel reinzieht, wird verständnislos reagieren, wenn man ihm vorhält, dass er doch gegenüber seiner Partnerin oder Frau „unverantwortlich" handelt oder wenn man ihn sexistischer Umtriebe bezichtigt. Er wird vielleicht einwerfen, dass dies auch zunehmend Frauen tun und dass die virtuelle Welt doch eine ganz andere sei als die alltäglich reale. Hier gelte es, alles auszuprobieren, was *machbar* sei und da sei doch das Thema zweitrangig: Ob nun Pornografie, Kriegsoder Börsenspiel, die Inhalte treten doch hinter dem Prinzip zurück. Der Mensch (Mann) muss versuchen, an seine Grenzen zu gehen; das kann er nur, wenn er sich von seinen Bindungen löst. Insofern hat der Pornografiediskurs auch aufgehört als eigener Exkurs der Scham- und Verantwortungslosigkeit zu bestehen. Das bedeutet aber nicht, dass keine Gegenwelten zur virtuellen Grenzen- und Verantwortungslosigkeit aufgebaut werden können. Dieser Diskurs wird aber nicht mehr eingebettet sein in die klassische Pornografiedebatte, sondern in die allgemeine Frage nach den sozialen Bindungen des Menschen angesichts der Entwicklung des digitalen Kapitalismus. Und genau diese Frage nach den sozialen Bindungen in der Sexualität hat sich damals schon – in einer Zeit weit vor der digitalen Vergesellschaftung – der sexualpädagogische Kreis um Sophie Lazarsfeld gestellt.

Denn Sexualität war für sie – in Absetzung von der Freudschen Trieblehre – eine zentrale menschliche Ausdrucksform, die zwar triebverankert aber nicht einfach eigendynamisch wirkt. Erst in den jeweiligen Beziehungs- und Machtverhältnissen wird sie sozial unterschiedlich freigesetzt und geformt. Der Mythos des Phallus und seine Manifestationen sind dementsprechend einem historisch-kulturellen Wandel unterworfen. Heute scheint er enttabuisiert, muss nicht mehr in der Kunst ästhetisch verdeckt werden, lässt sich direkt oder indirekt als Stärke- und Überlegenheitssymbol, aber eben auch als Karikatur der Schwäche und sexuellen Borniertheit des Mannes vermarkten.

Im seit Jahren in deutschen Städten laufenden Ein-Mann Stück „Caveman" bringt eine Szene den Saal zum Toben, in der der Schauspieler ‚Petting bei einem Paar' inszeniert. Sie streicheln sich und der Mann versucht permanent die Hand der Frau dorthin zu kriegen, wo er seinen für ihn selbstverständlichen Mittelpunkt sieht. Sie aber denkt nicht daran, meint, sie könne ihn mit dem Herumstreicheln an allen anderen möglichen Körperteilen erregen. In Spannung bringt ihn aber eher der Umstand, dass sich die Frauenhand dem Penis nähert und dann doch nicht ankommt. Er wittert Strategie. Und dann will sie auch noch den Rücken massieren, also die falsche Seite. Viele Männer – so die Sexualforschung – nehmen Liebe als Körperspiel in Kauf, lassen die Frauen gewähren, um dann doch zum für sie sexuell „Eigentlichen" kommen zu können.

Das beginnt alles früh in der männlichen Sozialisation, im Prozess des Aufwachsens von Jungen in unserer Kultur (vgl. Böhnisch 2013). Schon bald wird der Penis zum männlichen Symbol der Potenz, Symbol der Anmache und Provokation – offen unter den Jungen, meist versteckt den Mädchen gegenüber. Genauso aber macht sich spätestens in der Pubertät die innere Angst bei Jungen breit, „als Mann" zu versagen, seine männliche Sexualität nicht im Griff zu haben. Das maskuline Imponieren-Müssen wird dabei oft zu einer Sperre beim Zugang zu sich selbst. Die männliche Ohnmacht wird dann immer wieder negativ sexualisierend auf das Weibliche abgespalten.

Sollte das nicht mit dem heutigen ‚Zeitalter der sexuellen Befreiung' erledigt sein? Solange es im Potenzzeichen des strammen erigierten Penis steht wohl nicht. Aus dem Zwang ist die Zwanghaftigkeit geworden, Potenz und Leistung zu bringen. Es geht zwar nicht mehr um Disziplinierung, dafür aber um Konkurrenzdruck. Der Angststress zu versagen, nicht mithalten zu können, bringt viele Männer dazu, sich noch mehr an Männermythen zu klammern. Darin liegt die eigentliche Tragik der männlichen Sexualität: Dass dem Manne verwehrt ist, von der Zentrierung auf die Penissexualität herunterzukommen und viele andere Spielarten des Begehrens und der Liebe zu entdecken. Deshalb sollte gerade die *Kreativität sexueller Erweiterung* ein Aneignungskern sexualpädagogischer Jungenarbeit sein. Das ist nicht über kognitive Aufklärung zu vermitteln. Das lehrt uns der bewältigungstheoretische Ansatz, für den in den 1920er Jahren auch in der Sexualpädagogik der Grundstein gelegt wurde. Auch sonst ist „die Reichweite der Aufklärung [...] begrenzt. [...] Man kann Informationen über Sexualität vermitteln, aber man kann das Sexuelle nicht vermitteln, man muss es sich aneignen" Solche Aneignungsprozesse laufen im Jugendalter vor allem über die Gleichaltrigengruppe und reichen damit in den Raum der Jugendarbeit. Sie kann Lernprozesse beeinflussen, die aber „von den Jugendlichen selbst organisiert werden müssen [...] Aber: Die Entscheidung muss den Jugendlichen selbst überlassen bleiben, wo sie welchen Grad an Intimität unterbringen möchten, in einer Schulklasse, in einer Jugendgruppe, bei dem besten Freund bzw. der besten Freundin oder nur mit sich allein." (Schröder 2005: 354)

14 Erziehung, Strafe und Autorität (Meng, Aichhorn, Seif, Rühle-Gerstel)

Das produktive Zusammenspiel von Erziehung und Strafe hat der Schweizer Kinder- und Jugendpsychiater Heinrich Meng in seinem Klassiker „Strafen und Erziehen" (1934) so modellhaft herausgearbeitet, dass seine Aussagen bis heute tragfähig sind. Ich habe im Folgenden versucht, einige Grundsätze des pädagogischen Umgangs mit Strafe aus dem Buch Mengs herauszuarbeiten, und wir werden sehen, dass die gegenwärtig vorhandenen Ansätze durchaus diesen Rückbezug gebrauchen können:

> Strafen ist für Meng eine Form sozialer Interaktion: „Beim Bestrafen zeigt sich oft deutlich, dass Missverhältnisse zwischen den Vorstellungen und Absichten des Strafenden, seinen Handlungen und Strebungen und dem subjektiven und objektiven Geschehen im Bestraften" bestehen (Meng 1934: 73). Dabei setzt Strafen nicht nur ein Verstehen der zu bestrafenden Kinder und Jugendlichen und ihrer inneren Selbstbefindlichkeit voraus, denn „die Wirkung der Strafe hängt nicht weniger vom Strafenden als vom Bestraften ab; deshalb sind die seelischen Vorgänge im Strafenden mitentscheidend" (ebd.: 121 f.). Strafen muss bei Kindern und Jugendlichen in diesem Sinne immer die Triebgedrängtheit des Abweichenden Verhaltens berücksichtigen. Diese ist dafür verantwortlich, dass Kinder und Jugendliche die soziale Problematik ihres dissozialen Verhaltens nicht so ohne weiteres erkennen können: „Das schlimme Kind [lebt] in schwerem Kampf und [schlägt] verzweifelt den dissozialen Weg trotz besseren Wissens ein […]. Es ist der Selbsterhaltungstrieb gegenüber den Lebensschwierigkeiten gleichsam irre gegangen. Meist erscheint er gesteigert, bevor er in Krankheit oder unlenkbarem Verhalten zusammenbricht" (ebd.: 124).
> Somit ist der Rückbezug auf das Selbst und die Integration der ‚Botschaft' der Strafe im Selbst der entscheidende Vorgang: Die Herausbildung eines eigenen Gefühls „für die Verantwortung der eigenen Tat; diese zu steigern ist das Ziel. Die Verantwortlichkeit wächst in

dem Maße, wie der Heranwachsende allmählich die Folgewirkung seiner Handlungen erfährt, versteht und vorauszusehen lernt, aber nur insoweit, als seine gefühlsbetonten Vorstellungen beherrschbar werden und der weite Spielraum des Lustprinzips von der Rücksicht auf die Wirklichkeit (Realitätsprinzip) eingeschränkt wird" (ebd.: 151).

Gleichzeitig – so wie es später Winnicott systematisch gefasst hat – ist beim Strafen von hohem Belang, dass für das Kind und den Jugendlichen die Umwelt der ihm wichtigen und nahen Beziehungen unzerstörbar bleibt. Die „Entwicklung am Anderen" – so umschreibt Meng sein interaktives Verständnis des Pädagogischen Bezugs – wirkt auch in der Strafe: „Wenn Kinder und Erzieher nicht ein Stück Liebe verbindet, fällt die Strafe auf unfruchtbaren Boden. Dass das Kind unter dem Druck der Umwelt darauf verzichtet, triebhafte Wünsche sofort oder rein egoistisch zu befriedigen, genügt nicht: Das bloße Aufgeben seiner Freiheit wandelt sich in Selbstbeherrschung [...] erst dadurch, dass seine Empfindlichkeit für Lob und Tadel dank eines Verinnerlichungsprozesses umgebaut und eingebaut wird in das Gewissen. Das Resultat dieses Reifungsprozesses ist nun eine entsprechend starke Empfindlichkeit gegenüber den Forderungen des Gewissens, dagegen eine weit geringere Abhängigkeit vom moralischen Urteil der Außenwelt." (ebd.: 165 f.)

Diese Erkenntnis ist wichtig im Umgang mit Abweichendem Verhalten, wenn wir z. B. heute sehen, dass deviante, stigmatisierte Gruppen gegenüber den sozialen Außendefinitionen relativ immun sind und nach innen einen eigenen „Ehrencodex" aufbauen, den die Jugendlichen nicht nur verinnerlichen, sondern der sie auch gegenüber den Negativzuschreibungen der Außenwelt immunisiert.

Für Heinrich Meng macht ein interaktionistisches Verständnis von Strafe deshalb nur dann einen Sinn, wenn die Erziehenden sich auch als Personen „stellen". Damit hat er schon damals jenen Punkt getroffen, der in der heutigen Strafdiskussion immer wieder vernachlässigt ist, im jugendpädagogischen Diskurs aber zunehmend an Boden gewinnt: Die Frage nach den Grenzen, die ErzieherInnen zu setzen haben, und nach den eigenen Standpunkten, die sie selbst deutlich machen müssen. Meng formuliert das im Sinne einer strukturellen Herausforderung an die ErzieherInnen:

> „Der Erzieher hat sich an die – oft übersehene – Tatsache zu gewöhnen, dass im Prozess der Reifung eines Kindes auch dessen Hass irgendwo untergebracht werden muss und dass es das nächstliegende für das Kind ist, seinen Hass zu seinem Erzieher zu entladen. Unberechtigtes, dauerndes Verzeihen macht das Kind oft so sehr schuldig, gerade weil es sittlich normal veranlagt ist, dass es selbstquälerisch und überstreng wird. [...] Der Heranwachsende lehnt sowohl jene Erzieher ab, die aus verkehrter Güte und Mangel an Autorität zum Kind werden, als auch solche, welche [...] zum Tyrannen werden." (ebd.: 173)
>
> Schließlich versucht Meng immer wieder, die Strafe nicht als vom erzieherischen Alltag abgekoppelt und als Ausnahmezustand zu sehen, sondern sie pädagogisch zu integrieren. Nur so entgeht sie seiner Meinung nach der Willkür, bleibt sie pädagogisch reflektierbar. Als pädagogisches „Mittel" muss sie aber gleichzeitig auch selbstwertstützende und Handlungsfähigkeit erweiternde Fähigkeiten vermitteln können, obwohl sie doch aktuelle Handlungsmöglichkeiten abschneidet und Handlungsfähigkeit einschränkt. Meng versucht, dieses Paradox in einer Gegenwarts-Zukunfts-Relation aufzulösen:
> „Das Kind begehrt in seiner Notsituation mehr als Hilfeleistung für den Augenblick, es verlangt als reifendes Wesen ein Stück Erfahrung, wie es bei künftiger Not sich selbst helfen kann. Kommt keine Hilfe, so reagiert das Kind mit Angst, Fluch und Hass. Das Beispiel des Erziehers im Strafen oder Nichtstrafen wird zum Modell künftigen Verhaltens." (ebd.: 174)

Meng versucht immer wieder, die Strafe nicht als vom erzieherischen Alltag abgekoppelt und als Ausnahmezustand zu sehen, sondern sie pädagogisch zu integrieren. Nur so entgeht sie seiner Meinung nach der Willkür, bleibt sie pädagogisch reflektierbar. Als pädagogisches „Mittel" muss sie aber gleichzeitig auch selbstwertstützende und Handlungsfähigkeit erweiternde Fähigkeiten vermitteln können, obwohl sie doch aktuelle Handlungsmöglichkeiten abschneidet und Handlungsfähigkeit einschränkt. Meng versucht, dieses Paradox in einer Gegenwarts-Zukunfts-Relation aufzulösen:

> „Das Kind begehrt in seiner Notsituation mehr als Hilfeleistung für den Augenblick, es verlangt als reifendes Wesen ein Stück Erfahrung, wie es bei künftiger Not sich selbst helfen kann. Kommt keine Hilfe,

so reagiert das Kind mit Angst, Fluch und Hass. Das Beispiel des Erziehers im Strafen oder Nichtstrafen wird zum Modell künftigen Verhaltens." (ebd.)

Wie Meng sah auch der Wiener Fürsorgepädagoge August Aichhorn in der Trennung zwischen Mensch (Kind/Jugendlicher) und dissozialem Verhalten die Grundlage des Verhältnisses von Strafen und Erziehen. Es muss vom Kinde/Jugendlichen und nicht von der Tat ausgegangen werden. Auch er sah die entgangene wie verwehrte Liebe im bisherigen Leben der Kinder und den daraus entspringenden Hass als Ursache einer latenten wie manifesten Dissozialität. Sein Konzept des Heilens statt Strafens entwickelte er in den 1920er Jahren im Fürsorgeheim Hollabrunn bei Wien. Sein innovativer wie verblüffender pädagogischer Ansatz war der, dass er besonders aggressive Kinder zu einer Gruppe zusammenfasste und diese eben nicht einer strengeren Behandlung unterzog, sondern im Gegenteil versuchte, sie schrittweise in ein anderes Beziehungsmilieu zu führen. Ähnlich wie Winnicott (s.o.) interpretierte er die antisozialen Ausbrüche und Hassreaktionen der Kinder als unbewusste Hilferufe. Er unterschied zwei „Hasstypen", zum einen den offenen, zum anderen den verdeckten, hinterhältigen Hass. Der erste Typus verweist auf verwehrte Liebe, der zweite auf das Problem der mangelnden Liebe zwischen den Eltern, das sie auf das Kind übertragen.

> „Damit ist auch schon der einzuschlagende Weg vorgezeichnet. Zunächst muss das große Defizit an Liebe ausgeglichen werden und dann ist nach und nach sehr vorsichtig mit stärkerer Belastung vorzugehen. Schärfere Zucht anzuwenden, wäre vollständig verfehlt. Die Art der für die ‚Sechser' (der erste Typus, L.B.) in Betracht kommenden Behandlung lässt sich daher durch folgenden Satz charakterisieren: ‚Absolute Milde und Güte, fortwährende Beschäftigung und viel Spiel, um auch den Aggressionen vorzubeugen, fortgesetzte Aussprachen mit jedem Einzelnen'." (Aichhorn 1970: 149)

Die ErzieherInnen müssen aber erst einmal eine kritische Phase aushalten. Denn die aggressiven Kinder erleben erst einmal deren Zurückhaltung als unerwartete Schwäche; sie waren es ja in ihrem bisherigen Leben gewohnt, dass man sie drastisch straft. Deshalb fühlen sie sich jetzt erst recht überlegen, sehen die ErzieherInnen als die Schwächeren und versuchen nun erst recht ihre innere Hilflosigkeit, die sich hinter ihrem antisozialen Verhalten verbirgt, auf die ErzieherInnen abzuspalten. Wir können hier das Abspaltungstheorem des Bewältigungskonzepts erkennen, wie wir es im Kapitel 7 abgeleitet haben. Da aber aggressive Gegenreaktionen bei den ErzieherInnen ausbleiben, entsteht neue Hilflosigkeit, die sich nun aber öffnen darf, sodass – nach einer labilen Phase – die Zuwendung seitens der PädagogInnen angenommen werden kann. Wenn sich das in der Gruppe dann sozial spiegelt, die einen spüren, dass es den anderen genauso wie ihnen geht, kann ein Gruppengefühl in der Richtung entstehen, dass man gemeinsam spürt, dass man nicht mehr auf antisoziales Verhalten angewiesen ist, um sich wirksam und anerkannt zu fühlen:

> „Wir stellen uns den Vorgang [...] so vor, daß es nach der Zeit des Anschwellens der Aggressionen zu starken Gefühlsbindungen an die Erzieherinnen, an mich und später auch an den Anstaltspsychologen kam. Diese intensive Objektbindung der einzelnen an die gleichen Führerpersonen bahnte im weiteren Verlauf eine Identifizierung dieser einzelnen untereinander an, rief also eine Gefühlsbindung der Zöglinge untereinander hervor." (ebd.: 153)

Strafe ist ein interaktives Geschehen. Deshalb ist es naheliegend, dass man nicht nur auf die Kinder und Jugendlichen schaut, sondern auch darauf, was in den ErzieherInnen vorgeht, wenn sie zu Sanktionen greifen. Von Siegfried Bernfeld (1925: 141) stammt die Erkenntnis, dass der Erzieher es nicht nur mit dem zu erziehenden Kind, sondern auch mit sich selbst, als früherem und nun verdrängtem Kind, zu tun hat und deshalb nicht vor regressiven Abspaltungen gefeit ist. Für die individualpsychologisch inspirierte Pädagogik war es in diesem Zusammenhang klar, dass der Erzieher

> „nach denselben Grundsätzen wie das Kind zu verstehen und zu behandeln ist. Auch bei ihm erhebt sich die einfache Frage: Auf welches Verhalten des Kindes antwortet er mit Unsicherheits- und Minderwertigkeitsgefühlen und mit einem gereizten Geltungsstreben, mit Angst, Überempfindlichkeit, Mitleid, Ungeduld oder Heftigkeit, mit zu

viel oder zu wenig Helfen, mit zu persönlichem Loben oder Tadeln, Belohnen und Strafen. Unter welchen Umständen, Eindrücken und Einflüssen seiner Erzieher ist er Kind gewesen und durch sie zu seinem ichhaften falschen Verhalten dem Leben und dem Kinde gegenüber gekommen? Wie beim Kinde bedarf es auch bei ihm der freundlichen und schrittweisen individuellen Aufklärung und Ermutigung zu seinen Erzieher- und in der Regel auch zu seinen sonstigen Lebensaufgaben zur Umänderung seiner schlecht angepaßten, leicht entmutigten und egoistischen Einstellung in mutige, sachliche und mitmenschliche. Dies wird umso eher gelingen, je mehr er selbst unter seiner falschen Einstellung leidet und bereit ist, sie zu ändern.

Die unerläßliche Voraussetzung für diese Veränderung ist nicht nur die Einsicht in sein falsches Verhalten, sondern das tiefe innere Erlebnis von der Anmaßung seines Macht- und Überlegenheitsstrebens. Erst wenn er durchdrungen ist von dem lebensfremden Mißverständnis, wir hätten ein Recht auf Triumphe, Glück, Dankbarkeit, Verwöhnung und Befriedigung allermöglichen unberechtigten Erwartungen dem Kinde gegenüber, wird er reif sein zu dem Einen, was not tut, bescheiden, freundlich, geduldig und unverzagt auch an seine Erzieheraufgabe heranzutreten. Er wird in dem Kinde nicht mehr einen Besitz sehen, mit dem er tun kann was er will, sondern ein junges Wesen, das ihm zu reuen Händen anvertraut und für dessen Entwicklung er der Gemeinschaft verantwortlich ist." (Seif 1929: 21)

„Die Ausübung der Autorität läßt den sie Ausübenden nicht unangetastet. Wer die Macht hat, wird wohl kaum jemals der Verlockung widerstehen, einen wenn auch noch so kleinen Mißbrauch mit ihr zu betreiben. Er wird sie nicht nur, nicht immer nur, zur Erfüllung von Verantwortlichkeit, sondern oft oder meistens zur Erhöhung des eigenen bedürftigen Persönlichkeitsgefühls handhaben: Die größten Autoritätsmenschen bergen im innersten Kern die tiefste Entmutigung und die Angst, ihre kaschierte Schwäche möchte ans Licht kommen. Jedes Antasten ihrer Gesinnungsmaske müssen sie zwangsläufig mit strengerer Abwehr beantworten, umso mehr, als sie die Maske ja nicht nur gegen außen, sondern auch gegenüber der eigenen Seele aufgesetzt haben. Sie leben in einer selbstgebauten Burg; die Zugbrücken sind aufgezogen, den Schlüssel haben sie, damit ihn niemand findet und sie überrumpele, in den Fluß geworfen: Nun sind sie die Gefangenen in ihrer eigenen Festung." (Rühle-Gerstel 1929: 297 f.)

Herman Nohl war in der pädagogischen Frage der Strafe zurückhaltend gegenüber der Radikalität, mit der im psychoanalytischen und individualpsychologischen Diskurs der damaligen Zeit das Prinzip Strafe erst einmal verworfen wurde. Zwar erkannte auch er, dass sich am Problem der Strafe die neue, an der Betroffenheit der KlientInnen ansetzende Pädagogik zu beweisen hatte. Da er aber immer auch im Rahmen der administrativ verfassten und ordnungsrechtlich gebundenen Jugendhilfe argumentierte, ließ er da Prinzip der Sühne nicht fallen und suchte nach einer Balance zwischen beiden. In seinem Zugang spiegelt sich jene realitätsnahe Befangenheit, von der SozialarbeiterInnen auch heute heimgesucht werden, wenn es um die Frage des Strafens geht:

> „Wenn die Psychoanalyse nun aber die Strafe überhaupt, auch als pädagogische, ablehnt, dann scheint sie mir den wahren Aufbau des Charakters zu verkennen [...]. Die Strafe ist sicher nicht das erste in der Erziehung, sondern immer und immer wieder das letzte, wirklich die berühmte ultima ratio. Das Positive geht immer voran. Sie ist gewiß auch hundertmal bloße Verlegenheit des Erziehenden, ein Zeichen seines Versagens, aber schließlich ist sie unentbehrlich, weil sich in ihr und in ihr allein die Macht des höheren Daseins der Macht des Ego gegenüber beweist. [...] Die Sühne enthält die Anerkennung der Rechtsordnung, zugleich aber erfüllt sich in ihr die innere Freiheit des Bestraften und so ist sie im tiefsten rechtlich zugleich und pädagogisch objektiv und subjektiv sinnvoll. Noch einmal: die Frage ist nicht, ob der empirische Verbrecher bestraft werden will, sondern der Wille zur Sühne ist das sittliche Apriori, das jede Strafe voraussetzt und das Ziel, in dem Jede Strafterziehung mündet. [...] Ist die pädagogische Funktion einmal in ihrer ganzen Bedeutung erwacht, so entwickelt sie ihre volle Energie im Strafvollzug, aber sie macht von hier aus ihren Gesichtspunkt überall geltend. Schon bei der Strafandrohung will sie berücksichtigt werden, und auch der Richter, so gewiß er vor allem Vertreter der Gerechtigkeit ist, wird den pädagogischen Blick nicht erst bei der Strafabmessung bewähren müssen, sondern auch die Tat selbst schon nicht von dem Täter trennen, und die Gesellschaft wird ihren sichersten Schutz in erzogenen Menschen finden. Und so immer wechselweise! In dieser Totalität der Strafe liegt [...] doch auch ihre produktive Lebendigkeit, bei der Allseitigkeit jeder ihrer Maßnahmen, die nie zu konstruieren ist, sondern schöpferische Lösungen fordert. In den historischen Epochen treten jeweilig ver-

schiedene Funktionen al die führenden heraus, in der unsrigen die erzieherische Funktion. Das hängt zusammen mit der allgemeinen Wendung, die den Menschen nirgendwo bloß als Objekt anzusehen erlaubt, sondern eine aktive Beteiligung fordert, wo der Arme ein ‚Recht' auf Unterstützung, das Kind ein ‚Recht' auf Erziehung hat. Das gilt auch für die Strafe." (Nohl 1949: 160 ff.)

Impuls: Grenzen setzen – Perspektiven der Belebung eines sozialpädagogischen Strafdiskurses

Einen Strafdiskurs scheint es in der heutigen Sozialarbeit/Sozialpädagogik nicht wirklich zu geben. Zumindest hat man diesen Eindruck, wenn man die neueren Handbücher anschaut. Man will sich ja von der Schule und der Justiz absetzen. Dabei ist die Soziale Arbeit schon aus ihrer in sich widersprüchlichen Struktur von Hilfe und Kontrolle auch eine Sanktionsinstanz. Gerade deshalb braucht es einen sozialpädagogischen Zugang zu Strafe. Da können wir immer noch auf das, was Heinrich Meng für das pädagogische Strafen entwickelt hat, zurückgreifen: Strafen wird als interaktiver Vorgang gesehen, in dem der/die Strafende das Strafen begründen muss und die betreffenden Kinder und Jugendlichen nicht erniedrigen, in ihrem Selbstwert nachhaltig beschädigen darf. Dass Strafe immer Einschränkung von Handlungsmöglichkeiten bedeutet, soll den Jugendlichen vermittelt werden können; aber auch, dass über die Strafe dennoch neue Handlungsperspektiven – neue Formen der Anerkennung und Zuwendung, aber auch neue Zugänge zum Selbst – entstehen können.

Die Grenzen der pädagogischen Strafe liegen dort – wie sie Bernfeld (1925) als *seelische* und *soziale* Grenzen der Erziehung bereits formulierte –, wo die Individualität des Kindes oder Jugendlichen weder durch inneren noch durch äußeren Zugang erreichbar ist. Das heißt dort, wo die Fähigkeit zur Bindung und Empathie soweit zerstört ist, dass das Kind und der/die Jugendliche ein anderes – nämlich therapeutisches – Milieu brauchen, in dem Zeit und Schonraum ist, um Vergangenes, Verhärtetes in der Biografie aufzuschließen und aufzuweichen, um neue Selbstwertbezüge und Bindungswünsche aufbauen zu können. Das können die Schule und das Jugendhaus so nicht leisten. Hier aber liegen auch Möglichkeiten im Bereich der Jugendhilfe: in den dezentralisierten Formen der Tagesheimbetreuung und Heimerziehung und in den betreuten Wohngruppen.

Dass Grenzen aufzeigen und Kinder und Jugendliche damit konfrontieren keine willkürliche Intervention sein muss, sondern integraler Bestandteil einer gelingenden Entwicklung von Kindern und Jugendlichen ist, hat Winnicott (1988) mit seinem Prinzip der „unzerstörbaren Umwelt" klassisch hergeleitet: Der aggressiven Selbstbehauptung mit antisozialer Tendenz von Kindern und Jugendlichen werden soziale Grenzen gesetzt, indem ihnen gleichzeitig vermittelt wird, dass sie dennoch anerkannt und geliebt werden, auch wenn das jeweilige antisoziale Verhalten als solches abgelehnt, zurückgewiesen und sanktioniert wird. Auch bei Meng und Aichhorn finden wir dieses Prinzip der „Entwicklung am Anderen". Dieses Grenzen-Setzen funktioniert aber nur in dem hier gemeinten Sinn, wenn es in der Zuwendung durch die Person dessen, der die Grenzen setzt, enthalten ist und nicht aus unpersönlichen Anordnungen und Verboten besteht.

SozialarbeiterInnen können hier für die Jugendlichen die „anderen Erwachsenen" sein, die sich nicht hinter hoheitliche Masken verstecken und an denen die Jugendlichen spüren können, dass sie ihnen etwas bedeuten, dass das Eingehen auf sie auch für diese Erwachsenen und deren eigene biografische Integrität wichtig ist. Damit ist auch das Prinzip der Gegenseitigkeit im Satz von der „Entwicklung am Anderen" deutlich gemacht. In so erlebbaren Bezugnahmen ist es dann auch möglich, Jugendlichen gegenüber (aus dem gegenseitigen persönlichen Involviert-Sein heraus) Grenzen so zu setzen, dass sie dies nicht als äußere Blockierung oder Zurückweisung ihres Selbst, sondern als personale Herausforderung in der Spannung zum anderen spüren können. Hier ist auch die These von Aichhorn interessant, dass sich diese über Bindung auffordernde Spannung auf die Mitglieder einer Gruppe untereinander übertragen und zu kollektiven Prozessen der Selbstbegrenzung führen kann.

Diese „anderen Erwachsenen" können somit die „Autorität ohne Maske" verkörpern, die Alice Rühle-Gerstel implizit meint. Autorität bietet Orientierung, zeigt Grenzen auf und gibt Alltagssicherheit, wenn es sich um eine Autorität handelt, die auf gemeinsam erfahrenen und geteilten Bindungen beruht. Dieser Aspekt der auf Bindungen beruhenden Autorität ist in der neueren sozialpädagogischen Diskussion stark vernachlässigt, wenn nicht gar denunziert worden. Man hat eher auf „diskursive" Autorität über zugewandtes und verständnisvolles Aushandeln zwischen PädagogInnen und Jugendlichen gesetzt und dabei nicht nur die eigene Machtposition übersehen, sondern auch, dass die in solchen Verhaltensformen ungeübten Jugendlichen von dieser Kritikzumutung überfordert und darin hilflos waren. Aus dieser Hilflosigkeit heraus ließen sie sich dann erst recht in andere, autoritäre Gesellungs- und Unterordnungsformen ziehen. Die PädagogInnen waren dann ratlos, sahen aber eher das Scheitern der Hilfebeziehung bei den Jugendlichen und nicht bei sich selbst.

SozialarbeiterInnen bauen eben Hilfebeziehungen immer aus einer Machtposition heraus auf, die sie auch durch Zuwendung nicht verdecken können, weil die KlientInnen die Asymmetrie der Beziehung von vornherein spüren. Wenn der Zuwendungsaspekt aber dominiert, wenn Bestimmtheit und Distanz fehlt, wenn man glaubt, den Machtaspekt damit vergessen lassen zu können, erfahren das die betroffenen Kinder und Jugendlichen als Druck, dem sie nichts entgegensetzen können und geraten nun erst recht in einen Zustand der Hilflosigkeit mit seinen bewältigungstheoretisch bekannten Folgen: Sie spalten diese Hilflosigkeit als Aggression gegen die PädagogInnen ab und die sind bestürzt, weil sie doch helfen wollten. Deshalb ist es im Autoritäts- und Strafdiskurs so wichtig, den Machtaspekt zu thematisieren, weil er die Wirkung jeder noch so gut gemeinten Hilfe (ver)formen kann. Hilfe ist eben eine Konfliktbeziehung (vgl. Kap. 4), die bei den KlientInnen erst einmal Ohnmachts- und Minderwertigkeitsgefühle erzeugen und als Zurücksetzung und mithin durchaus als Strafe empfunden werden kann. Das meine ich damit, wenn ich anfangs sage, die Sozialarbeit sei von ihrer Struktur her nicht nur Hilfe-, sondern gleichzeitig Sanktionsinstanz. Vor allem dann, wenn die KlientInnen glauben, die SozialarbeiterInnen wollen ihnen ihr letztes Mittel, um auf sich (durch antisoziales Verhalten) aufmerksam zu machen, nehmen. Deshalb sind die funktionalen Äquivalente so wichtig, weil sie den Machtraum Hilfe öffnen und den KlientInnen eigenen Aneignungs- und Anerkennungsraum schaffen können.

15 Ein methodischer Rückblick – Praxisberichte in ihren Zugangsweisen

Im Jahre 1930 gab Carl Mennicke den ersten Band einer sozialpädagogischen Schriftenreihe heraus, den er mit „Erfahrungen der Jungen" übertitelte und in dem er Praxisberichte aus sozialpädagogischen Arbeitsfeldern vorstellte, die von Absolventen seiner Wohlfahrtsschule erstellt waren. Ich habe daraus eine aus der pädagogischen Arbeit mit erwerbslosen Jugendlichen und eine über den sozialpädagogischen Umgang mit devianten Cliquen ausgewählt. Bevor ich daraus zitiere und weiter kommentiere, möchte ich doch die Porträts der Verfasser wiedergeben, wie sie Mennicke gezeichnet hat. Sie geben einen Einblick in die damalige Rekrutierung von Studierenden der Sozialen Arbeit:

> „Gräsing (Beitrag Erwerbslose, L.B.), Sohn eines Schneidermeisters, hat Kaufmann und Zahntechniker gelernt, immer besonders stark unter Berufsunbefriedigung gelitten und wegen Mangel an Beschäftigung in seinem Beruf gelegentlich als ungelernter Arbeiter gearbeitet. Er hat in der Naturfreundebewegung gestanden, später auch in der kommunistischen Jugendbewegung, ist Vorstandsmitglied des Arbeitersport- und Kulturkartells gewesen und als solches im Verwaltungs- und Arbeitsausschuß der behördlichen Sport und Jugendausschüsse Charlottenburg beratendes Mitglied. Er wurde bereits vor dem Eintritt in unsere Schule vom Bezirksamt Charlottenburg mit der Leitung des Heims für jugendliche Erwerbslose betraut".
>
> Voß (Beitrag Cliquen, L.B.) hat seine Erfahrungen ebenfalls als Leiter eines Heimes für jugendliche Erwerbslose gesammelt. Sein Berufsschicksal war stark durch den Krieg bestimmt. Sohn eines Kaufmanns, hat er ebenfalls zunächst Kaufmann gelernt. Weil seine Eltern während des Krieges in wirtschaftliche Not gerieten, mußte er aber seine Lehrstelle aufgeben und als ungelernter Arbeiter Beschäftigung suchen. Da er sehr ausgesprochene künstlerische Neigungen hatte, litt auch er besonders stark unter beruflicher Unbefriedigung,

> die ihn, als er den Weg zu uns fand, geradezu charakterlich gekennzeichnet hatte. Er fand sich denn auch in die praktische Arbeit, die ihm zugewiesen wurde, so schwer hinein, daß er bei dem einen Amt zunächst scheiterte. An seiner zweiten Stelle hat er sich dann aber so bewährt, daß er ebenfalls noch während seiner Schulzeit als Heimleiter angestellt wurde. [...]. Zur Voßschen Arbeit habe ich eine Ergänzung schreiben lassen durch einen früheren Schüler unserer Schule, von dem ich wußte, daß er auf dem Gebiet des Cliquenwesens selbständige Erfahrungen gesammelt hatte. Der Verfasser dieser Ergänzung, Herbert Schön, ist in Berlin bekannt als langjähriger Leiter des Arbeitskreises „Hilfe", einer freiwilligen sozialen Hilfsgruppe, die sich aus den Kreisen der Jugendbewegung zusammengefunden hat." (Mennicke 1930: 14f.)

Im Praxisbericht zur Arbeit mit erwerbslosen Jugendlichen geht es vor allem um junge Erwachsene am Rande des Straßendaseins und der Straßenkriminalität. Der Autor richtet sein Hauptaugenmerk auf die Frage, wie man erst einmal einen Zugang zu den jungen Leuten aufbauen kann. Eine Kostprobe:

> „Der Jugendliche, der zum erstenmal das Heim aufsucht, wird sofort als Außenstehender erkannt. Die Mütze in das Genick gezogen, die Hände in den Hosentaschen, schiebt er sich, alles musternd, durch die Tür. Hinweise der anwesenden „Arbeitskollegen", die Hände aus den Hosentaschen zu nehmen und die Mütze abzuziehen, werden von ihm mit überlegenem Lächeln quittiert, welches sagen will, wenn du etwas von mir willst, so komm' mir nicht zu nahe. Ernsthaft wäre hier nichts zu erreichen. Soweit der immer vorhandene Berliner Witz der Jugendlichen untereinander nichts vollbringt, muß dieses der Leiter auf drastische und witzige Art fertigbringen. Andeutungen auf die ‚schweren' Muskeln, die das Herausziehen der Hände aus den Hosentaschen verhindern, und dem Durchwachsen der Haare durch die Mütze erregen bei diesem Jugendlichen Verlegenheit wegen einer drastischen Gegenäußerung, worauf er kapituliert und man sich gegenseitig freundlich die Hände schüttelt. Das erste Band gegenseitiger Zuneigung ist geschlungen." (Gräsing in Mennicke 1930: 50f.)

Die sozialpädagogische Arbeit mit erwerbslosen Jugendlichen und jungen Erwachsenen rückte gegen Ende der 1920er Jahre aufgrund der hohen Jugendarbeitslosigkeit in Deutschland zunehmend in den Mittelpunkt der Jugendhilfe. Der nachfolgende Bericht führt in Interventionsverständnis und Struktur der damaligen Hilfen ein:

> „Arbeitslos zu sein bedeutet dem Jugendlichen eine Enttäuschung seiner Kindheitsträume. Getrübte Kindheit gibt berechtigtes Hoffen auf das Erwachsenseins. Sich alles kaufen können ist der Wunsch jedes Proletarierkindes. [...] Einmal aus dem Elternhaus herausgeworfen, lungern diese Jugendlichen ohne Übernachtungsmöglichkeit in den Parks und Anlagen herum, finden sich dort mit in gleicher Not stehenden jugendlichen zusammen und bilden, des Kampfes mit der Gesellschaft überdrüssig, kleine Banden, die sich ihren Lebensunterhalt auf unehrliche Wese zusammenholen." (ebd.: 45 f.)
>
> „Den Gesamtrahmen der heutigen Maßnahme wird vom berufserzieherischen Charakter beherrscht. [...] Es ist also notwendig, dem, der der Arbeit oder dem Beruf entrissen worden ist, einen Übergang zu gewähren, der für seine Wiedereingliederung in den Arbeitsprozess die Arbeitsfähigkeit und die Arbeitslust erhalten soll. Da die Kursarbeit dieses allein nicht leisten kann, ist das Freizeitproblem mit angefasst worden, um Interessen zu erwecken, deren Weiterbetreiben allerdings nur durch Verdienstmöglichkeiten, die wiederum durch Arbeit zu erlangen sind, erreicht werden kann. Sämtliche Bestrebungen und Maßnahmen vereinen sich so in der Erhaltung der Arbeitslust! [...] Die Verbindung von Erwerbslosenheim und Jugendhaus ist praktischerweise das Ideal!" (ebd.: 64 f.)

Dabei wird betont, dass die Maßnahmen auf die Lebenswirklichkeit *junger Erwachsener* zugeschnitten sein müssen. Das bedeutet, dass den jungen Leuten – die sich ja mit anderen jungen Erwachsenen vergleichen – Gelegenheit gegeben werden muss, Geld zu verdienen (vor allem deswegen kämen sie zu den Einrichtungen) und dass die flankierenden sozialen und kulturellen Freizeitangebote nicht einfach eine Verlängerung der Jugendarbeit für 14- bis 18jährige sein dürfen.

Die prekären wirtschaftlichen und sozialen Verhältnisse in der späten Weimarer Republik mit eben dieser hohen Jugendarbeitslosigkeit haben auch das Aufkommen von Jugendcliquen und Jugendbanden vor allem im Umkreis der Großstädte begünstigt. Sozialarbeiter verglichen sie gar mit amerikanischen Gangs. Ihnen gehörten nicht nur männliche Jugendliche, sondern auch Mädchen an, die freilich in der maskulinen Hierarchie unten standen. Es waren Jugendliche, die von der Erwerbslosenarbeit schwer erreicht werden konnten und für die man Konzepte der Cliquenarbeit zu entwickeln suchte:

> „An den Seen der Berliner Waldgebiete [...] findet man nachts die großen Lagerfeuer der Cliquen. Bei ihrer großen Rauflust und weil sie ausschließlich mit breiten Messern und anderen Waffen ausgerüstet sind, bilden sie eine nicht zu unterschätzende Gefahr für alle anders gekleideten Personen und Wandergruppen, die häufig überfallen, mißhandelt und ausgeplündert werden. [...] Absurd für unsere Verhältnisse erscheint es, wenn das in Cliquen organisierte Rowdytum nachts in einem Berliner Vorort einen Teil Briefkästen losmacht und diese beschmutzt irgendwo liegen läßt. [...] Die Clique Zigeunerliebe plünderte bei Straußberg eine Selterbude aus. Sie wurde von der Polizei gestellt, doch war diese nicht imstande, Zusammenhänge festzustellen, denn die Führer der Cliquen, die beide nur von Diebstahl lebten und von denen der eine obdachlos war, wurden von den Jugendlichen gedeckt.[...] Diese große Schwierigkeit, die Zusammenhänge festzustellen, liegt in der Beweglichkeit der Cliquen, welche nach jedem Vorfall ihre Bezeichnung und Zusammensetzung ändern.
> Das einheitliche Zeichen aller Berliner Cliquen ist das Edelweiß und eine bunte Schnur an der Mütze. Es kommt auch vor, daß Cliquen besonderen Wert auf Ohrringe legen. Und typisch für viele Cliquen sind ihre übermäßigen Kitschtätowierungen. In unserem Bezirk gab es Jugendliche, welche am ganzen Körper tätowiert waren, einschließlich der Geschlechtsorgane." (Voß in Mennicke 1930: 78f.)

Herbert Schön unterteilte die wilden Cliquen in kriminelle Cliquen und deviante Gruppen unterhalb der Kriminalität, die er „Wandercliquen" nennt.

> „Die Umleitung der Wandercliquen durch Jugendhorte oder durch Jugendsportplätze in Jugend- oder Sportvereine dürfte dann nicht so schwer fallen, wenn man außerordentlich langsam und vorsichtig daran geht. Man wird wohl kaum eine ganze Clique auf einmal umleiten können. Außerdem müßte man in starkem Maße dem Geltungsbedürfnis des ehemaligen Cliquenmitgliedes Rechnung tragen. Erfolg-

> reich wird diese Arbeit im genau demselben Prozentsatz zu sein, in
> dem Schutzaufsichten in Jugendgruppen aufgenommen und umge-
> leitet werden. Auch hier ist wieder einmal ein bedauerliches Versa-
> gen der Jugendgruppen festzustellen, die sich viel zu spät mit diesen
> Wandercliquen beschäftigen und dann aus einer gewissen Überheb-
> lichkeit heraus nur in ablehnendem Sinne. Sie hätten mit ganz weni-
> gen Kräften sicher einen Teil der dieser cliquenmäßig gebundenen
> Jugendlichen zu sich herüberziehen können. [...] Beinahe ganz aus-
> sichtslos scheinen mir die Bemühungen um die kriminell verwahrlos-
> ten Cliquen zu sein. Nicht nur, daß sie als asoziale Menschen der Ge-
> sellschaft bis ins letzte negativ gegenüberstehen, sie fühlen sich
> auch untereinander meist derart verbunden, daß es äußerst schwie-
> rig ist, einzelne aus diesem Kreise zu lösen und wohl ganz unmöglich,
> eine ganze kriminelle Clique umzuleiten. Das ist schon darum bedau-
> erlich, weil gerade hier eine eine große Anzahl von Jugendlichen und
> Älteren zu finden ist, die voller Intelligenz und Lebensenergie sind,
> die sie aber ganz und gar gegen die Gesellschaft und gegen alle Er-
> ziehungsbeauftragte dieser Gesellschaft anwenden werden." (Schön
> in Mennicke 1930: 86f.)

Interessant ist in diesem Zusammenhang, dass man sich in der Bestimmung der Ursachen der Jugenddelinquenz und Jugendkriminalität dezidert auf den individualpsychologischen Ansatz beruft, indem „soziale und kulturelle Spannungen in der gesellschaftliche Entwicklung und deren psychologische Begleiterscheinungen" (ebd.: 69) dafür verantwortlich gemacht werden, was mit einem entsprechenden Zitat Alfred Adlers unterlegt wird. Auch dies ist ein Indiz für die Verbreitung der Individualpsychologie in der damaligen Sozialpädagogik.

Da die Cliquen wie ein Magnet auf die Jugendlichen in Heimen und anderen Fürsorgeeinrichtungen wirkten, wurde auch die Frage gestellt, ob man das innere Cliquenprinzip der selbstverwalteten Gruppenstruktur nicht methodisch auf die Einrichtungen übertragen könnte:

> „Das Problem der Selbstverwaltung wagt scheinbar niemand zu be-
> rufen, viele Erzieher fürchten es sogar. Wenn es uns aber nicht ge-
> lingt, von diesem Punkte aus die ungelösten Fragen der Fürsorgeer-
> ziehung aufzurollen und einer Klärung zuzuführen, wird das Niveau
> der gesamten großstädtischen Fürsorgeerziehung weiterhin nicht

> von den idealsten und tüchtigsten Erziehern, sondern von einer handvoll Cliquen und ihrem Anhang bestimmt. Die Cliquen geben tatendurstigen, verwahrlosten Jugendlichen Freiheit und Selbstverwaltung unter dem gewählten Führer. Sie entfremden sich aber dabei der Arbeit, lassen sie innerlich stumpf werden oder verrohen und machen sie zu gefährlichen Feinden der menschlichen Gesellschaft. Bis in die geschlossenen Anstalten des Strafvollzugs ist dieser Einfluss zu spüren." (Ehrhardt 1930: 417f.)

Auf solche methodischen Wege, sozialpädagogische Interventionsprinzipien aus der Bewältigungswirklichkeit der Jugendlichen abzuleiten, hat damals auch der Leipziger Sozialpädagoge Walter Hoffmann hingewiesen. Aus der Erfahrung heraus, das sich dissoziale Jugendliche vor allem aus dem proletarischen Milieu gegenüber anpassungszentrierten Hilfeangeboten sperren, Widerstand leisten (weil sie ihnen ja – subjektiv empfunden – ihre letzten Mittel der Selbstbehauptung nehmen, s. o.), regte er eine *Widerstandspädagogik* an. Die SozialpädagogInnen sollten an dieser Ablehnung ansetzen, in ihr die Stärken der Jugendlichen suchen und sie als Ausdruck der Selbstbehauptung anerkennen (vgl. Hoffmann 1929).

Impulse: „Arbeitslust" und „Umleitung" – Vom Wert alter Begriffe

Bevor man hier nach Impulsen sucht, ist es doch überraschend, mit welchem sozialpädagogischen Gespür die damals lange noch nicht so professionalisierte Sozialarbeit ihre Konzepte entwickelt und praktisch umzusetzen versucht hat. Wir finden Zugänge, die heute durchaus als professionell und vor allem als klientenorientiert gelten.

Wenn man sich die Konzeption der Arbeit mit Erwerbslosen anschaut, so deutet sich schon die Struktur späterer und heutiger Maßnahmen der Jugendberufshilfe und sozialpädagogischen Beschäftigungsförderung an. Dabei fallen aber zwei Bezüge auf, über die man auch heute wieder oder stärker in der sozialpädagogischen Diskussion nachdenken sollte. Zum einen der Begriff der *Arbeitslust* zum anderen *die Verbindung zwischen der Einrichtung der Berufshilfe und einem Jugendhaus.*

„Arbeitslust" scheint mir, wenn ich diese Texte lese, mehr zu beinhalten, als der heute gebräuchliche Begriff der Motivation. Er umfasst den gesamten Lebenszusammenhang der Jugendlichen einschließlich der Beziehung zu den JugendarbeiterInnen. Aneignung, Identität und Bezugnahme schwingen mit und vor allem auch die sozialpädagogische Aufforderung, diese Arbeitslust durch Beziehungen der Anerkennung und Vermittlung von Erfahrungen der Selbstwirksamkeit zu fördern. Und zweitens: Die Verbindung der Berufshilfe-Einrichtung mit einem Jugendzentrum ist auch heute der Traum vieler dieser Einrichtungen. Das Konzept zielt auf die soziale und kulturelle Vernetzung der Hilfe.

Bemerkenswert ist auch die Klarheit mit der die Möglichkeiten und die Reichweite sozialpädagogischer Intervention bei devianten Jugendcliquen eingeschätzt wird. In den Grundzügen wird der Diskurs noch heute so geführt. Wichtig ist vor allem hier das Konzept der *Umleitung,* das uns wieder zur Assoziation der funktionalen Äquivalente (vgl. Kap. 7) führt: SozialarbeiterInnen müssen wahrnehmen können, dass die Betroffenen das antisoziale oder autoaggressive Verhalten, das sie in die sozialpädagogische Intervention gebracht hat, für sich selbst als positiv empfinden, da es ihnen zumindest zeitweise somatische Entspannung sowie Anerkennung und Selbstwirksamkeit (durch Auffälligkeit) gebracht hat. Dies ist erst einmal eine brisante Herausforderung für die SozialarbeiterInnen selbst. Ein antisoziales Verhalten, das von ihrem Hilfe- und Interventionsauftrag her als negativ und als zu verändern definiert ist, soll auch von der positiv-funktionalen Seite, wie sie die KlientInnen unterlegen, betrachtet werden. Nur so wird der Widerstand gegen die Hilfe verstehbar. Diesen Widerstand gilt es anzunehmen, die in ihm innewohnenden Energien umzuleiten, zu hoffen, dass sie sich im Setting funktionaler Äquivalente anders aufladen lassen. Das ist die Assoziation, die ich bei Walter Hoffmanns Begriff der „Widerstandspädagogik" habe. Denn wir wissen ja – im Sinne des Bewältigungsmodells – dass ihre aggressive Abwehr nicht geplant ist, sondern dass hinter dem devianten Verhalten Botschaften der Hilflosigkeit und der diffuse Drang nach Anerkennung und Selbstwirksamkeit stecken.

16 Sozialarbeit als Beruf und ihr Bezug zu den sozialen Bewegungen (Mennicke, Nohl, Bez-Mennicke)

„Sind seine (des Fürsorgers) psychologischen und pädagogischen Begriffe im Sinne einer schulmäßigen Theorie gebildet, die zu dem tatsächlichen Bilde der gesellschaftlichen Wirklichkeit in allzu großer Spannung steht, so kann es nicht ausbleiben, daß die fürsorgerische Arbeit eine Fülle von Widersprüchen und Enttäuschungen mit sich bringt, durch die gerade der idealistisch hochgespannte fürsorgerische Wille leicht gebrochen wird. Es ist dann auch das tatsächliche Schicksal vieler Fürsorgerinnen, daß sie allmählich wenn nicht den Mut, so doch alle eigentliche Freudigkeit verlieren und sich auf ein rein mechanisches Fortarbeiten von Tag zu Tag einrichten. Das ist natürlich auch mit darin begründet, daß der Fürsorger heute in aller Regel weit überlastet ist und auch wenn er über die besten Voraussetzungen verfügt, dem einzelnen Fall selten mit der Sorgfalt und Ausführlichkeit nachgehen kann, die eigentlich erforderlich wäre. Der richtig durchgebildete Fürsorger müßte also mindestens auf diese Schwierigkeit wie überhaupt auf die ganzen Widerstände, die die heutige gesellschaftliche Lage der fürsorgerischen Arbeit bietet, vorbereitet sein. Dabei würde dann freilich das Verständnis dafür entwickelt sein müssen, daß alle fürsorgerische Arbeit, wenn sie sich als sinnvoll begreifen will, sich im Zusammenhang mit der gesamten gesellschaftlichen Gestaltungsarbeit sehen muß. So müßte auch der sozialpädagogische Unterricht in der Wohlfahrtsschule deutlich machen, daß die Wirkung sozialpädagogischer Arbeit von dem Verlauf des gesellschaftlichen Gestaltungsprozesses abhängig ist. [...] Hinsichtlich der allgemeinen Einstellung des Fürsorgers zu seiner Berufsarbeit ist schließlich noch zweierlei ins Auge zu fassen. Einmal gilt es, sich allgemein frei zu machen für die Einsicht, daß der Fürsorger so wenig wie der Pädagoge überhaupt aus den politischen Spannungen der Gegenwart heraustreten kann, ja, daß er selbst diese Spannungen mit in seinen Beruf hineintragen wird und daß das pädagogisch sinnvoll sein kann. Ganz gewiß hat er besonders neutral zu sein in dem Sinne, daß er keinen seiner Betreuten in die abweichende Weltanschauung oder politische Einstellung entgleiten läßt, sondern jedem mit der gleichen Gewissenhaftigkeit und Hingabe in seiner speziellen Not hilft. Aber da die Lösung der pädagogischen Aufgabe nun einmal von der Lebendigkeit des pädagogischen Bezuges abhängt, kann es gar nicht ausbleiben, daß die besondere politische und weltanschauliche Einstellung des Fürsorgers in einem Fall eine Erschwerung, im anderen Fall eine wesentliche Erleichterung für die Lösung der pädagogischen Aufgabe bedeutet. Und da die Fürsorgearbeit zum großen Teil Arbeit an der proletarischen Bevölkerung ist, und da es in der Lage der proletarischen Bevölkerung begründet ist, daß sie bestimmten gesellschaftlichen Gestaltungstendenzen zuneigt, wird, wo es sich nicht um ausgesprochen konfessionell bestimmte Bezirke handelt, eine entsprechende politische Einseitigkeit des Fürsorgers besonders leicht eine wirkliche Hilfe für seine Arbeit bedeuten. Diese Feststellung ist übrigens eine rein sachliche und gilt für die erwähnten kirchlich gebundenen Bezirke mit dem veränderten Vorzeichen ebenso. Und es wäre vollkommen töricht, diese Dinge kaschieren zu wollen zugunsten eines Prinzips der Neutralität, dem die heutige gesellschaftliche Wirklichkeit an keiner Stelle entspricht." (Mennicke 1930a: 319f.)

Mennicke hat hier die gesellschaftlich-politische Verwobenheit des sozialen Berufs in einer Weise aufgeschlossen, wie wir sie gerade heute, angesichts einer verengten Professionalität, wieder diskutieren müssten. Parteilichkeit, soziale Formungsarbeit, gesellschaftliches Bewusstsein sind hier die immer noch und wieder brisanten Stichworte. Bemerkenswert ist dabei, wie er versucht, diese in eine Balance zur sozialpädagogischen Alltagspraxis zu bringen.

Herman Nohl wiederum, im Kontrast zum religiösen Sozialisten Mennicke ein bürgerlich-liberaler Pädagoge, sah das berufliche Selbstverständnis in der Sozialpädagogik durch die „geistigen Energien" der damaligen sozialen Bewegungen, vor allem der Jugendbewegung, angeregt:

„Das ist ganz abstrakt ausgedrückt die Formel für die Jugendwohlfahrtsarbeit: sie ist das spannungsreiche System der geistigen Energien, die die Lebensnot der Zeit, insbesondere der Jugend, aufgeweckt hat. Jeder Fürsorger draußen wie irgendein leitender Beamter

[...] spürt die Gegensätzlichkeit dieser ursprungsfremden Antriebe seiner Arbeit. [...]. In diesen vier Bewegungen [Arbeiterbewegung, Innere Mission, Frauenbewegung, sozialpolitische Bewegung im Zeichen der Sozialen Frage; L.B.] waren nun die wichtigsten Kräfte des sozialen Daseins mobil gemacht: Das Selbstbewußtsein der Arbeiterschaft, die Religion, die Frau und ihre geistige Mütterlichkeit, der Staat und die Verantwortlichkeit der staatlichen Gemeinschaft für ihre Glieder. [...]Was für alle diese Bewegungen aber noch nicht eigentlich angetastet war [...] das war die geistige Kultur dieses Bürgertums des 19. Jahrhunderts selbst. Die Frauenbewegung wie die Sozialpolitik lebten doch fest im Glauben an den ungebrochenen Wert dieser Kultur und ihrer allgemeinen Bildung, die man eben nur in die Massen hineintragen müsse. Auch der Sozialismus hatte diese Bildung nie bezweifelt und verlangte nur Sozialisierung auch dieses geistigen Besitzes, der Macht verleiht. [Es fehlte]das Bewußtsein von der Not unserer Kultur, der die innere Bindung an ein Ideal fehlt, und ein Wille, diese Not aus einem neuen Menschentum heraus zu beheben, dessen wesentlichster Zug ein neues Gemeinschaftsbewußtsein ist. Nirgends ist das reiner sichtbar geworden als in der Jugendbewegung. [...] Zu der Solidarität, der Caritas, der geistigen Mütterlichkeit und dem staatsbürgerlichen Bewußtsein trat so hier eine fünfte geistige Energie, die Gemeinschaftskraft der jugendlichen Verbindungen. [...] Und wenn schließlich auch die neue Pädagogik überall die Gemeinschaft als die stärkste erzieherische Kraft voranstellte, so war sie selbst ja der Ausdruck einer solchen neuen verantwortlichen Verbundenheit. [...] Aus dem Zusammengehen dieser Antriebe ganz verschiedenen Ursprungs entsteht die eigentümliche Spannung, die die Jugendwohlfahrtsarbeit quält." (Nohl 1949: 133ff.)

Auch wenn die so bewegten Ideen dort an ihre Grenzen kamen und pragmatisch gewendet wurden, wo sie in die administrative und verbandliche Arbeit transformiert wurden, verstanden sich viele der aus der Jugendbewegung kommenden SozialarbeiterInnen immer noch als Mitglieder einer „Sozialpädagogischen Bewegung" (vgl. Herrmann 1956). Am Beispiel Nohls kann gezeigt werden, wie sich bestimmte Kreise der Sozialpädagogik in den 1920er Jahren in der Folge der Jugendbewegung entwickelt haben. Für Nohl gehörte es zur historischen Gesetzlichkeit sozialer und kultureller Bewegungen, dass sie – in einer historischen Stufenfolge – ihren Bewegungscharakter aufgeben müssen, damit sich ihre Prinzipien institutionell verbreiten und strukturbildend in die Gesellschaft eingebracht werden können. Diesen Stufenmechanismus vom revolutionären Ausnahmezustand der Avantgarde schließlich zur institutionellen Phase der Reform kennen wir auch aus der Entwicklung anderer sozialer Bewegungen – z. B. der Frauen- und Ökologiebewegung – im späten zwanzigsten Jahrhundert.

Vor dem Hintergrund eines solchen historischen Entwicklungsmodells der Vergesellschaftung sozialer Bewegungen verortete damals auch Nohl die „Sozialpädagogisierung" der Jugendbewegung. Er sah in der Jugend und ihrem Entwicklungspotenzial eine gesellschaftsbildende Kraft, die der Programmatik einer gesellschaftlich eigenständigen Jugend- und Sozialpädagogik entgegenkam. Deshalb versuchte er – in drei Schritten – das gesellschaftliche Interesse für die Entwicklungspotenziale in Kindheit und Jugend und das Erlebnis der Jugendbewegung sozialpädagogisch zu transformieren: Zum einen beschwor er den zugleich kulturkritischen wie kulturschöpferischen Impetus der Jugendbewegung, aus dem er die gesellschaftliche Orientierung der Sozialpädagogik formen wollte. Zum Zweiten knüpfte er an das Gesellungsprinzip der freien Gemeinschaft an, das zum pädagogischen Kernprinzip der neuen Sozialpädagogik in Korrespondenz zu den reformpädagogischen Konzepten für die Schule werden sollte (vgl. Kap. 10). Schließlich – drittens – versammelte er in seinen Seminaren ehemalige (meist männliche) Mitglieder der Jugendbewegung selbst, die nun als jugendbewegte Erwachsene in den neuen sozialpädagogischen Berufen tätig waren (vgl. Hermann 1991) und gleichsam die Verberuflichung der Jugendbewegung tragen sollten:

> „So ist die Jugendbewegung wie ein Ferment in alle soziale Arbeit, vor allem auch der Ämter und Anstalten, der staatlichen wie der konfessionellen eingegangen[…]. So kritisch man zunächst die ‚offizielle Jugendbewegung' von Staat, Kirche und Parteien ansehen mußte, wo jede dieser organisierten Lebensmächte nun auch ihre entsprechende Jugendgruppe schuf, schließlich hat doch diese Arbeit von oben die Entwicklung ungeheuer beschleunigt und sie auch in der ganzen Breite auch des berufsgeteilten Lebens hineingearbeitet, so daß sie heute für die Jugend jeder Art so gut wie selbstverständlich geworden ist. Den Bewegungscharakter hat sie allerdings verloren. Und nach einer anderen Seite hat die Bewegung eine Grenze er-

reicht. Ihre ersten Träger waren allmählich erwachsen geworden und hatten sie ursprünglich von ihrem Gegensatz zum Erwachsensein gelebt, so standen sie nun selbst an der Front. […]. Damit verlor die alte Ideologie der Jugendbewegung ihren Gegenpol. […]So entstand die tiefe Wandlung der Bewegung, die wir gegenwärtig miterleben, in der alle kulturkritischen Begriffe umgewendet werden. Der Alltag des Lebens, der gegebene Lebensraum, die Großstadt, die Arbeit, die Technik, der Staat, sie werden jetzt in ihrer Notwendigkeit als Schicksal der Gegenwart begriffen, dem man nicht entfliehen wollen darf, sondern man zu beherrschen versuchen muss." (Nohl 1988: 28)

Impuls: Soziale Berufe im Magnetfeld des Politischen: Parteilichkeit und die Spannung zu den sozialen Bewegungen

Die Forderung nach „Parteilichkeit" als Maßstab sozialpädagogischen Handelns war schon in den 1920er Jahren ein heißes Eisen, weil sich in ihr die politische Auseinandersetzung um die Soziale Arbeit widerspiegelte. Es gab damals auch radikale Zugänge, die der Sozialarbeit die Fähigkeit zur Parteinahme für die Betroffenen absprachen, dies als Illusion abtaten, da sie nicht nur keine Gegenmacht zur kapitalistischen Herrschaftsordnung bilden könne, sondern selbst im Dienste dieser Ordnung stehe. So z. B. Trude Bez-Mennicke:

„So haben die sozialen Berufe den Nimbus erhalten, als ob sie in unserem rücksichtslos egoistischen, aus Macht und Gegenmacht resultierenden Wirtschaftsgetriebe das Prinzip der Ethik retteten. […]. Eine gut gemeinte Lüge, die sich bitter rächt. […] Weil er (der soziale Beruf, d. Verf.) die Stelle ist, an der die kapitalistische Welt-Vergewaltigung ihre letzte Konsequenz erreicht. Dies: dass Menschen total Objekt werden. .[…]. Wenn irgendwo, dann ist hier eine Stelle, wo der glatte Boden unserer Gesellschaft dünn und brüchig wird, - wo das Subjekt-Objekt-Verhältnis von Mensch zu Mensch für beide Seiten so offenbar unmöglich und sinnlos wird, dass gerade der, der von Berufs wegen hier Subjekt sein sollte, der sogen. Helfer, Pfleger, Fürsorger, es nicht mehr aushält, dass er mit beiden Händen zugreifen und den Riss aufreißen muss, den er zukleben sollte." (Bez-Mennicke 1924: 7)

Vor der Parteilichkeitsdiskussion stand also auch damals die Frage nach der gesellschaftlich- politischen Rolle der Sozialarbeit gleichsam als ‚Feuerwehr des kapitalistischen Systems'. Diese radikale Argumentation wiederholte sich in den Kampagnen der 1960er Jahre in Westdeutschland, als die etablierte Jugendhilfe von den jungen Theoretikern einer sich antikapitalistisch verstehenden Sozialarbeit gleichsam an den reaktionären Pranger gestellt wurden. Dies wird sich wohl auch in Zukunft immer wiederholen, vor allem wenn die Sozialarbeit wieder in die Zonen der Befriedung sozial benachteiligter Gruppen gedrängt werden sollte. Außerdem ist es das Recht jeder jungen Generation von SozialarbeiterInnen, wenn sie neu in die Disziplin eintreten, immer wieder den Finger in diese alte Wunde zu legen und die etablierten Generationen aus ihrer professionellen Gemütsruhe zu reißen. Allerdings darf man Bez-Mennickes Argumentation nicht nur auf diese Seite schlagen. Die Frage, ob man als SozialarbeiterIn noch Subjekt seines Handelns ist und ob die KlientInnnen trotz Beteiligung und Empowerment nicht doch Objekte bleiben, muss immer wieder neu gestellt werden. Sie gehört zu kritischen professionellen Reflexivität und ist im Grunde auch eine Frage nach der Parteilichkeit.

Carl Mennicke wiederum, der sich in seinem dialektischen Zugang als Sozialreformer verstand (s.o.), sah die Soziale Arbeit zwar auch immer in ihrer gesellschaftlichen Verstrickung, aber dennoch und deshalb als strukturelle Notwendigkeit wie pädagogisch-politische Chance, mit „sozialer Formungsarbeit" (heute würde ich sagen Milieubildung) soziale Ermöglichungsräume innerhalb einer ökonomisch dominierten Gesellschaft zu schaffen. Ähnlich ist sein Begriff der Parteilichkeit strukturiert: Parteilichkeit sollte relational eingesetzt werden, ihre Intensität von den jeweiligen sozialen und kulturellen Kontexten abhängig sein, nicht nur politisch, sondern auch fachlich begründet. Auf jeden Fall eine Haltung, die signalisiert, dass man den gesellschaftlichen Verhältnissen und ihren sozialen Folgen gegenüber als SozialarbeiterIn nicht neutral bleiben könne.

Mennicke hat hier ein vielschichtiges Argumentationstableau aufgemacht, das uns auch heute Anregungen dafür geben kann, wie wir in einer sich professionell und rational verstehenden Berufswelt *Parteilichkeit* thematisieren können. Denn am Abhängigkeitsstatus der Betroffenen hat sich ja in der Grundstruktur nichts geändert. „Parteilichkeit" hat ihre Wurzeln im Bildungswesen der Arbeiterbewegung und wurde von den Frauenbewegungen mit neuer Zielrichtung aufgenommen. So wendet sich die feministisch inspirierte Sozialarbeit seit den 1990er Jahren gegen die defizitären Zuschreibungen, wie sie auf Frauen und Mädchen angewendet werden. Vielmehr gehe es darum, Abhängigkeitsstrukturen, in denen die Frauen stehen, zu benennen. Feministische Parteilichkeit entzündet sich deshalb immer wieder an der Selbstverständlichkeit patriarchaler Macht- und Gewaltstrukturen. Der strukturellen Resistenz von Gewalt gegen Frauen werden der Anspruch und das Recht auf Schutz, Gegenwehr und Überwindung von Opfererfahrungen entgegengesetzt. Parteilichkeit ist hier gleichsam zum Symbol einer Gegenwelt geworden. In ihr manifestiert sich eine Haltung, Mädchen und Frauen Raum zu jener Selbstentwicklung zu geben, die ihnen in ganz unterschiedlichen Formen von Entwertung, Nichtachtung und Missdeutung ihrer Erfahrungen verweigert wird. Parteilichkeit kann in diesem Zusammenhang auch als gesellschaftlicher Tabubruch wirken. Das gelang im Falle der gesellschaftlichen Enttabuisierung sexueller Gewalt. Die Thematik sexueller Gewalt war hermetisch im Privatbereich der persönlichen Beziehungen und in der Familie eingeschlossen. Das öffentliche parteiliche Eintreten zum Schutz der Opfer hat dazu geführt, dass die gesellschaftliche Wand dieses Tabus durchbrochen und damit ein immer noch wirkender patriarchaler Verdeckungszusammenhang aufgerissen wurde. Diese Parteilichkeit hat vor allem auch dazu beigetragen, eine neue Norm im Geschlechterverhältnis durchzusetzen.

Im feministischen Parteilichkeitsanspruch in der Sozialen Arbeit ist der Übergang von der politischen zur fachlich begründeten Parteilichkeit fließend. Von der Struktur her ist das auch bei Mennicke der Fall. Wir finden diese, ich nenne sie *balancierende Parteilichkeit* auch heute bei SozialarbeiterInnen vor allem in den Bereichen von Streetwork und Gemeinwesenarbeit. Schwieriger wird es, wenn – nur fachlich begründet – von der „Vertretung der Interessen der KlientInnen" die Rede ist. Hier geht es nicht um Parteilichkeit, sondern um anwaltliches Handeln, in dem das „Interesse" der Betroffenen fachlich, aus dem professionellen Fallverstehen heraus, vertreten wird. Auch die *akzeptierende Sozialarbeit* kann man nicht als parteilich verstehen. Sie ist vor allem über das Bewältigungskonzept (s.o.) fachlich begründet: Ich muss erst einmal den Menschen von seinem antisozialen Verhalten trennen, muss verstehen, warum er es ‚braucht', es als vielleicht einziges verfügbares Mittel der Bewältigung von Selbstwert- und Anerkennungsstörungen erkennen können. Das heißt aber lange noch nicht, dass ich das Verhalten gutheiße. Im Gegenteil: Man arbeitet mit Gewalttätern, man verabscheut diese Gewalt, muss aber dennoch verstehen und darin akzeptieren können, dass dieses Gewalthandeln für den Täter eine subjektiv funktionale Bedeutung hatte. Hier geht es eher um das eigene Aushalten in der professionellen Distanz, als um Parteinahme.

Parteilichkeit ist letztlich politisch und ist als solche in der Spannungszone von Macht und Ohnmacht angesiedelt. Damit ist sie aus der administrativ gesetzten Neutralität der Apparatur der Sozialen Arbeit zumindest symbolisch verbannt. Auch wenn deren zuweilen offensichtlich werdender Kontrollcharakter dem zu widersprechen scheint. Politisch motivierte Parteilichkeit wird aber in *Sozialen Bewegungen* formuliert und gelebt. Herman Nohl hat damals die Nähe zur Sozialpädagogik zu den Sozialen Bewegungen beschworen und gleich wieder – angesichts der Grenzen des nun administrativen Geschäfts – verworfen. Darin äußert sich bis heute eine gewisse strukturelle Bedürftigkeit im Verhältnis von Sozialarbeit und Sozialen Bewegungen. Man wäre gerne *als* SozialarbeiterIn dabei, aber es ist einem aus dem Amt heraus verwehrt. Nohl sprach von der Jugendbewegung als „Ferment" der Jugendhilfe. Ferment bedeutet „Gärstoff", eine Energie, welche die Soziale Arbeit antreiben soll.

Aus der Frauen- und vor allem der Jugendbewegung sollten die „geistigen Energien" der Jugendhilfe kommen. Nohl meinte die vielen Frauen und Männer, die in den 1920er Jahren aus der Frauen- und Jugendbewegung kamen und in die Jugend- und Sozialarbeit gingen, um dort ihre sozialpädagogischen Ideen zu verwirklichen. In den 1970er Jahren erlebten wir eine ähnliche Szenerie: Junge Leute z.B. aus der Studenten-, Kinderladen- und Jugendzentrumsbewegung aktivierten sich in Heimkampagnen. Kindertagesstätten und autonomen Jugendhäusern gegen eine institutionell starre Soziale Arbeit (vgl. Baader 2009). Gemeinwesen-Kampagnen agierten entlang der Grenzen zu den sozialen Bewegungen. Der Sozialstaat als Moderator des gesellschaftlichen Konflikts transformierte Bewegungsresultate in Modernisierungsprojekte der Sozialen Arbeit. Eine ähnliche Szenerie wie anfangs der 1920er Jahre, als die Jugendbewegten – so wie Nohl es beschrieben hat – in die sich formierende soziale Arbeit strömten.

Der emanzipatorische Geist, der über solche Reformen in die Soziale Arbeit einzog, erhielt allerdings bald sein sozialtechnologisches Korsett, hatte in einer „fortschrittlichen Fachlichkeit" aufzugehen. Was blieb und bis heute bleibt ist der Traum von der Nähe der Sozialen Arbeit zu den sozialen Bewegungen, der immer dann geträumt wird, wenn es um die Kritik der professionellen Sozialen Arbeit geht. Viele Professionellen fürchten aber auch das Ungerichtete und Parteiliche sozialer Bewegungen; Mitglieder sozialer Bewegungen wiederum verachten die behauptete fachliche Neutralität und Rationalität der Professionellen. Was kann man also heute noch mit Nohls Vision von den sozialen Bewegungen als geistigen Energien der Sozialen Arbeit anfangen?

Die Soziale Arbeit kann auch in Zukunft nur Energien aus sozialen Bewegungen ziehen, wenn sie eine Diskurskultur entwickelt, die sich nicht im Fallverstehen und in institutionellen Interventionslogiken begrenzt. Hier kann sie von den sozialen Bewegungen lernen. Zwar ist die Soziale Arbeit traditionell in sozialpolitischen Definitionen gefangen, die den direkten Zugang zu Lebensthemen versperren und aus denen sie auch zukünftig nicht ausbrechen können wird. Das macht im Grunde auch ihre Befangenheit gegenüber – wie ihre Bewunderung von – sozialen Bewegungen aus. Gleichzeitig wird sie aber doch über ihre bisherigen sozialstaatlichen Definitionsgrenzen springen müssen, wenn sie neue Betroffenheiten verstehen will. Sie kann zwar nicht zur sozialen Bewegung werden. Sie kann aber die sozialen Bewegungen und lokalen Basisinitiativen als Spiegel für die eigene kritische Reflexivität anerkennen. „Zuerst einmal hilft die Beobachtung sozialer Bewegungen, Problemgebiete zu entdecken, wo helfendes Eingreifen notwendig wird. Dann aber kann man von sozialen Bewegungen viel lernen. Diese entwickeln oft ein problemlösendes Verhalten, auf das der inzwischen mehr oder weniger betriebsblind gewordene professionelle Helfer von alleine gar nicht mehr kommt." (Gottschalch 1991: 136) Dies scheint bei der gegenwärtigen sozialtechnologischen Verengung und unter dem Druck der Ökonomisierung für die offiziellen Instanzen schwierig. Deshalb sollte man durch die Organisationen hindurch mehr auf die sozialpädagogische Praxis schauen, in der sich doch allerhand bewegt und sich vielerorts eine „hidden practice" entwickelt hat, die irgendwann auf die Organisationen zurückwirken wird. Hier spielt sich das ab, was Wilfried Gottschalch (1991) „brauchbare Illegalität" nennt und abfordert: „Jede Institution oder Organisation muß, wenn sie überhaupt funktionieren will, eine ‚brauchbare Illegalität' (Luhmann) zulassen, das heißt, sie muß sich in ihren bürokratischen Kontrollfunktionen nach Möglichkeit permissiv und tolerant verhalten; andererseits muß freilich der professionelle Helfer auch die Fähigkeit und den Mut haben, brauchbare Illegalität zu üben." (ebd.: 135)

Lebensthemen, Betroffenheiten werden nicht argumentativ vorgebracht, sondern erzählt. Oft indirekt, in Bildern in deren unteren Schichten erst die Botschaft steckt. Soziale Bewegungsgruppen sind entsprechend narrativ strukturiert, erscheinen deshalb dem rationalen Blick als diffus, argumentationssperrig. Hier muss die Soziale Arbeit auch fachlich hellhörig werden. Sie will doch den KlientInnen dabei helfen, ihre Hilflosigkeit und Ohnmacht zur Sprache zu bringen. Aber dies verbleibt in der Regel im Gehäuse des Fallverstehens, kann in seinem Eigensinn nicht öffentlich werden. Aus dem Umkreis von Bewegungsgruppen hört man immer wieder, dass die Leute anders erzählen, wenn sie an Aktionen beteiligt sind. Teilnahmen an öffentlich sichtbaren Aktionen setzen andere Formen der Anerkennung und Wirksamkeit frei, als dies in einer Klientenbeziehung organisiert werden kann. Dort bleiben die Betroffenen in der beschränkten Klientenrolle, in der öffentlich agierenden Gruppe aber werden sie zu Bürgerinnen und Bürgern. Von der Sozialen Arbeit wird aber erwartet, dass sie ihre KlientInnen befriedet, die Gesellschaft nicht auch noch mit ihnen behelligt. Einige Ansätze der Gemeinwesenarbeit waren und sind wieder auf solche Behelligung aus und haben sich die entsprechenden politischen Konflikte und Kontrollen eingehandelt. Aber sie haben Bewegung in die Bewohnergruppen der randständigen Viertel gebracht und über diese einen Bezug zu sozialen Bewegungen gefunden, ohne selbst eine solche sein zu wollen. Man spricht heute von „Bewegungskulturen" (Wagner 2009), die sich im Umkreis sozialer Bewegungen und bürgerschaftlicher Initiativen bilden, zu denen sich SozialarbeiterInnen in Bezug setzen und verhalten können. Solche Bewegungskulturen sind schließlich auch Räume sozialpolitischen Lernens aber auch der lebendigen Aufforderung an die Soziale Arbeit, nicht nur klientenorientiert, sondern auch sozialpolitisch reflexiv zu arbeiten.

Aber auch im Inneren der sozialadministrativen und verbandlichen Apparaturen muss sich in Zukunft mehr kommunikative Offenheit entwickeln, wenn sie in den Entgrenzungen und Brüchen der heutigen Übergangszeit eigene Standpunkte und entsprechende Konzepte durchsetzen will. In den Theorie- wie Praxisdiskursen der Sozialpädagogik/Sozialarbeit wird immer wieder und immer wieder neu die kommunale Öffnung der Schule gefordert. Über die Dringlichkeit der eigenen Öffnung hört man längst nicht soviel. Deshalb muss sich der Organisations- und Professionsdiskurs stärker als bisher dem zivilgesellschaftlichen Diskurs öffnen, weil dort die Rolle des Sozialen als Ressource der lokalen und regionalen Entwicklung einen neuen gesellschaftlichen Wert erhalten hat. Dabei geht es heute nicht mehr darum, BürgerInnen für soziale Projekte „zu gewinnen", obwohl sie doch Menschen zu Gute kommen, die sie eigentlich nichts angehen. Vielmehr muss – wie dies aus der langen Geschichte von Gesellschafts- und Sozialverträgen bekannt ist – an den Integrationsbedürfnissen der BürgerInnen selbst angeknüpft werden: Du und deine Familie werden sich in dieser Stadt nur wohlfühlen und sozial eingebunden sein können, wenn ihr peilt, dass es euren Kindern in Kindergarten und Schule nur dann gut geht, wenn auch etwas für die anderen Kinder und Jugendlichen getan wird. Ihr müsst begreifen, dass die Verbesserung der Lebenschancen für alle die kulturelle Qualität und das soziale Wohlbefinden in der Gemeinde eher steigern als eine Ghettoisierung, die Abgrenzung, die Abwehr und Angst erzeugt und in diesem Sinne regressiv auf das kommunale Klima zurückwirkt. Und schließlich auch: Wenn du in unserer Stadt alt werden willst, musst du dich auch um die kommunalen Generationenbeziehungen und soziale Öffentlichkeit für alte Leute kümmern und dich auch mit anderen Bürgerinnen und Bürgern darüber verständigen können. Die kommunalen Institutionen sind in diesem diskursiven Modell nicht mehr die ersten (und bisher meist einzigen) Ansprechpartner, sondern sie erhalten nun die Funktion, solche Diskurse um neue Sozialverträge anzustoßen und Raum dafür zu geben.

Diskurse und Vereinbarungen zu neuen Sozialverträgen beginnen im Kleinen und hoffen so auf den späteren kommunalen Synergieeffekt: Verträge zwischen Lehrern und Schülern in den Klassen, Verträge der Eltern untereinander um den Kindergarten herum, Verträge zwischen der Polizei und Jugendlichen, zwischen Altersheimen und Vereinen, interkulturelle Verträge zwischen Bewohnergruppen im Stadtteil, aber auch Sozialverträge mit ortsansässigen Firmen, in denen deren kommunale Sozialpflichten ausgehandelt und niedergelegt sind. Die Soziale Arbeit spielt in diesen Vertragsdiskursen eher die indirekte Rolle der Vermittlerin. Sie versucht dazu beizutragen, Fachlichkeit und Bürgerinteresse zusammenzubringen. Denn dass die Zeiten für solche Sozialdiskurse reif geworden sind, ist kein fachlich-professionelles, sondern ein bürgergesellschaftliches und mithin politisches Problem. Angesichts der sozialen und räumlichen Entbettung zunehmend globalisierter Wirtschaftsbeziehungen bedarf es des Aufbaus sozialräumlich gebundener Netzwerke, in denen die Menschen ihr eigenes Menschsein fühlen, spüren und praktizieren können, in denen aber auch ihr soziales Mensch-Sein seinen Rückhalt findet. Diese Sozialzusammenhänge müssen aber weiterhin sozialstaatlich rückgebunden werden und damit auch sozialpolitisch wirksam sein können (Voice-Funktion), soll das Lokale nicht im Schatten der globalisierten Entwicklung verkümmern. Eine solche ‚von unten her' aufgeladene sozialpolitische Spannung geht von den Bewältigungsproblemen der Menschen aus, fordert Sozialpolitik als *Bewältigungspolitik* heraus.

17 Erwartungshorizonte und Zukunftseinschätzungen im Lichte der Principia Media

Karl Mannheim sah in seinem Konzept der Principia media auch eine Möglichkeit, gesellschaftliche Zukunft einschätzen zu können. Dies mittels der Beobachtung der Veränderungen verschiedener Principia media in ihrer Relation zueinander und im Verhältnis zu neu aufkommenden Faktoren des Wandels, die sich zu Principia media verdichten können. So erfahren wir das Gegenwärtige als das Gewordene und denken das Zukünftige als das aus der Gegenwart heraus Erwartbare, allerdings immer wieder durchkreuzt von der Ungewissheit des Unvorhersehbaren. Mannheim spricht in diesem Zusammenhang von „Erwartungshorizonten":

> „Jeder Mensch lebt in Erwartungen auf mögliches Geschehen. In diesem Sinne ist jedes Leben und Weiterleben von Erwartungshorizonten umgeben. Unser Erwartungshorizont rechnet mit Ereignissen, die aus der Konstanz des gesellschaftlichen Geschehens geschöpft werden. […] Wir sind auf Tatsachen und Tatsachenreihen von einem bestimmten Typus, von einer bestimmten Größenordnung, die wir als ‚normal' empfinden, eingestellt. Die Einzeltatsachen mögen variieren, das Rahmenwerk und das Netz und das Koordinatensystem, in das sie sich einfügen, bleibt mehr oder minder konstant, solange die gesamte Gesellschaftssituation eine stabile und in ihrer Entwicklung kontinuierliche ist.
> Ganz anders ist aber der Erwartungshorizont der Menschen, die in Zeiten gesellschaftlichen Strukturwandels leben. Sie rechnen dann nicht nur, womit auch der Mensch der statischen Gesellschaft rechnet, mit einer Unzahl von unbekannten Einzeltatsachen, sondern mit einem möglichen Wandel des Prinzips, nach dem die neuartige Tatsachen als neuartige geschaffen und zusammengehalten werden. Man rechnet dann etwa nicht nur mit schwankenden Werten in der Kaufkraft des Geldes, sondern mit einem völligen Zusammenbruch

> einer Währung; [...] In einem solchen Falle können wird dann von einem Aufgeben des früher beschränkteren Erwartungshorizontes zu Gunsten eines erweiterten Erwartungshorizontes reden.
> In solchen Zeiten zeigt sich die Geschichte den Menschen in einer viel wesentlicheren Form, sie gewährt dem Beobachter einen Einblick in die beweglich gewordene Schicht jener ‚principia media', die das Rahmenwerk und die Struktur nur eines Zeitalters im Gesellschaftsgeschehen ausgemacht haben." (Mannheim 1935: 132 ff.)

Wir leben in den ersten Jahrzehnten des 21. Jahrhunderts in einer Zeit, in der mit der universalen Tatsache der Globalisierung eine Konstellation entstanden ist, in der sich durch das allumfassende Einwirken dieses neuen Prinzips die Relationen zwischen den bisher für gesellschaftlich tragend gehaltenen Principia media nicht nur verschoben haben, sondern auch die Tragfähigkeit überkommener zentrale Prinzipien in Frage steht. So ist eine Situation entstanden, in der beide Erwartungshorizonte – der auf herkömmliche Sicherheit bauende, wie der zukünftige Unsicherheit befürchtende – gleichzeitig auftreten. Wir haben das an früherer Stelle als die Sowohl-als auch-Konstellation der Zweiten Moderne bezeichnet. Das übergeordnete epochale Bewegungsprinzip der industriekapitalistischen Moderne – Entgrenzung, Freisetzung, Bewältigung und Integration – wirkt zwar weiter, aber die Relationen haben sich deutlich verschoben. Ausschlaggebend ist vor allem die Tatsache, dass der Grundkonflikt zwischen Arbeit und Kapital, daraus hervorgehend das sozialpolitische Prinzip und damit die Integrationsfrage durch die Globalisierung in ihrer relationalen Balance nachhaltig unter Druck gesetzt, ja scheinbar aus den Fugen geraten sind.

Denn Heimanns dialektisches Modell der prinzipiellen Angewiesenheit des modernen Kapitalismus auf die soziale Idee und der daraus resultierenden Freisetzung des sozialpolitischen Prinzips war auf die *nationalstaatliche* Gesellschaft begrenzt Das heimische Kapital war auf die im Land qualifizierte Massenarbeit angewiesen. Im Zeitalter der Globalisierung ist das längst nicht mehr der Fall. Das weltweit agierende Kapital ist nicht mehr auf die Massenarbeit in den nationalen Grenzen angewiesen, es sucht sich seine qualifizierte Arbeitskraft vor allem auch dort, wo sich die soziale Idee und ihre Institutionen (noch) nicht formiert haben. Die Grundvoraussetzung der dialektischen Konstellation ist damit in Frage gestellt. Das sozialpolitische Prinzip ist nicht in dem Maße freigesetzt, dass es sich gesellschaftlich-politisch so durchschlagend transformieren kann, wie es in den westeuropäischen Industriegesellschaften der Fall war. Die Soziale Arbeit als angewandte Folge des sozialpolitischen Prinzips hat sich deshalb in den Ländern, in denen sich das Kapital die kostengünstigste Arbeitskraft sucht, bisher noch kaum entfalten können. Allerdings gibt es heute auch, z. B. in China, deutliche Anzeichen dafür, dass arbeiterbewegungsähnliche Initiativen und entsprechende soziale Ideen entstehen und sich damit jene sozialökonomischen Konfliktkonstellationen abzeichnen, die das sozialpolitische Prinzip auch dort freisetzen können.

Nicht nur von daher bleibt die Gültigkeit des sozialpolitischen Prinzips für die Einschätzung der Zukunft von Sozialpolitik und Sozialer Arbeit erhalten. Es gibt aber inzwischen auch noch andere Orte im sozialökonomischen Universum, an denen es in seiner möglichen Wirkung thematisiert werden kann. Denn gerade heute ist wieder evident, dass der Kapitalismus sich selbst bedroht, der Destruktion aussetzt, wenn er nicht Grenzen von außen gesetzt bekommt. Die Globalisierung hat eine zweite Welt des Kapitals, das frei flottierende Finanzkapital geschaffen, dessen Rasanz die kapitalistische Illusion der Grenzenlosigkeit des ökonomischen Wachstums hypostasiert hat. Mit der digitalen Verselbstständigung des Finanzkapitals gegenüber der ersten Welt des sozial gebundenen Kapitalismus ist dem Kapital das eigene Geschöpf zum Feind geworden. Grenzziehungen werden dringend notwendig, die aber der Kapitalismus selbst nicht schaffen kann, zu denen er den Staat in einem Ausmaß braucht, das vorher nicht vorstellbar war. Was aber noch weitreichender ist, dass das neokapitalistische Prinzip der unbedingten Bewegung und Digitalisierung obsolet geworden ist. Begrenzung und Stillstand bedeuten auf einmal nicht mehr Rückschritt, Blockierung, sondern Balance und Weiterentwicklung. Neben den weiter bestehenden nationalgesellschaftlichen Konflikten zwischen Arbeit und Kapital, deren sozialpolitische Entwicklungsdynamik inzwischen auch in den industriellen Schwellenländern Asiens und Südamerikas über die dort vermehrt auftretenden Arbeitskonflikte sichtbar wird, haben sich weltweit Diskurse zu den sich verschärfenden strukturellen Konflikten von *Grenzenlosigkeit und Begrenzung, ökonomisch unbedingter Bewegung und menschlich gebundener Entschleunigung, sozialer Entbettung und sozialer Bindung* entwickelt, aus denen heraus die zukünftige Gültigkeit des sozialpolitischen Prinzips eine neue, wenn auch verletzliche Bestätigung erhält. In dieser Konfliktdimension, die den traditionalen Grundkonflikt zwischen Arbeit und Kapital überformt aber auch wesentlich erweitert, wird sich für die mittlere Zukunft ein epochal neues Principium medium entwickeln. Allerdings: Im Kapitel 2 wurde von der Sowohl-als-auch-Struktur der Zweiten Moderne gesprochen. In diesem Sinne entwickeln sich auch die gegenläufigen Principia media – Beschleunigung versus Entschleunigung, soziale Entbettung versus soziale Bindung – nebeneinander her, gleichsam als (freilich unterschiedlich starke) Parallelwelten.

Die Soziale Arbeit wird sich deshalb zu diesen erweiterten Konfliktkonstellationen stärker als bisher in Beziehung setzen müssen. Ihre sozialpolitische Reflexivität wird sich in Zukunft nicht nur auf das Problem gesellschaftlich freigesetzter sozialer Benachteiligung und Desintegration beschränken können, weil das neue Principium medium der Beschleunigung und sozialen Entbettung ihre fachliche Eigenart und disziplinäre Legitimation direkt tangiert. Sozialpädagogik arbeitet am und mit dem Menschen in seiner anthropologischen Begrenztheit, seiner zyklischen Zeitgebundenheit und seiner tiefenpsychischen Unwägbarkeit. SozialarbeiterInnen brauchen, wenn sie mit funktionalen Äquivalenten arbeiten, Zeit und Umwege. Sie stehen in interpersonalen Beziehungen von denen sie nicht einfach abstrahieren können, wenn sie ihre Angebote und Maßnahmen einsetzen, sondern müssen sich selbst erst einmal und immer wieder Beziehungskonflikten mit ihren Übertragungen und Gegenübertragungen aussetzen. Hilfe als Beziehungsarbeit wird, wie die Menschen, an die sie sich richtet und von denen sie ausgeht, auch in Zukunft sozial eingebettet sein müssen. Das braucht verhandelbare Zeithorizonte. Schon Ilse Arlt hat in den 1920er Jahren beklagt: „In der sozialpolitischen und fürsorgerischen Diskussion jedoch findet das Zeitmoment zu wenig Beachtung." (Arlt 1926: 172f.)

Die *Zeit!* Ein Faktor, der auch heute im sozialpolitischen und sozialpädagogischen Diskurs wenig Beachtung findet, obwohl er inzwischen eine Dimension erhalten hat, welche die Sozialarbeit weit übersteigt. Denn der Konflikt zwischen Ökonomischem und

Sozialem vermittelt sich in der Zweiten Moderne über den Wandel der Zeitstrukturen. Hartmut Rosa sieht „in der Kritik der Zeitstrukturen der Gesellschaft, ihrer Beschleunigungsmotoren und ihrer Entfremdung verursachenden Konsequenzen [...] die aussichtsreichste Möglichkeit, eine Neubegründung der Kritischen Theorie zu versuchen" (Rosa 2013: 146). Die Sache des Sozialen findet immer weniger Resonanz in einer digitalisierten Welt, die in ihrer Beschleunigungsdynamik nicht nur keine Rücksicht auf soziale Strukturen, die auf Zeit angewiesen sind, nimmt; noch tiefgreifender ist, dass diese neue Welt keine Antwort auf die sozialen Grundfragen und damit verbundenen Bewältigungsprobleme mehr geben ‚will', dass sich „das ‚Verstummen' der Welt bzw. die ‚Taubheit' zwischen Selbst und Welt als bleibende und größte Sorge durch alle Pathologiediagnosen zieht, die wir in den kritischen Gesellschaftstheorien der Moderne finden" (ebd.: 147). Damit besteht auch die Gefahr, dass der Grundkonflikt zwischen Ökonomischem und Sozialem in den neuen Zeitstrukturen überformt wird oder sich gar verliert. *Beschleunigung* ist seit Altmanns kulturkritischen Menetekel vor hundert Jahren (s.o.) zu einem zentralen Principium medium der Zweiten Moderne geworden, das die Wirkung der bisher leitenden Principia media relativiert bis unterhöhlt und damit den Erwartungshorizont verschwimmen lässt.

Das betrifft vor allem auch die *Integrationsfrage*. Die neue Qualität des Kapitalismus der 2000er Jahre besteht darin, dass er sein ökonomisches Verwertungsinteresse zu einem eigenen gesellschaftlichen Integrationsinteresse erweitert hat und sich dabei der Begriffe der sozialen Integrationswissenschaften, also auch der Sozialpädagogik bedient. Damit wird der Konfliktcharakter sozialer Prozesse zumindest symbolisch ausgehebelt Wenn in der Pädagogik angesichts der basalen Bedeutung des sozialen Konflikts (s.o.) „Konfliktfähigkeit" als Erziehungsziel ausgegeben wird, so wird das jetzt auch in der Wirtschaft gefordert. Nur bedeutet es hier: Fähigkeit zur unhinterfragten Flexibilität. Wenn wir das pädagogische Ziel „Partizipation" hochhalten, dann versteht man in neoliberalen Kreisen nicht unbedingt die betriebliche Mitbestimmung, sondern das Aufgehen im betrieblichen Projekt, die Bereitschaft, wie ein Unternehmer zu denken, obwohl man keiner ist. Und wenn wir – auch unter dem neueren Gesichtspunkt der

Diversion – lernen sollen, Differenzen im Sozialen und Kulturellen auszuhalten, dann wird dies in der Wirtschaft nicht nur als Gestaltungsressource, sondern auch als Fähigkeit geschätzt, Konflikte privat aushalten zu können und nicht öffentlich zu thematisieren.

Die Integrationsfrage in dieser neuen Ambivalenz gehört zu den Paradoxien der Zweiten Moderne. Und es ist wohl deutlich geworden, dass wir sie immer stellen müssen, wenn wir pädagogische Ziele setzen. Dies hilft uns dann aber auch, die aktuelle und wohl auch zukünftige Spannung zwischen sozial kommunikativer und sozialtechnologischer Ausrichtung der Sozialen Arbeit thematisieren und bewerten zu können. Gerade die nur scheinbar methodisch begrenzte Diskussion um evidenzbasierte Strategien in der Sozialen Arbeit zeigt uns, welche kritischen Einsichten wir gewinnen können, wenn wir die Integrationsfrage stellen. Hier empfehle ich die Analyse von Bonvin/Rosenstein (2010), die gezeigt haben, wie auf solchen Strategien aufbauende Steuerungsmodelle eher auf regulierungs- und marktorientierte Integration abzielen, denn auf die sozialen Verwirklichungschancen der Betroffenen. Und sie stellen darin die Frage, welche Evidenzen denn überhaupt als relevant erachtet werden, wer dies bestimmt und ob und wie evidenzbasierte und kommunikativ offene Prozesse zueinander in Beziehung gesetzt werden können. Das bedeutet vor allem, wie die unmittelbar am Hilfeprozess Beteiligten nicht nur mitwirken, sondern den Prozess auch steuern können. Sonst werden „die Fachkräfte und Adressaten […] nicht als legitime informationelle Quellen im Entwicklungsprozess von Programmen angesehen. Vielmehr wird von ihnen verlangt, sich der von anderen produzierten ‚Evidenz' zu unterwerfen" (ebd.: 261). Wenn wir in der sozialen Arbeit, deren Alltagswirklichkeit voll ist von ungeplanten aber darin oft produktiven Nebenwirkungen, nicht der Illusion der Evidenz geschlossener Wirkungsketten erliegen wollen, dann kommt es in Zukunft stärker darauf an, Verfahren kommunikativer Evaluation zu entwickeln, die in das zivilgesellschaftliche Umfeld der Sozialarbeit hineinreichen (vgl. auch die Ausführungen zu den Sozialverträgen). Dann wird auch die Integrationsfrage nicht mehr administrativ-funktional, sondern sozialpolitisch gestellt werden können. Das bedeutet aber auch, dass die Frage dringlicher wird, ob der nationale (oder vielleicht auch einmal europäische) Sozialstaat in Zukunft nicht nur als Barriere gegenüber dem Druck des globalisierten Kapitalismus fungieren, sondern ob er darüber hinaus wieder eine soziale Gestaltungsperspektive entwickeln kann. Nicht nur als Garant sozialer Hintergrundsicherheit wie bisher, sondern auch als Transformator des sozialen Rebetting, wie es in den letzten beiden Jahrzehnten von sozialen Bewegungen und Initiativen aus der Zivilgesellschaft heraus gefordert und angetrieben wird.

Epilog

Es gibt „praktisch keine Lebens- oder Gesellschaftssphäre, die nicht vom Diktat der Geschwindigkeit betroffen oder sogar transformiert würde. Schon dadurch, dass sich mit dem Voranschreiten der Beschleunigung das Raum-Zeit-Regime der Gesellschaft immer wieder verändert, erweist sich diese Dynamik als durchdringend und umfassend. Sie übt ihren Druck auf die Subjekte zunächst dadurch aus, dass diese in ständiger Furcht davor leben, auf den im Zuge wachsender Ausdifferenzierung immer zahlreicher werdenden ‚rutschenden Abhängen' des Lebens nicht mehr in der Lage zu sein, auf dem Laufenden zu bleiben und damit ihren Platz zu halten; dass sie zurückfallen, nicht mehr mitkommen oder ‚abgehängt' werden und daher aus dem Hamsterrad exkludiert werden, weil sie zu langsam sind oder eine Pause brauchen. Spiegelbildlich haben jene, die etwa durch Krankheit oder Arbeitslosigkeit betroffen sind, die Angst, dass sie an das Rennen keinen Anschluss mehr finden werden, dass sie bereits zurückgefallen sind. [...] Der entscheidende Punkt [...] ist indessen die Tatsache, dass dieses Zwangsregime in aller Regel nicht als sozial konstruiert wahrgenommen wird: Das Beschleunigungsdiktat tritt uns nicht in Form normativer Ansprüche oder Regeln entgegen (die im Prinzip sowohl bestritten als auch bekämpft sowie überschritten werden können) und spielt in politischen Debatten keinerlei Rolle. Zeit wird immer noch als eine bloße Naturtatsache erfahren." (Rosa 2013: 90f.)

„Die Desintegration und Erosion unserer Weltbeziehungen scheint [...] eine direkte Folge sozialer Beschleunigung zu sein. Es gelingt uns nicht mehr, die Handlungs- und Erlebnisepisoden (und die von uns erworbenen Waren) zu einem ganzen Leben zusammenzufügen, und die Kluft zwischen uns und den Räumen, Zeiten, Handlungen, Erlebnissen, Werkzeugen und Produkten unseres Lebens wird immer größer." (ebd.: 141)

Literatur

Adler, Alfred (1922): Über den nervösen Charakter. München.
Adler, Alfred (1929): Menschenkenntnis. Leipzig.
Adler, Alfred (1981): Der Sinn des Lebens (1933). Frankfurt a.M.
Aichhorn, August (1970): Erziehungsberatung. In: Biermann Gerd (Hrsg.): August Aichhorn. Psychoanalyse und Erziehungsberatung. München/Basel.
Aichhorn, August (1971): Verwahrloste Jugend. Die Psychoanalyse in der Fürsorgeerziehung (1925). Bern.
Altmann, Bruno (1914): Die leblose Gegenwart. In: Der Neue Merkur H. 1.
Arlt, Ilse (1926): Das Beobachten sozialer Tatsachen. In: Deutsche Zeitschrift für Wohlfahrtspflege. H. 4.
Baader, Meike (Hrsg.)(2009): „Seid realistisch, verlangt das Unmögliche!" Wie 1968 die Pädagogik bewegte. Weinheim und Basel.
Bäumer, Gertrud (1930): „Ich bin Gegnerin der Frauenbewegung". In: Die Frau H. 1.
Beck. Ulrich (1986): Risikogesellschaft. Auf dem Weg in eine andere Moderne. Frankfurt a.M.
Benninghaus, Christina (1999): Die anderen Jugendlichen. Arbeitermädchen in der Weimarer Republik. Frankfurt a.M./New York.
Bernfeld, Siegfried (1925): Sisyphos oder die Grenzen der Erziehung. Wien.
Bernfeld, Siegfried (1996): Die männliche Großstadtjugend (1928). In: Herrmann, Ulrich Hrsg.): Siegfried Bernfeld: Sämtliche Werke. Bd.11 Sozialpädagogik. Weinheim und Basel.
Bez-Mennicke, Trude (1924): Jugendbewegung und soziale Berufe. In: Blätter für religiösen Sozialismus 5.
Betz, Tanja (2008): Ungleiche Kindheiten. Weinheim und München.
Blüher, Hans (1919): Die Rolle der Erotik in der männlichen Gesellschaft. Bd. II. Jena.
Böhnisch, Lothar (2010): Abweichendes Verhalten. Weinheim und München.
Böhnisch, Lothar (2012): Sozialpädagogik der Lebensalter. Weinheim und Basel.
Böhnisch, Lothar (2013): Männliche Sozialisation. Weinheim und Basel.
Böhnisch, Lothar/Rudolph, Martin/Wolf, Barbara (1998): Jugendarbeit als Lebensort. Weinheim und München.
Böhnisch, Lothar/Funk, Heide (2002): Soziale Arbeit und Geschlecht. Weinheim und München.
Böhnisch, Lothar/Schröer, Wolfgang (2012): Sozialpolitik und Soziale Arbeit. Weinheim und Basel.

Bourmer, Monika (2012): Berufliche Identität in der Sozialen Arbeit. Bad Heilbrunn.

Bovin, Jean Michel/ Rosenstein, Emilie (2010): Jenseits evidenzbasierter Steuerungsmodelle. In: Otto H.U./Polutta, A./Ziegler, H. (Hrsg.): What works – Welches Wissen braucht die Soziale Arbeit? Opladen & Farmington Hills.

Bruder-Bezzel, Almuth (1999): Geschichte der Individualpsychologie, Göttingen.

Busemann, Adolf (1932): Handbuch der Pädagogischen Milieukunde. Halle (Saale).

Busse-Wilson, Elisabeth (1931): Das moralische Dilemma in der modernen Mädchenerziehung. In: A. Schmidt-Beil (Hrsg.): Die Kultur der Frau. Berlin-Frohnau.

Colm-Nicolassen, Hanna (1925): Die soziale Arbeit als Kulturaufgabe der Frau. In: Lion, H. u. a. (Hrsg.): Für Gertrud Bäumer. Dritte Generation. Berlin.

Connell, Robert W. (1999): Der gemachte Mann. Opladen.

Coser, Lewis A. (1965): Theorie sozialer Konflikte. Darmstadt.

Credner, Lotte (1926): Verwahrlosung. In: Wexberg, E (Hrsg.): Handbuch der Individualpsychologie. München.

Davis, Madeleine/Wallbridge, David (1983): Eine Einführung in das Werk von D.W. Winnicott. Stuttgart.

Dehn, Günther (1922): Großstadt und Religion. In: Blätter für religiösen Sozialismus 3.

Dehn, Günther (1932): Die männliche proletarische Großstadtjugend. In: Busemann, A. (Hrsg.): Handbuch der Pädagogischen Milieukunde. Halle (Saale).

Dudek, Peter (1990): Jugend als Objekt der Wissenschaften. Opladen.

Dudek, Peter (2002): Fetisch Jugend. Bad Heilbrunn.

Durkheim, Emile (1988): Über soziale Arbeitsteilung (1893). Frankfurt a.M.

Ehrhardt Justus (1930): Cliquenwesen und Jugendverwahrlosung. In: Zentralblatt für Jugendrecht und Jugendwohlfahrt. H.12.

Ford, Henry (1926): Das große Heute und das größere Morgen. Leipzig.

Frank, Paul (1927): Die Wesenseinheit des männlichen Sozialbeamten. In: Zentralblatt für Jugendrecht und Jugendwohlfahrt. H.7.

Frankenberger, Julius (1929): Der Literaturstreik der männlichen Jugend. In: Die Erziehung Jg. IV.

Franzen-Hellersberg, Lisbeth (1932): Die jugendliche Arbeiterin. Tübingen.

Freudenberg, Sophie (1926): Individualpsychologie und Jugendwohlfahrtspflege. In: Wexberg, E. (Hrsg.): Handbuch der Individualpsychologie. Bd. I., München.

Frost, Lucia D. (1914): Die neue weibliche Generation. In: Der neue Merkur. H.1.

Furtmüller, Carl (1929): Die pädagogischen und psychologischen Auswirkungen der österreichischen Schulreform. In: Lazarsfeld, S. (Hrsg.): Technik der Erziehung. Leipzig.

Geuter, Ulfried (1994): Homosexualität in der deutschen Jugendbewegung. Frankfurt a.M.

Gottschalch, Wilfried (1988): Wahrnehmen, Verstehen, Helfen. Grundlagen psychosozialen Handelns. Heidelberg.

Gottschalch, Wilfried (1991): Soziologie des Selbst. Heidelberg.

Gruen, Arno (1992): Der Verrat am Selbst. München.

Gurlitt, Ludwig (1906): Erziehung zur Mannhaftigkeit. Prien

Habermas, Jürgen (1968): Technik als Wissenschaft als Ideologie. Frankfurt a.M.

Habermas, Jürgen (1978): Politik. Kunst. Religion. Frankfurt a.M.

Handlbauer, Bernhard (1984): Die Entstehungsgeschichte der Individualpsychologie Adlers. Wien/Salzburg.

Heimann, Eduard (1980): Soziale Theorie des Kapitalismus (1929). Frankfurt a.M.

Heitmann, Ludwig (1921): Großstadt und Religion. Hamburg.

Henseler, Joachim (1997): Wie das Soziale in die Pädagogik kam. In: In: Niemeyer, C./Schröer, W./Böhnisch, L. (Hrsg.): Grundlinien historischer Sozialpädagogik. Weinheim und München.

Hering, Sabine/Münchmeier, Richard (2014): Geschichte der Sozialen Arbeit. Weinheim Basel.

Herrmann, Franz (2006): Konfliktarbeit. Wiesbaden.

Herrmann, Gertrud (1956): Die sozialpädagogische Bewegung der zwanziger Jahre. Weinheim.

Herrmann, Ulrich (1991): Die Jugendbewegung. In: Böhnisch, L./Gängler, H./Rauschenbach, T. (Hrsg.): Handbuch Jugendverbände. Weinheim und München.

Herrmann, Walter (1929): Probleme der Fürsorgeerziehung. In: Die Erziehung. Jg. IV.

Hetzer, Hildegard (1929): Kindheit und Armut. Leipzig.

Hirsch, Marie (1930): Zur sozialen und geistigen Lage der Arbeitslosen. In: Neue Blätter für den Sozialismus. H.3.

Hirschfeld, Magnus/Böhm, Ewald (1930): Sexualerziehung. Berlin.

Hobsbawm, Eric (1998): Wieviel Geschichte braucht die Zukunft? München/Wien.

Hoffmann, Walter (1929): Die Reifezeit. Leipzig.

Hoffmann, Walter (1929a): Die Psychologie der erwerbstätigen Jugend und ihre Bedeutung für die Arbeit an Berufsschulen. In: Die Erziehung. Jg. IV.

Höhne, Thomas (2003): Pädagogik und Wissensgesellschaft. Bielefeld.

Hollstein, Walter (1988): Nicht Herrscher aber kräftig – Die Zukunft der Männer. Hamburg.

Homans, George C. (1959): Theorie der sozialen Gruppe. Köln Oplanden.

Jacoby, Henry (1974): Alfred Adlers Individualpsychologie und dialektische Charakterkunde. Frankfurt a.M.

Jahoda, Marie/Lazarsfeld, Paul F./Zeisel, Hans (1975): Die Arbeitslosen von Marienthal (1933). Franfurt a.M.

Jecker, Marie (1931): Hausfrau - Berufsfrau. In: Schmidt-Beil, A. (Hrsg.): Die Kultur der Frau. Berlin-Frohnau.

Jung, Carl Gustav (1930): Einführung. In: Kranefeldt, W.M. (Hrsg.): Die Psychoanalyse. München.

Kaelble, Hartmut (1999): Der historische Vergleich. Frankfurt/NewYork.

Kaus, Gina (1926): Die seelische Entwicklung des Kindes. In: Wexberg, E. (Hrsg.): Handbuch der Individualpsychologie. München.

Kawerau, Siegfried 1921): Soziologische Pädagogik. Leipzig.

Kelchner, Mathilde (1932) Die weibliche werktätige Jugend der Großstadt. In: Busemann, A. (Hrsg.): Handbuch der Pädagogischen Milieukunde. Halle (Saale).

Kuhlmann, Carola (2000): Alice Salomon. Ihr Lebenswerk als Beitrag zur Entwicklung der Theorie und Praxis Sozialer Arbeit. Weinheim.

Lazarsfeld, Paul F. (1931): Jugend und Beruf.

Lazarsfeld, Sophie (1926): Familien- und Gemeinschaftserziehung. In: Wexberg, E. (Hrsg.): Handbuch der Individualpsychologie. Bd. 1. München.

Lazarsfeld, Sophie (Hrsg.)(1929): Technik der Erziehung. Leipzig.

Lazarsfeld, Sophie (1931): Wie die Frau den Mann erlebt. Leipzig, Wien.

Lessenich, Stephan (2008): Die Neuerfindung des Sozialen. Bielefeld.

Lion, Hilde u. a. (Hrsg.)(1923): Dritte Generation. Für Gertrud Bäumer. Berlin.

Löwenstein, Kurt (1929): Die Kinderfreundebewegung. In: Nohl,H./Pallat, L. (Hrsg.): Sozialpädagogik. Sonderdruck aus dem Handbuch der Pädagogik. Langensalza.

Lüders, Else (1931): Die „Open-door" Bewegung. In: A. Schmidt-Beil (Hrsg.): Die Kultur der Frau. Berlin-Frohnau.

Lüdy, Elisabeth (1932): Erwerbstätige Mütter in vaterlosen Familien. Eberswalde.

Luhmann, Niklas/Schorr, Karl Eberhard (1979): Das Technologiedefizit der Erziehung und die Pädagogik. In: Zeitschrift für Pädagogik. H.3.

Malinowski, Bronislaw (1930). Das Geschlechtsleben der Wilden. Leipzig und Zürich.

Mannheim, Karl (1929): Ideologie und Utopie. Bonn.

Mannheim, Karl (1935) Mensch und Gesellschaft im Zeitalter des Umbaus. Leiden.

Mannheim, Karl (1965): Das Problem der Generationen (1926). In: Friedeburg, L. v. (Hrsg.): Jugend in der modernen Gesellschaft. Köln/Berlin.

Martiny, Martin (1977): Die Entstehung und Politische Bedeutung der „Neuen Blätter für Religiösen Sozialismus". In: Vierteljahreshefte für Zeitgeschichte. H.3.

Meng, Heinrich (1934): Strafen und Erziehen. Bern.

Mennicke, Carl (1921): Sozialistische Erziehung. In: Sozialistische Lebensgestaltung. H. 1.

Mennicke, Carl (1926): Das sozialpädagogische Problem in der gegenwärtigen Gesellschaft. In: Tillich, P. (Hrsg.): Kairos. Zur Geisteslage und Geisteswendung. Darmstadt.

Mennicke, Carl (1928): Die sozialen Lebensformen als Erziehungsgemeinschaften. In: Nohl,H./Pallat, L. (Hrsg.): Handbuch der Pädagogik. Bd. II. Langensalza.

Mennicke, Carl (1930)(Hrsg.): Die Erfahrungen der Jungen. Potsdam.

Mennicke, Carl(1930a): Die sozialen Berufe. In: Gablentz v.d., O./Mennicke, C. (Hrsg.): Deutsche Berufskunde. Leipzig.

Mennicke, Carl (1999): Sozialpsychologie (1935). Hrsg. von Hildegard Feidel-Mertz. Weinheim.

Mennicke, Carl (2001): Sozialpädagogik (1937). Hrsg. von Hildegard Feidel-Mertz. Weinheim.

Milz, Helga (1994): Frauenbewußtsein und Soziologie. Empirische Untersuchungen von 1910 bis 1990 in Deutschland. Opladen.

Mollenhauer, Klaus (1959): Ursprünge der Sozialpädagogik in der industriellen Gesellschaft. Weinheim.

Mollenhauer, Klaus (1964): Einführung in die Sozialpädagogik. Weinheim.

Mollenhauer, Klaus (1968): Erziehung und Emanzipation. Weinheim und München.

Naegele, Otto (1926): Jugendliche und Justiz. In: Wexberg, E. (Hrsg.): Handbuch der Individualpsychologie. Bd. I.

Natorp, Paul (1899): Sozialpädagogik. Stuttgart.

Natorp, Paul (1920): Sozialidealismus. Berlin.

Natorp, Paul (1894): Pestalozzis Ideen über Arbeiterbildung und soziale Frage. Heilbronn.

Nohl, Herman (1949): Pädagogik aus dreißig Jahren. Frankfurt a.M.

Nohl, Herman (1988): Die pädagogische Bewegung in Deutschland und ihre Theorie. Frankfurt a.M.

Oechsle, Mechtild (2000): Gleichheit mit Hindernissen. SPI Berlin.

Ottenheimer, Hilde (1959): Soziale Arbeit. In: Kaznelson, S. (Hrsg.): Juden im deutschen Kulturbereich. Berlin.

Otto, Hans-Uwe/Thiersch, Hans (Hrsg.)(2010): Handbuch Soziale Arbeit. München und Basel.

Peukert, Detlev (1987): Die Weimarer Republik. Frankfurt a.M.

Rawls, John (1975): Eine Theorie der Gerechtigkeit. Frankfurt a.M.

Rosa, Hartmut (2013): Beschleunigung und Entfremdung. Berlin.

Rüedi, Jürg (1992): Die Bedeutung Alfred Adlers für die Pädagogik. Bern, Stuttgart, Wien.

Rühle, Otto (1925): Die Seele des proletarischen Kindes. Dresden.

Rühle, Otto (1929): Kindliche Kriminalität. In: Lazarsfeld, S. (Hrsg.): Technik der Erziehung. Leipzig.

Rühle, Otto (1932): Der Mann wird abgedankt. In: Die literarische Welt. Nr. 41-42.

Rühle-Gerstel, Alice (1924): Freud und Adler. Dresden.

Rühle-Gerstel, Alice (1929): Das Autoritätsproblem. In: Lazarsfeld, S. (Hrsg.): Technik der Erziehung. Leipzig.

Rühle-Gerstel, Alice (1932): Das Frauenproblem der Gegenwart. Leipzig.

Salomon, Alice (1926): Soziale Diagnose. Berlin.

Salomon, Alice (1929): Die deutsche Akademie für soziale und pädagogische Frauenarbeit im Gesamtaufbau der deutschen Berufs- und Hochschulbildung. In: Deutsche Lehrerinnenzeitung Nr. 15.

Salomon, Alice (1931): Der soziale Frauenberuf. In: Schmidt-Beil, A. (Hrsg.): Die Kultur der Frau. Berlin-Frohnau.

Salomon, Alice/Baum Marie (1930): Das Familienleben der Gegenwart. 182 Familienmonographien. Berlin.

Salomon, Alice (1930): Zellen des Vertrauens. In: Die Neue Nachbarschaft 13.

Schäfers, Bernhard (2002): Die soziale Gruppe. In: Korte, H./Schäfers, B. (Hrsg.): Einführung in Hauptbegriffe der Soziologie. Opladen.

Schaidnagel, Ventur (1932): Heimlose Männer. Eberswalde.

Scherpner, Hans (1962): Theorie der Fürsorge. Göttingen.

Schille, Hans Joachim (1997): Zu Einflüssen der Individualpsychologie auf die Sozialpädagogik zwischen 1914 und 1933. In: Niemeyer, C./Schröer, W./Böhnisch, L. (Hrsg.): Grundlinien historischer Sozialpädagogik. Weinheim und München.

Schmale, Wolfgang (2003): Geschichte der Männlichkeit in Europa. Wien.

Schmidt-Beil, Ada (Hrsg.)(1931): Die Kultur der Frau. Berlin-Frohnau.

Schmidt-Beil, Ada (1931): Die moderne Frau und der heutige Mann. In: Schmidt-Beil, A. (Hrsg.): Die Kultur der Frau. Berlin-Frohnau.

Schottlaender-Stern, Ilse (1925): Wie könnte die Frauenbewegung den Pflichtenkreis der verheirateten Frau umgestalten. In: Lion, H. u. a. (Hrsg.) Für Getrud Bäumer. Dritte Generation. Berlin.

Schreiner, Hans (1929): Seele und Technik. In: Deutsche Zeitschrift für Wohlfahrt. H.3.

Schröder, Achim (2005): Die Illusion der Sexualaufklärung. In: Funk, H./Lenz, K. (Hrsg.): Sexualitäten. Weinheim und München.

Schützeichel, Rainer (2009): Neue Historische Soziologie. In: Kneer, G./Schroer, M. (Hrsg.): Handbuch soziologische Theorien. Wiesbaden.

Schwonke, Martin (1994): Die Gruppe als Paradigma der Vergesellschaftung. In. Schäfers, B. (Hrsg.): Einführung in die Gruppensoziologie. Heidelberg, Wiesbaden.

Seif, Leonhard (1929): Erziehung der Erzieher. In: Lazarsfeld, S. (Hrsg.): Technik der Erziehung. Leipzig.

Sielert, Uwe (2005): Sexualpädagogik neu denken: Von der antiautoritären Herausforderung zur Dekonstruktion postmoderner Sexualkultur. Internet-pdf-Beitrag.

Simmel, Georg (1908): Der Arme. In: Georg Simmel, Soziologie, Leipzig.

Simmel, Georg (1908): Soziologie. Untersuchungen über die Formen der Vergesellschaftung. Leipzig.

Simon, Anton/Seelmann, Kurt (1925): Schulkinderpsychologie. In: Zeitschrift für Individualpsychologie. H. 4.

Spiel, Oskar (1979): Am Schaltbrett der Erziehung. Bern/Stuttgart/Wien.

Stählin, Wilhelm (1923): Fieber und Heil in der Jugendbewegung. Hannover.

Stecklina, Gerd (1997): Sozialpädagogik und Geschlechterpolarität. In: Niemeyer, C./Schröer, W./Böhnisch, L. (Hrsg.): Grundlinien historischer Sozialpädagogik. Weinheim und München

Stecklina, Gerd/Schille, Hans-Joachim (Hrsg.)(2003): Otto Rühle. Leben und Werk. Weinheim und München.

Stockhaus, Carl (1926): Die Arbeiterjugend zwischen 14 und 18 Jahren. Wittenberg.

Stoehr, Irene (1986): Neue Frau und alte Bewegung? Zum Generationenkonflikt in der Frauenbewegung der Weimarer Republik. In: Dallhoff, J. u. a. (Hrsg.): Frauenmacht in der Geschichte. Düsseldorf.

Suhrkamp, Peter (1930): Der Lehrer. In: Gablentz v.d., O./Mennicke, C. (Hrsg.): Deutsche Berufskunde. Leipzig.

Sumpf, Else (1926): Methodik und Erkenntnisquellen der Menschenkenntnis. In: Wexberg, E. (Hrsg.): Handbuch der Individualpsychologie Bd.1. München.

Süskind, Wilhelm E. (1925) Die tänzerische Generation. In: Der neue Merkur. April bis September 1925.

Tesarek, Anton (1929): Im Kindergarten. In Lazarsfeld, S. (Hrsg.): Technik der Erziehung. Leipzig.

Thole, Werner/Galuske, Michael/Gängler, Hans (1998): KlassikerInnen der Sozialen Arbeit. Neuwied.

Türcke, Christoph (1998): Rückblick auf das Kommende. Frankfurt a.M. und Wien.

Wagner, Leonie (2009): Soziale Arbeit und Soziale Bewegungen. Wiesbaden.

Weber, Helene (1931): Die Berufsarbeit der Frau in der Wohlfahrtspflege. In: Schmidt-Beil, A. (Hrsg.): Die Kultur der Frau. Berlin-Frohnau.

Wetterer, Angelika (Hrsg.) (1995): Die soziale Konstruktion von Geschlecht in Professionalisierungsprozessen. Einleitung. Frankfurt a.M./New York.

Wex, Erna (1929): Der Weg zu den Müttern. In: Die Frau. H.3.

Wexberg, Erwin (Hrsg.)(1926): Handbuch der Individualpsychologie. München.

Wexberg, Erwin (1974): Individualpsychologie. Eine systematische Darstellung. Darmstadt.

Widersprüche (2003): Themenheft „Neo-Diagnostik – Modernisierung klinischer Rationalität. H. 43.

Wimmer, Martina (2002): Bildungsruinen in der Wissensgesellschaft. In: Lohmann, I./Rilling, R. (Hrsg.): Die verkaufte Bildung. Opladen.

Winnicott, Donald W. (1988): Versagen der Umwelt und antisoziale Tendenz. Stuttgart.

Witte, Irene (1931): Der Haushalt der heutigen Frau. In: A. Schmidt-Beil (Hrsg.): Die Kultur der Frau. Berlin-Frohnau.

Wronsky, Siddy/Muthesius Hans (1928): Methoden deutscher Fürsorgearbeit. In: Deutsche Zeitschrift für Wohlfahrtspflege H.3.

Wronsky, Siddy (1931): Soziale Therapie. Berlin.

Wronsky, Siddy/Kronfeld, Arthur (1932): Sozialtherapie und Psychotherapie in den Methoden der Fürsorge. Berlin.

Kurzporträts

(Tätigkeiten vorwiegend in den 1920er/1930er Jahren. In Klammern ausgewählte Publikationen)

Adler, Alfred (1870–1937): Psychoanalytiker und Begründer der Individualpsychologie. Emigration 1934 (Praxis und Theorie der Individualpsychologie 1920. Menschenkenntnis 1927).

Aichhorn, August (1878–1949): Pädagoge und Psychoanalytiker. Reformer der Heimerziehung, Leiter der Wiener Fürsorgeanstalten und der psychoanalytischen Erziehungsberatung (Verwahrloste Jugend 1931).

Altmann Bruno (1878–1943): Schriftsteller und Journalist. 1937 ausgebürgert und später im KZ ermordet (Vor dem Sozialistengesetz – Krisenjahre des Obrigkeitsstaates 1928).

Arlt, Ilse (1876–1960): Fürsorgerin, Psychoanalytikerin, Publizistin. 1912 Gründerin der ersten Fürsorge-Schule in Wien (1912). Lehrverbot 1938 (Die Grundlagen der Fürsorge 1921. Exakte Armutsforschung als Hilfsmittel in der Fürsorge 1932).

Baum, Marie (1874–1964): Gewerbeinspektorin, Dozentin an der Hamburger sozialen Frauenschule, Reichstagsabgeordnete (Grundriss der Gesundheitsfürsorge 1923; Familienfürsorge 1928).

Bernfeld, Siegfried (1892–1953): Pädagoge, Psychoanalytiker und Jugendforscher. Mitarbeiter in der Psychoanalytischen Vereinigung Berlin. Mitglied des Bundes entschiedener Schulreformer. Emigration 1934 (Vom Gemeinschaftsleben der Jugend. Sisyphos oder die Grenzen der Erziehung 1925).

Bez-Mennicke, Trude (1892–1973): Lehrerin, Erzieherin. Frauenrechtlerin. Emigration 1933 (Beiträge in den Neue(n) Blättern für Sozialismus).

Blüher, Hans (1888–1955): Schriftsteller. Mitglied und Chronist der Wandervogelbewegung. Später umstrittener, eher rechtsgerichteter Philosoph (Wandervogel. Geschichte einer Jugendbewegung. 2 Bde. 1912. Die Rolle der Erotik in der männlichen Gesellschaft 2 Bde. (1917/1919).

Busse-Wilson, Elisabeth (1890–1974): Frauenrechtlerin und Publizistin (Individualismus und Gemeinschaftsleben 1916. Die Frau und die Jugendbewegung 1925).

Dehn, Günther (1882–1970): Theologe. 1932 Ruf als Professor für praktische Theologie an die Universität Halle (1933 von den Nazis zurückgenommen). Ab 1946 Professor für praktische Theologie Universität Bonn. Mitglied der Bekennenden Kirche in der NS-Zeit (Proletarische Jugend 1926).

Franzen-Hellersberg, Elisabeth (1893–1970): 1925–1931 Dozentin an der Akademie für Sozialarbeit in Berlin. Emigration 1936. (Die jugendliche Arbeiterin 1932).

Frost, Lucia Dora (1882–1960): Journalistin (Beiträge vor allem in den Zeitschriften „Zukunft" und „Neuer Merkur").

Furtmüller, Carl (1880–1951): Pädagoge und Individualpsychologe. 1919–1934 Leiter der Reformabteilung des Unterrichtsministeriums und Organisator der Wiener Schulreform. Absetzung 1934. Emigration 1938. (Mehrere Beiträge zu Individualpsychologie und Schule. Herausgeber der Zeitschrift „Die Wiener Schule").

Gurlitt, Ludwig (1885–1931): Schulpädagoge und Publizist. Der Jugendbewegung nahestehend (Erziehung zur Mannhaftigkeit 1906. Die Schule 1907).

Heimann, Eduard (1889–1967): Ab 1925 Professor für Sozialökonomie an der Universität Hamburg. Mitglied der Religiösen Sozialisten um Paul Tillich und Carl Mennicke. Emigration 1933 (Soziale Theorie des Kapitalismus 1929).

Hetzer, Hildegard (1889–1991): Sozialarbeiterin, Psychologin. 1925–1931 Assistentin bei Charlotte Bühler am Wiener Psychologischen Institut. Professorin für Sozialpsychologie und Sozialpädagogik an der Pädagogischen Akademie Elbing 1932–1934 (Kindheit und Armut 1930).

Hirschfeld, Magnus (1868–1935): Sexualwissenschaftler. Gründer des weltweit ersten Instituts für Sexualwissenschaft in Berlin. Emigration 1933 (Sexualität und Kriminalität 1924. Geschlechtskunde 4Bde. 1926–1930).

Hoffmann, Walter (1884–1944) Jugendrichter. Honorarprofessor für Sozialpsychologie und Jugendrecht. Universität Leipzig (Die Reifezeit 1929).

Jahoda, Marie (1907–2001): Lehrerin, Sozialwissenschaftlerin Universität Wien. Emigration 1936. (Anamnesen im Versorgungsheim 1932; Mitarbeit; Die Arbeitslosen von Marienthal 1933).

Kawerau, Siegfried (1886–1936): Schulpädagoge. Mitglied des Bundes Entschiedener Schulreformer. Protagonist der Produktionsschule (Weißbuch der Schulreform 1920. Soziologische Pädagogik 1921).

Kronfeld, Arthur (1886–1941): Psychotherapeut und Sexualwissenschaftler. Professor an der Charité in Berlin. Mitbegründer des Instituts für Sexualwissenschaft von M. Hirschfeld. Vorsitzender der Berliner Ortsgruppe der Internationalen Vereinigung für Individualpsychologie. Emigration 1935 (Lehrbuch der Charakterkunde 1932. Zus. mit S. Wronsky: Sozialtherapie und Psychotherapie in den Methoden der Fürsorge 1932).

Lazarsfeld, Paul (1901–1976): Mittelschullehrer, später Sozialforscher. Ab 1929 Mitarbeiter am Psychologischen Institut von Charlotte und Karl Bühler in Wien. Emigration 1935 (Jugend und Beruf 1931. Mitautor: Die Arbeitslosen von Mariental 1933).

Lazarsfeld, Sophie (1882–1976): Psychologin, Sozialpädagogin. Leiterin einer individualpsychologischen Erziehungs- und Sexualberatungsstelle in Wien. Dozentin für Individualpsychologie. Emigration 1938. (Wie die Frau den Mann erfährt 1929. Technik der Erziehung 1929).

Lüdy, Elisabeth (1891–1983): Geschäftsführerin des Deutschen Verbandes der Sozialbeamtinnen und dessen Arbeitsvermittlung für Wohlfahrtspflegerinnen. Dozentin an der Akademie für pädagogische und soziale Frauenarbeit (Erwerbstätige Mütter in vaterlosen Familien 1932).

Mannheim, Karl (1893–1947): Professor für Soziologie an der Universität Frankfurt. Emigration 1933 (Ideologie und Utopie 1929. Mensch und Gesellschaft im Zeitalter des Umbaus 1935).

Meng, Heinrich (1887–1972): Professor für Psychohygiene an der Universität Basel. Mitglied der Internationalen Psychoanalytischen Vereinigung. (Erziehen und Strafen 1934).

Mennicke, Carl (1887–1958): Sozialpädagoge und Mitglied der religiösen Sozialisten um Paul Tillich. Leiter des Seminars für Jugendwohlfahrt an der Berliner Hochschule für Politik (später „Wohlfahrtsschule"). Vorsitzender des Bundes männlicher Sozialbeamter. Ab 1931 Professor für Sozial- und Berufspädagogik an der Universität Frankfurt a.M. Emigration 1933 (Schicksal und Aufgabe der Frau in der Gegenwart 1932. Sociale paedagogie 1937 (dtsch.: Sozialpädagogik 2001).

Mollenhauer, Klaus (1928–1998): Professor für Pädagogik an den Universitäten in Kiel, Frankfurt a.M. und zuletzt in Göttingen. Protagonist einer kritischen Erziehungswissenschaft (Einführung in die Sozialpädagogik 1964. Erziehung und Emanzipation 1968).

Natorp, Paul (1854–1924): Professor für Philosophie und Pädagogik an der Universität Marburg (Sozialpädagogik 1899. Gesammelte Abhandlungen zur Sozialpädagogik 3 Bde 1907).

Nohl, Herman (1879–1960): Professor für Pädagogik an der Universität Göttingen. 1937 amtsenthoben (Jugendwohlfahrt 1927. Die pädagogische Bewegung in Deutschland und ihre Theorie 1935).

Rühle, Otto (1874–1943): Sozialistischer Pädagoge und Publizist mit Nähe zur Individualpsychologie. Emigration 1933 (Kind und Umwelt 1920. Das verwahrloste Kind 1926).

Rühle-Gerstel, Alice (1894–1943): Psychologin und Frauenrechtlerin. Mitbegründerin der marxistisch-individualpsychologischen Arbeitsgruppe Dresden. Emigration 1933. (Freud und Adler 1924. Das Frauenproblem der Gegenwart 1932).

Salomon, Alice (1872–1948): Ab 1917 Vorsitzende der Sozialen Frauen- und Wohlfahrtsschulen. 1925 Gründung der deutschen Akademie für soziale und pädagogische Frauenarbeit (Leitfaden der Wohlfahrtspflege 1921. Soziale Diagnose 1926).

Schaidnagel, Ventur (1894–1938): promov. Pädagoge, Heimleiter, Publizist (Heimlose Männer 1932. Seele und Geschichte – Versuch über Dilthey 1934).

Scherpner, Hans (1898–1959): Fürsorgewissenschaftler. 1932 Habilitation an der Universität Frankfurt a.M. Assistent bei Klumker (Die Kinderfürsorge in der Hamburgischen Armenreform 1927. Theorie der Fürsorge 1962).

Seif, Leonhard (1866–1949): Neurologe Individualpsychologe und Erziehungsberater. Gründer der Gesellschaft für vergleichende Individualpsychologie (1920) in München (Mehrere individualpsychologische Beiträge z. B. in Adler/Furtmüller: Heilen und Bilden 1914 und in Wexberg: Handbuch der Individualpsychologie 1926. Wege der Erziehungshilfe 1952).

Simmel, Georg (1858–1918): Professor für Philosophie an den Universitäten Berlin und Straßburg (Philosophie des Geldes 1900. Soziologie 1908).

Suhrkamp, Peter (1891–1959): Lehrer (und später Leiter) an der Freien Schulgemeinde Wickersdorf. Ab 1932 Mitarbeiter des S. Fischer Verlags (Gründer des Suhrkamp Verlags).

Tesarek, Anton (1896–1977): Pädagoge und Bildungspolitiker in Wien. (Gründer der sozialdemokratischen Jugendorganisation ‚Rote Falken').

Weber, Helene (1881–1962): 1918 Leiterin der Sozialen Frauenschule Aachen. Ab 1920 Ministerialrätin im Preußischen Wohlfahrtsministerium. 1933 entlassen. (Der Beruf der Sozialbeamtin, In: Jahrbuch für Sozialpolitik 1930).

Wexberg, Erwin (1889–1957): Psychiater. Individualpsychologe. Bis 1932 Vorsitzender der österreichischen Arbeitsgemeinschaft der Berater und Erzieher. Emigration 1934 (Handbuch der Individualpsychologie 2Bde. 1928. Arbeit und Gemeinschaft 1932).

Wronsky, Siddy (1883–1947): Sozialarbeiterin. Dozentin an der Berliner Wohlfahrtsschule und an der Akademie für pädagogische und soziale Frauenarbeit. Gründerin der jüdischen Kinderhilfe. Leiterin des Archivs für Wohlfahrtspflege. Emigration 1934 (Soziale Therapie 1926. Methoden der Fürsorge 1929).